RÖMISCHES

WASSERRECHT.

RÖMISCHES

WASSERRECHT.

VON

DR. JUR. ALFRED OSSIG.

LEIPZIG,
VERLAG VON DUNCKER & HUMBLOT.
1898.

DEM GEHEIMEN JUSTIZRAT

HERRN

PROFESSOR DR. PERNICE

ZU BERLIN

IN VEREHRUNG

ZUGEEIGNET

VON DEM VERFASSER.

Vorwort.

Das römische Wasserrecht hat in der Gegenwart nicht nur die Bedeutung, dafs es in einem Teile von Deutschland geltendes Recht bildet, Recht, welches mit dem Inkrafttreten des Bürgerlichen Gesetzbuches seine Geltung nicht verlieren wird, da das Bürgerliche Gesetzbuch das Wasserrecht nicht in seinen Bereich gezogen hat. Seine Bedeutung liegt vornehmlich auch darin, dafs es ein Vorbild ist für neu zu schaffendes Recht, dafs es um seiner entwickelteren Normen willen bei einer neuen gesetzlichen Regelung des Wasserrechts — wie sie in einem grofsen Teile von Deutschland erstrebt wird und wie sie in Preufsen seit mehreren Jahren im Werke ist — einer sorgsamen Prüfung und Beachtung nicht ermangeln kann. Trotz der zahlreichen Bearbeitungen, welche das römische Wasserrecht gefunden hat, bestehen gerade in seinen wichtigsten Grundsätzen erhebliche noch nicht beseitigte Kontroversen. Einer neuen Abhandlung über diese Materie ist daher die Daseinsberechtigung nicht von vornherein abzusprechen, die sie freilich nur dann behaupten kann, wenn sie zur Aufhellung des herrschenden Dunkels dienlich ist.

Den Angelpunkt der Abhandlung bildet vornehmlich die neue Auffassung des Wortes fons als „Bach“, welche notwendig zu umstürzlerischen Ergebnissen führt. Bei der hervorragenden Wichtigkeit dieser dem Worte untergelegten Bedeutung für die gesamte Materie des Wasserrechts war es unabweislich, die auf juristischen Gründen fufsende Beweisführung durch eine allgemeine sprachwissenschaftliche Auseinandersetzung über jenes Wort zu verstärken, die nach ihrer sekundären Bestimmung allerdings keine umfassende zu sein brauchte. Die Überzeugung, dafs die für die Bachbedeutung von fons gewonnenen Beweisgründe auch einer scharfen Kritik standzuhalten vermögen und dafs mit dieser Bedeutung das römische Wasserrecht ein klares harmonisches Bild gewährt, hat den Verfasser zur Veröffentlichung seiner Untersuchungen bestimmt. Indem der Verfasser vermeint, in der Hauptsache das Richtige getroffen zu haben, nimmt er Nachsicht wegen der der Schrift in Einzelheiten anhaftenden Mängel in Anspruch.

Die Besonderheit der Abhandlung, dafs sie sich mit einer kurzen Hervorhebung des wesentlichen Inhalts der Hauptkontroversen begnügt und es grundsätzlich vermeidet, auf die in der Litteratur geltend gemachten Ansichten des näheren einzugehen, rechtfertigt sich durch den Inhalt der Abhandlung von selbst. Da der Verfasser von Anfang an von neuen Voraussetzungen ausgeht, so war von einer ausführlichen Kritik fremder Ansichten wenig förderliches zu erwarten. Die neuen Sätze der Abhandlung mufsten ihrer Natur nach durch eine selbständige Beweisführung erhärtet werden, welche mit den in der Litteratur sich findenden Darlegungen nur wenige und meist oberflächliche Berührungspunkte haben konnte. Bei dieser Sachlage war eine ausführliche Erörterung fremder Ansichten als unzweckmäfsig zu unterlassen, um so mehr als dabei eine lästige Weitschweifigkeit in der Darstellung kaum zu vermeiden gewesen wäre. Die einschlägige Litteratur ist darum nicht weniger sorgsam gewürdigt worden.

Breslau, im März 1898.

Der Verfasser.

Inhalt.

Erstes Kapitel.

Öffentliche und nichtöffentliche Gewässer im allgemeinen.

§ 1. Der Bereich der öffentlichen Gewässer[1].

Der Begriff des flumen publicum wird in den Rechtsquellen nur an einer Stelle erörtert und zwar von Ulpian im Digestentitel de fluminibus ne quid in flumine publico ripave ejus fiat quo pejus navigetur 43, 12. Nachdem Ulpian in l. 1 pr. l. c. den Wortlaut des Interdiktes, durch welches der Prätor die Schiffahrt beeinträchtigende Vorrichtungen in einem öffentlichen Flusse oder auf dem Ufer eines solchen verbietet, angeführt hat, erläutert er dasselbe an der Hand der einzelnen Worte, wobei er mit der Besprechung des Begriffes flumen publicum beginnt.

Ulpianus libro LXVIII ad Edictum:

§ 1. Flumen a rivo magnitudine discernendum est aut existimatione circumcolentium. § 2. Item fluminum quaedam sunt perennia, quaedam torrentia; perenne est, quod semper fluat, *ἀέννaος*, torrens, *ὁ χειμάῤῥους*. Si tamen

---

[1] Litteratur der römischen Wasserrechtes ist insbesondere nachgewiesen bei: Windscheid, Pandekten Bd. 1 § 146 Anm. 5; Arndts, Pandekten § 49 Anm. 4; Ubbelohde zu Glück, Ausführliche Erläuterung der Pandekten, Serie der Bücher 43. 44 Teil 4.

aliqua aestate exaruerit, quod alioquin perenne fluebat, non ideo minus perenne est. § 3. Fluminum quaedam publica sunt, quaedam non; publicum flumen esse Cassius definit, quod perenne sit; haec sententia Cassii, quam et Celsus probat, videtur esse probabilis. § 4. Hoc interdictum ad flumina publica pertinet; si autem flumen privatum sit, cessabit interdictum, nihil enim differt a ceteris locis privatis flumen privatum.

Die scharfe Kontroverse, welche auf dem Gebiet des römischen und gemeinen Rechts über den Umfang des Begriffes flumen publicum besteht, dreht sich im wesentlichen um die Auslegung und den Inhalt dieser Erörterung von Ulpian. Die einen messen der sprachlichen Unterscheidung von flumen und rivus auch rechtliche Bedeutung bei und kommen zu dem Ergebnis, dafs nach römischem Recht nur die grofsen beständigen Wasserläufe öffentlich waren. Die anderen sprechen der Unterscheidung von flumen und rivus, welche Ulpian in l. 1 § 1 cit. macht, eine rechtliche Bedeutung ab, indem sie unter flumen im rechtlichen Sinne schlechthin den Wasserlauf verstehen, und finden das Merkmal des öffentlichen Flusses nach römischem Recht nur in der Beständigkeit des Fliefsens ohne Rücksicht auf die Gröfse des Wasserlaufs. Sie machen für diese Ansicht insbesondere geltend, dafs die Begriffe magnitudo und existimatio circumcolentium, welche Ulpian als Unterscheidungsmerkmale des flumen und rivus bezeichne, viel zu unbestimmt seien, als dafs auf ihnen von den Römern ein tiefgreifender rechtlicher Unterschied gegründet worden sein könnte, und weisen weiter darauf hin, dafs rivus in den Quellen die technische Bedeutung von Wasserleitungskanal habe und im Sinne von Bach sonst nirgends angewendet werde, wie sich auch keine besonderen Rechtsgrundsätze für die Bäche (rivi) im römischen Recht vorfänden.

Gegen die Ansicht, dafs die beständigen Wasserläufe schlechthin die flumina publica bilden, lassen sich zunächst, insoweit sie auf die Ausführungen von Ulpian gestützt wird, eine Reihe schwerer exegetischer Bedenken geltend machen.

Der Annahme, dafs die Unterscheidung des gewöhnlichen Sprachgebrauchs zwischen flumen und rivus einer rechtlichen Bedeutung ermangele, steht vor allem die Thatsache entgegen, dafs Ulpian keineswegs nebenbei andeutet, wie sich der Flufs vom Bache unterscheidet, sondern erklärt, der Flufs müsse vom Bache nach der Gröfse oder nach der Anschauung der Umwohner unterschieden werden (discernendum est). Sodann erscheint es auch willkürlich, da die weitere Unterscheidung zwischen flumina perennia und torrentia mit item an die in Rede stehende zwischen flumen und rivus anknüpft, nur der ersteren rechtliche Bedeutung beizumessen. Ferner aber müfste dem Worte flumen bei Ulpian kurz hintereinander eine verschiedene Bedeutung beikommen, nämlich zunächst die eines gröfseren und in der weiteren Auseinandersetzung die eines jeden natürlichen Wasserlaufes. Endlich bleibt der unanfechtbare Einwand bestehen, dafs die Scheidung der flumina in perennia und torrentia keine erschöpfende ist und dafs sie einen einheitlichen Gesichtspunkt vermissen läfst, wenn man unter flumen den natürlichen Wasserlauf schlechthin versteht. Denn ein kleiner ruhig dahinfliefsender Wasserlauf, der alljährlich zur Sommerszeit austrocknet, kann einerseits nicht zu den torrentia, andererseits aber auch nicht zu den flumina perennia gerechnet werden, da nur ein ausnahmsweises Austrocknen dem flumen die Eigenschaft der Beständigkeit nicht nehmen soll. Die torrentes sind keineswegs mit den nichtbeständigen Wasserläufen identisch und bilden daher auch nicht das Korrelat zu den beständigen; der torrens bezeichnet nur den grofsen nicht beständigen Wasserlauf[1]. Die Scheidung der flumina in perennia und torrentia müfste also, wenn flumen schlechthin die Bedeutung von Wasserlauf hat, ebenso sehr vom natürlichen wie vom rechtlichen Standpunkt beanstandet werden.

[1] Seneca, naturales quaestiones 3, 11: Pluvia potest facere torrentem: non potest autem aequali inter ripas suas tenore labentem. Aquam non faciunt imbres sed excitant. 12. Flumen nempe facit copia cursusque aquae perennis. Vgl. Ovid, amores 3, 6, 85 ff.; rem. am. v. 651 f. Siehe Anhang.

Weiterhin ist es aber auch in Ansehung der Sache selbst in hohem Mafse unwahrscheinlich, dafs das römische Recht auch die kleinen beständigen Wasserläufe als flumina publica sollte betrachtet haben. Welches Interesse hätte wohl die Allgemeinheit daran nehmen können, dafs der Lauf eines kleinen Baches in ganz eben derselben Weise erhalten werde, wie er im Sommer des vergangenen Jahres gewesen war? Und zumal in einem solchen Falle, wo der Wasserlauf von der Quelle bis zur Mündung nur den Grund und Boden einer einzigen Person berührte? Es wäre doch kaum verständlich, wenn jeder beliebige Dritte den Uferanlieger eines Baches hätte zwingen können, eine Veränderung des Flufsbettes, mit welcher etwa noch alle Interessenten einverstanden waren, rückgängig zu machen. Hierzu wäre er aber nach l. un. D. ne quid in flum. publ. fiat quo aliter aqua fluat 43, 13 unzweifelhaft berechtigt gewesen, wenn anders die flumina publica alle beständigen Wasserläufe umfassen. Dafs die kleinen Wasserläufe thatsächlich gewöhnlich nicht im Gemeingebrauch stehen, weil sie der Allgemeinheit nicht zugänglich sind, sondern der Machtsphäre nur der Uferanlieger unterliegen, kann nicht zweifelhaft sein. Fehlt aber der Allgemeinheit ein Interesse daran, dafs ein Bach in seinem ursprünglichen Bett dahinfliefst, so fehlt es auch an jedem Grunde, warum die Allgemeinheit die Uferanlieger, welche allein den Bach auszunutzen vermögen, an einer Veränderung des Flufsbettes zu verhindern berechtigt sein müfste. Es würde sonach die bei dem Geiste des römischen Rechts äufserst befremdliche Thatsache bestehen, dafs das Edikt einen für viele Wasserläufe zuweit reichenden und ungeeigneten Schutz gewährt.

Andererseits sind die Bedenken hinfällig, welche man gegen die Ansicht geltend gemacht hat, dafs nur die gröfseren beständigen Wasserläufe flumina publica waren. Allerdings ist die Behauptung der Gegner unanfechtbar, dafs die von Ulpian angegebenen Merkmale magnitudo und existimatio circumcolentium viel zu unsicher sind, als dafs nach ihnen die Flufs- oder Bacheigenschaft eines Wasserlaufes bestimmt werden könnte. „Grofs“ ist ein relativer Begriff, welcher nur ein subjektives Urteil zuläfst, und die Meinung der Anwohner eines Wasserlaufes mufs mangels sicherer zu Grunde zu legender Merkmale naturgemäfs häufig eine geteilte sein. Auch bleibt es unaufgeklärt, in welchem Verhältnis zu einander die beiden scharf getrennten Merkmale stehen könnten, zumal die Anschauung der Umwohner nur von der Betrachtung der verschiedenen Gröfse der Wasserläufe ausgehen kann. Ferner ist wohl zu beachten, dafs Ulpian die Identität der flumina publica mit den flumina perennia nicht als unanfechtbar und unangefochten hinstellt, dafs er damit vielmehr nur eine Ansicht des Cassius und Celsus wiedergiebt, welche er selbst nur probabilis findet.

Eine Definition. die sich auf derartig unsicheren Merkmalen aufbaut, wäre unleugbar eine fehlerhafte. Allein es mufs gerade entschieden bestritten werden, dafs es der Theorie obliegt und dafs es die Absicht von Ulpian bei seiner Erörterung ist, eine scharfe, für die Bestimmung des rechtlichen Charakters jedes einzelnen Wasserlaufes mafsgebende Definition des öffentlichen Flusses zu geben. Anhänger wie Gegner der Ansicht, dafs nur die grofsen beständigen Wasserläufe öffentlich waren, scheinen dies allerdings allgemein anzunehmen. Jene hätten den Vorwurf, dafs die Merkmale des flumen publicum zu unbestimmt und schwankend wären, nicht erheben können; diese hätten den Einwand, als von einer unrichtigen Voraussetzung ausgehend, ohne weiteres mit Bestimmtheit zurückweisen müssen.

Die Anschauung, dafs bei den Römern die Scheidung der Wasserläufe in öffentliche und nichtöffentliche durch Gesetz oder Theorie unter Festlegung bestimmter Merkmale eingeführt worden ist, entbehrt der thatsächlichen Unterlage. Allerdings kann sich in dieser Weise die Öffentlichkeit der Wasserläufe festgestellt haben. Es liefse sich denken, dafs zu irgend einer Zeit durch Rechtssatz der Begriff des öffentlichen Wasserlaufes und seine Merkmale so normiert worden wären, dafs die rechtliche Natur aller einzelnen Wasserläufe sich mit Sicherheit bestimmen liefs. Auch wäre es möglich, dafs bei den Römern eine feste und allgemeine Rechtsüberzeugung sich gebildet hätte, nach welcher alle Wasserläufe von bestimmten natürlichen Eigenschaften als der Allgemeinheit vorbehalten galten und dafs schon nach dieser Rechtsüberzeugung die Öffentlichkeit oder Nichtöffentlichkeit jedes einzelnen Wasserlaufes unanfechtbar feststand. Indessen ist es nicht wahrscheinlich, dafs sich die Rechtsverhältnisse der Wasserläufe in dieser Weise festgestellt haben, da nach dem natürlichen Gange der volkswirtschaftlichen und der Rechtsentwickelung gewöhnlich die thatsächlichen Zustände die Rechtsnormen erzeugen und die Lebensverhältnisse sich nicht umgekehrt nach abstrakten, von der Theorie willkürlich erfundenen Rechtssätzen gestalten. Von solchen Rechtssätzen und Rechtsüberzeugungen ist ferner — von der dahin gedeuteten Ausführung von Ulpian abgesehen — keine Spur überliefert; in dem Prätorischen Edikt wird nur der Begriff des flumen publicum, nicht aber sein Inhalt genannt. Kann hiernach mit Fug und Recht die Anschauung beanstandet werden, dafs die Scheidung der Wasserläufe in öffentliche und nichtöffentliche ein Erzeugnis von Gesetz oder Theorie ist, so läfst sich selbstverständlich durch den Hinweis auf die Unsicherheit vermeintlicher theoretischer Merkmale des öffentlichen Flusses die Ansicht nicht erschüttern, dafs nur die grofsen beständigen Wasserläufe öffentlich waren.

Bezeichnete flumen — und dies wird später nachgewiesen werden — nur den grofsen Wasserlauf, so würde man mit einem hohen Grade von Wahrscheinlichkeit hinsichtlich der Entwickelung der Rechtsverhältnisse der Wasserläufe entgegengesetzte Schlüsse ziehen dürfen. Es würde hieraus gerade hervorgehen, dafs die Scheidung der Wasserläufe in öffentliche und nichtöffentliche nicht eine Schöpfung von Gesetz oder Theorie sein kann, weil wohl der Begriff des Wasserlaufes ein feststehender ist, der Begriff des flumen bei seiner Subjektivität dagegen keine feste Begrenzung zuläfst. Dann aber bliebe nur für die Annahme Raum, dafs sich die Scheidung unter den Wasserläufen in der Wirklichkeit vollzogen und dafs die Verschiedenheit der thatsächlichen

Schicksale der Wasserläufe zur Schaffung verschiedener Rechtssätze für die einzelnen Arten derselben geführt hat. Bei der Erörterung in l. 1 §§ 1 ff. cit. könnte daher Ulpian auch nicht die Absicht innewohnen, den Begriff des flumen publicum scharf zu umgrenzen.

Für die Entwickelung der Rechtsverhältnisse der Wasserläufe dürften sich hiernach folgende Sätze aufstellen lassen, für deren Richtigkeit die innere Wahrscheinlichkeit spricht. Der Gedanke, daſs die bedeutenderen Wasserläufe wie die gröſseren Gewässer überhaupt nach ihren natürlichen Eigenschaften der Allgemeinheit zu dienen bestimmt sind, liegt offenbar sehr nahe und hat sich den Römern wie allen civilisierten Völkern des Altertums sicher von selbst aufgedrängt, als es galt, den Grund und Boden unter die Volksgenossen zu verteilen. Er fand jedenfalls seine Verwirklichung in der Weise, daſs die Allgemeinheit alle diejenigen einzelnen Wasserläufe, welchen sie eine solche natürliche Bestimmung zuschrieb, für sich in Anspruch nahm. Flumina torrentia der Öffentlichkeit vorzubehalten, lag keine Veranlassung vor, da diese nach ihren natürlichen Eigenschaften nicht der Allgemeinheit zu dienen vermögen, sondern einen gemeinschädlichen Charakter an sich tragen. Bei den verschiedenen klimatischen Verhältnissen muſs natürlich der Kreis der öffentlichen Wasserläufe in den einzelnen Ländern des römischen Reiches verschieden groſs gewesen sein. In wasserarmen Ländern werden zahlreiche Wasserläufe der Allgemeinheit zugehört haben, welche in wasserreichen dem Privateigentum überlassen gewesen wären.

Haben sich in der That die Rechtsverhältnisse der Wasserläufe in dieser Weise festgestellt, so bedarf es der Erklärung, welche Bedeutung der in Rede stehenden Erörterung von Ulpian über das flumen publicum beizulegen ist. Bei der hohen Wertschätzung, welche dem Wasser bei den Alten zuteilwurde, muſs man vermuten, daſs die rechtliche Natur der meisten Wasserläufe zur Zeit von Ulpian auſser Anfechtung gestanden hat. War nun aber im Einzelfall die Öffentlichkeit eines Wasserlaufes streitig, so muſste es, was sich nach dem Gesagten von selbst versteht, zunächst Sache der Parteien sein, die öffentliche oder nichtöffentliche Natur des Wasserlaufes zu erweisen. Wurde z. B. der Nachweis erbracht, dafs der Wasserlauf von der Allgemeinheit aus eigenem Recht zur Schiffahrt benutzt wurde, so hatte er als öffentlich zu gelten. Wurde dagegen dargethan, dafs er bei der Aufteilung von Staatsländereien zum Privateigentum geschlagen war, so war er als privat anzusehen, selbst wenn er unter den Anwohnern als flumen galt und beständig Wasser führte. Mit dem Nachweis der Öffentlichkeit eines Wasserlaufes war auch der Nachweis seiner Eigenschaft als flumen geführt, da die Rechtssprache, wie später dargelegt werden wird, jedem öffentlichen Wasserlauf den Namen flumen beilegte. Nur dann, wenn sich die rechtliche Natur eines Wasserlaufes nach den Anführungen der Parteien nicht ermitteln liefs, war es Sache des Richters, nach eigenem Ermessen hierüber zu entscheiden. Zur Richtschnur mufsten ihm dabei die Merkmale dienen, welche die Theorie nach sorgfältiger Vergleichung der thatsächlichen Verhältnisse für den öffentlichen Flufs ermittelt hatte. Er mufste zuvörderst prüfen, ob der Wasserlauf nach seinen natürlichen Eigenschaften sich als flumen oder als rivus darstellt. Hierbei hatte er zunächst seine Gröfse in Betracht zu ziehen, er mufste ihn mit solchen, den gleichen klimatischen Verhältnissen angehörenden vergleichen, welche unbestritten flumina sind. Konnte er auf Grund eines solchen Vergleichs zu keinem sicheren Ergebnis kommen, so hatte er die Anschauung der Umwohner des Wasserlaufes über dessen Flufs- oder Bacheigenschaft zu Rate zu ziehen, und diese Auffassung mufste dann für ihn mafsgebend sein. Sahen die Anwohner in dem Wasserlauf einen Bach, so hatte der Richter dessen öffentliche Natur zu verneinen. Erblickten sie in ihm einen Flufs, so mufste er weiterhin noch prüfen, ob der Wasserlauf beständig oder ob er nur ein torrens ist, und je nach Befund die öffentliche oder nichtöffentliche Natur des flumen aussprechen.

Hiermit ist die Bedeutung der Erörterung von Ulpian über das flumen publicum im wesentlichen dargethan. Da eine scharfe Definition des Begriffes flumen publicum nicht angängig ist[1], befafst sich Ulpian mit einer anderen Aufgabe des Kommentators, nämlich mit der Erörterung des Falles, in welchem der rechtliche Charakter eines Wasserlaufes zweifelhaft ist. Es sei nur folgendes noch hervorgehoben. Die Worte discernendum est des § 1 weisen darauf hin, nach welchen Gesichtspunkten jemand, welcher die Flufs- oder Bacheigenschaft eines Wasserlaufes feststellen will, prüfend vorzugehen hat. Die Gesichtspunkte der magnitudo und existimatio circumcolentium sind dabei nicht nebeneinander oder einer von beiden nach Belieben zu erforschen, wie das scharf trennende Wort aut beweist. Es ist vielmehr zuerst die magnitudo des Wasserlaufes zu prüfen oder, d. h. falls dies zu keinem sicheren Ergebnis führt, die Anschauung der Anwohner zu erkunden. Das eigene Ermessen des zur Prüfung der rechtlichen Natur des Wasserlaufes berufenen Faktors geht dem Ermessen Dritter vor. Ulpian untersucht sodann, unter welcher Voraussetzung ein Wasserlauf, der sich als flumen darstellt, als publicum anzusehen ist. Von den Wasserläufen, meint Ulpian, welche im gewöhnlichen Leben als flumina gelten, sind, vom natürlichen Gesichtspunkt aus betrachtet, die einen perennia, die anderen torrentia, vom juristischen Standpunkt aus die einen publica, die anderen non publica. Ulpian erwägt, ob diese beiden Einteilungsarten sich in der Weise decken, dafs alle flumina perennia publica und die flumina torrentia non publica sind. Zu dem Behufe mufs er prüfen, ob sich beständige flumina finden, welche nicht öffentlich sind, und ob es andererseits nichtbeständige öffentliche flumina giebt. Er entscheidet sich nun dafür, dafs als öffentlich[2] ein flumen zu gelten habe, welches beständig Wasser führt[3].

---

[1] Es ist sehr bemerkenswert, dafs die Auslassung von Labeo über den Begriff der loca publica in l. 2 § 4 D. ne quid in loco publ. 43, 8 keineswegs eine Definition enthält, aus welcher der öffentliche Charakter der einzelnen loca entnommen werden könnte.

[2] Die Stellung des Wortes publicum vor flumen ist wohl beabsichtigt; auch hier ist flumen nur im natürlichen Sinne gebraucht.

[3] Bezweckte die Erörterung von Ulpian, eine scharfe Definition

Aus der Thatsache, dafs Ulpian die Meinung des Cassius und Celsus nur probabilis findet, wird man schliefsen müssen, dafs ihm deren Ansicht über die Identität der flumina perennia mit den flumina publica keineswegs zutreffend erschien. Dafs er in der Wirklichkeit auch torrentes gefunden hätte, welche öffentlich waren, wird man schwerlich annehmen können, weil torrentes der Allgemeinheit nach ihrer natürlichen Beschaffenheit keinen Nutzen zu gewähren vermögen. Wohl aber wird er die Beobachtung gemacht haben, dafs einzelne beständige Wasserläufe, welche allgemein als flumina galten und nach ihren natürlichen Eigenschaften dem usus publicus zu dienen vermochten, dem Privateigentum verfallen waren. In der That berichtet Frontinus, dafs viele flumina und keineswegs blofs solche von mäfsiger Gröfse zur Assignation gelangt sind[1]. In dieser Thatsache, dafs zum usus publicus wohl geeignete flumina perennia hin und wieder nicht öffentlich waren, erblickte Ulpian aber eine Unregelmäfsigkeit, welche er bei der Feststellung der Merkmale des flumen publicum für den Zweifelsfall mit Cassius und Celsus aufser Betracht lassen zu müssen glaubte.

Die sich aus der Erörterung von Ulpian ergebende Annahme, dafs die flumina perennia fast durchgängig öffentlich waren, dürfte durch die Bemerkung von Marcian in l. 4 § 1 D. de div. rer. 1, 8 bestätigt werden[2]. Marcian sagt:

Sed flumina paene omnia et portus publica sunt.

Überwiegen auch die flumina perennia die torrentia bei weitem, so treten diese jenen gegenüber doch nicht so aufserordentlich in den Hintergrund, dafs man die Äufserung von Marcian in Ansehung der flumina im weiteren Sinne als

---

des Begriffes flumen publicum zu geben, so wäre der Satz: Fluminum quaedam publica sunt quaedam non offenbar gänzlich überflüssig.

[1] Vgl. Frontinus, de controv. agr. lib. II. Lachmannsche Ausgabe p. 51 v. 3 ff.

[2] In § 2 I. de rer. div. 2, 1 heifst es, dafs alle flumina öffentlich waren. Es liegt offenbar eine versehentliche Auslassung des Institutionenverfassers vor, weil die Institutionen hier auf der in den Digesten enthaltenen Darstellung von Marcian fufsen.

richtig ansehen könnte. Nun bemerkt aber Aelius Gallus im zweiten Buch seiner Schrift de significatione verborum quae ad jus civile pertinent, flumen sei eigentlich nur etwas, was beständig fliesse, nach der consuetudo volgi würde aber sowohl der fluvius perennis als der torrens flumen genannt[1]. Es ist daher sehr wohl möglich, dafs Marcian im Gegensatz zu Ulpian nur die flumina im engeren Sinne, die flumina perennia, im Auge hat.

Andererseits ist es nicht unmöglich, dafs ebenso wie beständige Wasserläufe, welche nach der allgemeinen Volksanschauung als flumina gelten, hin und wieder dem Privateigentum verfallen sind, umgekehrt solche beständige Wasserläufe, welche die existimatio circumcolentium nicht als flumina, sondern nur als rivi anerkannte, vereinzelt veröffentlicht worden sind. Aus der Erörterung von Ulpian läfst sich nicht entnehmen, ob der Rechtsbegriff des flumen publicum alle Wasserläufe, gleichviel von welcher Gröfse, umfafst, welche im usus publicus standen, oder ob das römische Recht neben den flumina publica noch rivi publici, d. h. in usu publico, kannte.

Auch die Öffentlichkeit der stehenden natürlichen Gewässer, welche in den Quellen als publica erwähnt werden, kann sich nur in der Wirklichkeit festgestellt haben. Es lassen sich irgendwelche feste theoretische Merkmale, welche für die Öffentlichkeit bestimmend gewesen wären, nicht auffinden. In l. un. pr. D. ut in flum. publ. navig. lic. 43, 14 werden an natürlichen Gewässern, welche öffentlichen Charakter an sich tragen konnten, aufser den flumina noch die lacus und stagna erwähnt. In welcher Weise sich diese beiden Arten von stehenden Gewässern voneinander unterscheiden, geht aus den Quellen nicht hervor. In l. un. § 3 l. c. sagt zwar Ulpian von dem lacus:

Lacus est, quod perpetuam habet aquam,

und in § 4 ej. fr. von dem stagnum:

---

[1] Festus, de verb. sign. v. torrens.

Stagnum est, quod temporalem contineat aquam ibi stagnantem.

Allein eine Definition dieser Gewässer kann hierin schon deswegen nicht erblickt werden, weil offenbar aufser den lacus und stagna auch die fliefsenden Gewässer perpetuam oder temporalem aquam enthalten. Die Definition des lacus wäre zudem zweifellos unrichtig, weil zu den lacus keineswegs blofs beständige Gewässer zählen, wie aus l. 28 D. de serv. pr. urb. 8, 2 und l. un. § 4 D. de fonte 43, 22 klar hervorgeht. Nach dem gewöhnlichen Sprachgebrauch wird man wohl unter den lacus die Binnenlandseeen, sowie die im Bereich von Wasserläufen befindlichen stehenden Gewässer, deren Dasein von der Existenz des Wasserlaufes unabhängig ist, unter den stagna dagegen die dem regelmäfsigen Austrocknen unterliegenden Strandseeen[1], sowie die stehenden Gewässer, welche lediglich von den Wasserläufen durch deren regelmäfsiges Übertreten bei mittlerem Wasserstande erzeugt werden, verstehen müssen[2]. Jedenfalls wurden von den Römern im juristischen Sinne nur unbeständige stehende Gewässer stagna genannt[3]. Denn in dem Interdikt von l. un. pr. D. de fonte 43, 22, welches nur zu Gunsten beständiger Gewässer gegeben ist, wird nur der lacus, nicht aber der stagna gedacht, die unzweifelhaft auch privat sein konnten. Wollte man aber annehmen, dafs es auch beständige stagna gab, dafs diese jedoch sämtlich öffentlich waren, so wäre die Bemerkung von Ulpian in

---

[1] Diese Strandseeen sind namentlich an der Süd- und Westküste von Frankreich sehr zahlreich; sie finden sich aber auch an der Küste von Italien und Spanien, Sardinien und Korsika (étang, stagno).

[2] Von den Überschwemmungen (inundationes) unterscheiden sich die stagna dadurch, dafs sie zum Flufsgebiet gehören und bei normalem Wasserstande des Wasserlaufes bestehen, während jene nicht zum Flufsgebiet gehöriges Land treffen und aufserdem nur bei ungewöhnlich hohem Wasserstande eintreten.

[3] Vgl. l. 10 §§ 2, 3 D. quib. mod. usufr. 7, 4; dagegen Seneca, naturales quaestiones 3, 19; epistolae 4, 12, 3. Vgl. auch Festus, de verb. signif. v. stagnum: stagnum quidam dici putant, quod in eo aqua perpetuo stet, wobei offenbar nicht der Nachdruck auf dem Worte perpetuo, sondern auf dem Worte stet liegt.

l. un. § 4, namentlich bei dem Zusammenhange, in welchem sie steht, geradezu unbegreiflich.

Nun macht allerdings der ganze Inhalt von l. un. D. ut in flum. publ. nav. lic. 43, 14 den Eindruck, dafs die Ausführungen von Ulpian nur stark verstümmelt wiedergegeben sind. Will man aber den Inhalt von l. un. § 3 D. l. c. nicht einfach für unrichtig erklären, so wird sich kaum eine andere Annahme finden lassen, als dafs Ulpian hier und mit seiner Äufserung im § 4 den thatsächlichen Unterschied des lacus publicus vom stagnum publicum wiedergegeben hat. Ulpian würde also sagen, dafs ein lacus publicus ein stehendes Gewässer ist, welches beständig Wasser enthält, ein stagnum publicum dagegen ein stehendes Gewässer, welches nur zeitweise Wasser führt.

Wenn nun auch nur lacus perennes öffentlich waren, so wird doch die Öffentlichkeit der lacus nicht dadurch allein bestimmt, dafs sie beständig Wasser enthalten. Eine Wasserservitut kann nämlich einerseits nur an einer aqua perennis begründet werden[1]. Andererseits ist eine servitus aquaehaustus und pecoris ad aquam appellendi an öffentlichen Flüssen (flum. publica) nicht möglich[2], und, da den Grund hierfür der an den öffentlichen Flüssen bestehende Gemeingebrauch bildet, so mufs dasselbe auch für die öffentlichen stehenden Gewässer, die lacus, gelten. Nun beziehen sich aber die Interdikte, welche dem Schutz der servitus aquaehaustus und pecoris ad aquam appellendi dienen, auch auf die lacus, woraus sich der notwendige Schlufs ergiebt, dafs die lacus beständig (perennes) sein und der Öffentlichkeit doch dabei entraten können. Bedenkt man, dafs die lacus regelmäfsig mit beständigen Wasserläufen in Verbindung stehen, so ergiebt sich übrigens hieraus die Unhaltbarkeit einer Ansicht, welche alle beständigen Wasserläufe als öffentlich angesehen wissen will. Es würde ja sonst die unbegreifliche Thatsache bestehen, dafs

[1] l. 1 §§ 5 ff. D. de aqu. quot. et aest. 43, 20; l. un. pr. § 4 D. de fonte 43, 22.

[2] l. 3 § 3 D. de serv. pr. rust. 8, 3; l. 17 § 4 D. de aqua et aqu. pl. arc. 39, 3.

öffentliche Wasserläufe ihr Wasser in private lacus ergiefsen oder sie durchfliefsen oder aus ihnen ihren Ursprung nehmen.

Weiterhin wird aber die Öffentlichkeit der lacus und stagna auch nicht durch den Gesichtspunkt der Schiffbarkeit bestimmt. Nach l. un. § 2 D. ut in flum. publ. nav. lic. 43, 14 greift das dem Schutz der freien Schiffahrt dienende Interdikt nicht Platz, wenn die in dem Interdikt bezeichneten Gewässer, zu welchen auch die lacus und stagna gehören, privater Natur sind. Diese Bemerkung von Ulpian würde offenbar keinen Sinn haben, wenn alle schiffbaren lacus und stagna öffentlich wären und eine Schiffahrt auf privaten lacus sich schon der Natur der Sache nach verbieten würde. Aus l. 23 § 1 D. de serv. pr. rust. 8, 3, wonach eine servitus navigandi an einem privaten lacus bestellt werden kann, geht fernerhin unzweifelhaft hervor, dafs zu den privaten lacus auch schiffbare gehört haben.

Fehlt es sonach an jeglichen festen theoretischen Merkmalen, nach welchen die Öffentlichkeit der stehenden Gewässer bestimmbar wäre, so kann sich ihre Öffentlichkeit wie die der Wasserläufe nur in der Wirklichkeit festgestellt haben. Auch von den lacus und stagna werden grundsätzlich die bedeutenderen der Allgemeinheit vorbehalten worden sein, während die kleineren dem Privateigentum überlassen wurden[1]. Eine Ausnahme von diesem allgemeinen Satz mufs aber insofern bestanden haben, als diejenigen lacus und stagna, welche mit flumina publica in Berührung stehen, ohne Rücksicht auf ihren Umfang für öffentlich werden erachtet worden sein. Es liegt in der natürlichen Konsequenz begründet, dafs der öffentliche Flufs allen Gewässern, welche in seinen Bereich fallen, das eigene rechtliche Gepräge aufdrückt. Es sei noch hervorgehoben, dafs die Unterscheidung zwischen lacus und stagna einer rechtlichen Bedeutung sicher ermangelt. Ein

[1] Von privaten lacus ist die Rede in tit. Dig. de fonte 43, 22; ferner in l. 23 § 1 D. de serv. pr. rust. 8, 3; l. 69 D. de contr. emt. 18, 1; l. un. § 2 D. ut in flum. publ. nav. lic. 43, 14; l. 13 § 7 D. de injur. 47, 10; l. 4 § 6 D. de censib. 50, 15; l. 112 D. de verb. signif. 50, 16.

lacus würde, wenn er als stagnum, und ein stagnum, wenn es als lacus bezeichnet würde, um dessentwillen keine andere rechtliche Behandlung erfahren. Von rechtlicher Erheblichkeit ist nur die Öffentlichkeit oder Nichtöffentlichkeit, sowie die Beständigkeit oder Nichtbeständigkeit des Gewässers, weil sich hiernach deren rechtliche Behandlung, insbesondere die Anwendbarkeit der Interdikte, bestimmt.

Dafs sich die Öffentlichkeit der stehenden Gewässer lediglich nach ihrer Gröfse bestimmt, dürfte sich aus folgender Schilderung in den Metamorphosen des Ovid entnehmen lassen. Es verdient diese Stelle auch deswegen nähere Erläuterung, weil sich in ihr anscheinend allgemeine Sätze des römischen Wasserrechts wiedergegeben finden [1]:

forte lacum mediocris aquae prospexit in imis
vallibus; agrestes illic fruticosa legebant
vimina cum juncis gratamque paludibus ulvam.
accessit positoque genu Titania terram
pressit, ut hauriret gelidos potura liquores.
rustica turba vetat. dea sic adfata vetantes:
‚quid prohibetis aquis? usus communis aquarum est.
nec solem proprium natura nec aëra fecit
nec tenues undas: ad publica munera veni.
quae tamen ut detis supplex peto. non ego nostros
abluere hic artus lassataque membra parabam,
sed relevare sitim . . . . . .‘

Latona gelangt auf der Flucht vor dem Zorn der Juno mit ihren Kindern Apollo und Diana in Lycien an einen Teich [2] von mittelmäfsigem Umfang. Ermattet und durstig von den Anstrengungen eines langen Weges bückt sie sich, um aus dem Gewässer ihren Durst zu löschen; dies wird ihr aber von in der Nähe arbeitenden Landleuten untersagt. Ovid läfst hierauf Latona die Lage des streitigen Rechtsverhältnisses beleuchten, indem er ihr folgende Worte in den Mund legt:

---

[1] Ovid, Metamorph. 6, 343 ff.

[2] Das stehende Gewässer wird von Ovid teils lacus (v. 325, 343, 364, 374), teils stagnum (v. 320, 369, 373), teils palus (v. 345, 371) genannt.

„Warum hindert ihr mich am Trinken? Die Nutzung dieses Gewässers steht jedermann zu; wie das Sonnenlicht und die Luft hat die Natur auch dieses klare Wasser euch nicht zum Privateigentum gegeben; zu einem jedermann zur Benutzung freistehenden Geschenk der Natur bin ich gekommen. Trotzdem ich hiernach ein Recht auf das Wasser habe, bitte ich euch doch flehentlich, mir die Benutzung zu gestatten; ich beabsichtigte ja nicht, hier ein Bad zu nehmen, sondern nur meinen Durst zu löschen.“ Die Landleute wehren ihr trotz ihrer Bitten den Trunk, überschütten sie mit Drohungen und Scheltworten und machen ihr den Wassergenufs unmöglich, indem sie durch Aufrühren des Grundes das Gewässer trüben, worauf sie zur Strafe in Frösche verwandelt werden.

Man wird die Äufserungen der Latona über den Gemeingebrauch am Wasser nur auf das konkrete Gewässer beziehen dürfen. Der römischen Anschauung würde es sicher absurd klingen, wenn Latona die Behauptung aufstellen würde, dafs alle Gewässer dem Privateigentum von Natur verschlossen seien; es ist daher auch nicht anzunehmen, dafs die in Rede stehenden Worte von Ovid in diesem allgemeinen Sinne gemeint sind. Es ist wohl zu berücksichtigen, dafs es sich hier nicht einmal um fliefsendes, sondern um stehendes Wasser handelt. Unter dem Gesichtspunkt der an gewissen Gewässern bestehenden Öffentlichkeit gewährt die Stelle in ihrer Gesamtheit einen vortrefflichen Sinn. Ovid läfst Latona zu einem stehenden Gewässer von mittelmäfsiger Gröfse (mediocris aquae) gelangen, bei welchem es, falls für die Öffentlichkeit die Gröfse des Gewässers mafsgebend war, für einen Fremden deshalb zweifelhaft sein mufste, ob das Gewässer ein öffentliches war oder ob es im Privateigentum stand. Latona hält das Gewässer für ein öffentliches, während es in Wirklichkeit ein privates ist[1], und vertritt diesen Standpunkt gegenüber den Landleuten, welche ihr auf Grund des Privateigentums das Trinken verbieten. Der Übermacht gegenüber und bei

[1] Dafs das Gewässer privat war, mufs man annehmen, weil es sonst unverständlich wäre, warum Ovid von einem mittelgrofsen Gewässer und nicht vielmehr von einem grofsen See spricht.

ihrer Notlage läfst sie sich aber herbei, die Landleute um die Erlaubnis zur Benutzung des Wassers zu bitten, worin eine Anerkennung des Privateigentums an dem Gewässer liegen würde, wenn sie nicht gleichzeitig gegen eine derartige Auslegung ihrer Bitte protestieren würde (quae tamen ut detis supplex peto). Wenn sie ihre Bitte durch den Hinweis darauf unterstützt, dafs sie nicht baden, sondern nur trinken wolle, so hat dies folgende Bedeutung. Das Eigentum gewährt dem Eigentümer das Recht, einem Fremden jegliche Benutzung eines Gewässers und daher auch das Trinken zu versagen. Eine allgemeine Menschenpflicht, auf welche Latona mit ihren Worten hinweist, gebietet aber, dem durstigen Wanderer die Befriedigung des Durstes nicht zu verweigern[1]. Eine solche Pflicht läge, wie Latona selbst zugiebt, hinsichtlich des Badens nicht vor. Die Verletzung dieser Pflicht enthält ein schweres Vergehen, welches die gedachte Strafe nach sich zieht.

§ 2. Die fontes.

Gegen die Ansicht, dafs nach römischem Recht nur die gröfseren beständigen Wasserläufe öffentlich waren, hat man weiterhin eingewendet, dafs der kleinen natürlichen Wasserläufe, der Bäche (rivi), nirgends in den Quellen gedacht werde. Genossen die Bäche eine besondere rechtliche Behandlung, so müfsten sich, meint man, bei dem bedeutenden Wert, welcher den Gewässern von den Römern beigemessen wurde, besondere auf sie bezügliche Rechtssätze in den Quellen finden, oder ihre Besonderheit müfste doch wenigstens an einzelnen Stellen zum Ausdruck gelangen. Es läfst sich in der That nicht leugnen, dafs der Einwand völlig begründet ist und schwer ins Gewicht fallen mufs, wenn seine Voraussetzung Stich hält. Sind auch die Bäche nach ihren natürlichen Eigenschaften nicht geeignet, der Allgemeinheit zu dienen, so müssen sie doch erheblichen Wert für diejenigen gehabt haben, welche als Eigentümer über sie zu gebieten hatten. Hierbei kann

[1] Vgl. Cicero, de officiis 1, 51, 52; Seneca, de beneficiis 4, 29, 1 ff.

es dahingestellt bleiben, ob sie nur in Ansehung ihres alveus oder auch in Ansehung ihres Wassers im Privateigentum standen. Die Bacheigentümer werden das Wasser häufig nicht in vollem Umfange zu eigenen Zwecken benötigt, es werden sich um das Recht der Wasserbenutzung bei ihnen zweifellos solche Personen beworben haben, welche des Vorteils eines fliefsenden Gewässers auf ihren Landbesitzungen nicht teilhaftig waren. Stand nicht dem Bacheigentümer, sondern der Allgemeinheit die Benutzung des Wassers zu nach dem Satz, dafs aqua profluens omnium communis ist, so war es doch thatsächlich von seinem Belieben regelmäfsig abhängig, Dritten den Zugang zum Bach und damit die Möglichkeit der Wasserbenutzung zu eröffnen, weil die Bäche einen allgemein benutzbaren Zugang häufig nicht haben. Erstreckte sich aber das Eigentum am Bach auch auf sein Wasser, so war es ohne Genehmigung des Bacheigentümers überhaupt jedem Dritten versagt, das Wasser des Baches zu benutzen. In beiden Fällen müssen auf die Wasserbenutzung der Bäche abzielende Servituten an der Tagesordnung gewesen sein. Bedenkt man, dafs das römische Recht beispielsweise der servitus aquaehaustus an lacus privati den Schutz von Interdikten gewährte[1], so kann es auch der auf Servituten beruhenden Wasserbenutzung der Bäche an einem ähnlichen Schutz nicht gefehlt haben, und es müfste dies aus den Quellen mit völliger Klarheit hervorgehen, wenn anders die Bäche unter den Wasserläufen eine rechtliche Sonderstellung einnahmen.

Ebensowenig ist es weiterhin zu bestreiten, dafs das Wort rivus der juristisch-technische Ausdruck für den Wasserleitungskanal war[2]. Es steht dies aufser jeder Anfechtung. In den zahlreichen Stellen, in welchen rivus im Rechtssinn angewendet wird, hat es überall diese Bedeutung; es sei nur beispielsweise auf den Digestentitel hingewiesen, in welchem

---

[1] L. un. D. de fonte 43, 22.

[2] Im vulgären Sprachgebrauch wird rivus zur Bezeichnung eines kleinen natürlichen Wasserlaufs verwendet; ursprünglich bedeutet es den kleinen künstlichen Wasserlauf. Festus de verb. signif. v. rivus.

über das zu Gunsten der refectio und purgatio rivorum gegebene Interdikt gehandelt wird [1]. Die Bedeutung von Bach ist dagegen dem Worte in den Quellen nirgends eigen. In l. 7 § 4 D. de acqu. rer. dom. 41, 1 werden die Arme eines öffentlichen Flusses, welcher sich geteilt und ein Grundstück gewissermafsen als Insel eingeschlossen hat, von Gaius rivi genannt; rivus dient also hier zur Bezeichnung eines kleineren Wasserlaufs in natürlichem Sinne. In l. 6 D. fin. reg. 10, 1 wird rivus in folgendem Zusammenhange gebraucht:

> l. 4 § 11 D. l. c. Paulus libro XXIII ad Edictum. — Si via publica intervenit, confinium non intellegitur, et ideo finium regundorum agi non potest,
>
> l. 5. Idem libro XV ad Sabinum. — quia magis in confinio meo via publica vel flumen sit, quam ager vicini.
>
> l. 6. Idem libro XXIII ad Edictum. — Sed si rivus privatus intervenit, finium regundorum agi potest.

Hier könnte allerdings das Wort die Bedeutung von Bach haben; allein es ist ebensowohl auch möglich, dafs Paulus unter dem rivus privatus einen privaten Wasserleitungskanal verstanden hat. Es kann nur anerkannt werden, dafs öffentliche Bestandteile der Erdoberfläche zu privaten in Gegensatz gebracht werden; eine Gegenüberstellung des flumen (Flusses) und des rivus (Baches) findet nach dem Zusammenhang, in welchem fr. 6 in der Kompilation steht, nicht statt. Ob fr. 6 bei Paulus die unmittelbare Fortsetzung des aus demselben Buch des Ediktskommentars stammenden fr. 4 § 11 war [2], läfst sich nicht sicher bestimmen. War dies aber auch der Fall, so würde ein Gegensatz von flumen und rivus hier ebensowenig vorhanden sein, weil in fr. 4 § 11 nach der oben wiedergegebenen Lesart von einem flumen überhaupt nicht die Rede ist. Ein solcher Gegensatz aber würde offenbar aus dem anfangs erwähnten Grunde auch dann nicht bestehen, wenn die anderweitige Lesart des fr. 4 § 11: sive flumen sive

---

[1] Tit. Dig. 43, 21 de rivis.

[2] Dies ist keineswegs wahrscheinlich, weil man eine Begründung des in fr. 4 § 11 enthaltenen Satzes erwartet.

2*

via publica intervenit richtig wäre. Erwägt man bei dieser zweifelhaften Sachlage, daſs in den Quellen sonst nirgends rivus im Sinne von Bach erwähnt wird, so wird man sich unbedenklich dahin entscheiden, daſs auch in der in Rede stehenden Stelle rivus den Wasserleitungskanal bedeutet.

Gerade die Thatsache aber, daſs rivus den kleinen künstlichen Wasserlauf bezeichnete, muſs den Gedanken nahelegen, daſs die Rechtssprache zur Bezeichnung des kleinen natürlichen Wasserlaufs, des Baches, einen anderen Ausdruck verwandte. Die Rechtsverhältnisse der Wasserleitungskanäle und der Bäche sind von einander so verschieden und stehen andererseits in so naher Wechselbeziehung zu einander, daſs zur Bezeichnung beider Arten von Wasserläufen die Rechtssprache, ohne schwere Irrtümer hervorzurufen, kaum denselben Ausdruck anwenden konnte. In vielen Fällen würde wohl der Zusammenhang, in welchem rivus gebraucht wird, Klarheit über die Bedeutung des Wortes geben können, wie z. B. dann, wenn von Wasserservituten an rivi die Rede wäre. In zahlreichen Fällen wäre aber, was keiner ausführlichen Darlegung bedarf, ebenso sicher die Bedeutung von rivus unerkennbar; es sei nur an die soeben besprochene l. 6 D. fin. reg. erinnert. Sollte bei irgend einem Rechtsfall, welcher eine Wasserleitung aus einem Bache zum Gegenstand hatte, von den Leitungskanälen gesprochen werden, so müſste notwendigerweise, wenn man sich überhaupt verständlich machen wollte, entweder zur Bezeichnung des Baches oder zu der des Kanals ein anderer Ausdruck gewählt oder es müſste in jedem einzelnen Falle die Bedeutung des Wortes rivus näher erläutert werden. Die Vermutung entbehrt daher keineswegs der Unterlage, daſs die römische Rechtssprache, wenn anders die Bäche eine besondere rechtliche Behandlung erfuhren, zu ihrer Bezeichnung ein anderes Wort als rivus anwandte.

1. Als Gewässer, an welchen den Schutz der Interdikte genieſsende Wasserleitungsservituten begründet werden konnten, nennt Ulpian in l. 1 § 8 D. de aqu. quot. et aest. 43, 20 das flumen, den lacus und den fons. Das dem Schutz der servitus aquaehaustus und pecoris ad aquam appellendi dienende

Interdikt bezog sich, wie aus seinem in l. un. pr. D. de fonte 43, 22 wiedergegebenen Wortlaut erhellt, in erster Linie auf den fons und galt ferner für den lacus, die piscina und den puteus. Betrachtet man die genannten Gewässer auf die rechtlichen Beziehungen hin, in welchen sie stehen, so wird man hinsichtlich der lacus und piscinae und hinsichtlich der putei keinen Anlafs finden, an ihrer allgemein angenommenen, altüberlieferten Bedeutung von „See, Teich“ und von „Brunnen“ zu rütteln. Seeen und Teiche sind ja unleugbar wohlgeeignete Gegenstände für eine servitus aquaeductus sowohl wie für eine servitus aquaehaustus. Die Brunnen dienen nach ihrer natürlichen Beschaffenheit und ihrer Zweckbestimmung nur zum Wasserschöpfen; sie können zu Wasserleitungen nicht benutzt werden, wie Ulpian in l. 1 § 6 D. de aqu. quot. 43, 20 ausdrücklich bemerkt.

Anders verhält es sich mit der Bedeutung von fons. Unter fons hat man bisher allgemein eine „Quelle“ verstanden. Die „Quellen“ bezeichnen einmal die unter der Erde verborgenen Gewässer, denen die meisten auf der Erdoberfläche befindlichen Gewässer ihr Dasein zu verdanken haben. Die Quelle bezeichnet ferner den Ort, wo solche unterirdische Gewässer ans Tageslicht treten, und endlich ein ans Tageslicht tretendes Gewässer selbst während seines Hervortretens. Die Naturanschauung lehrt nun aber, dafs die aus der Erde hervortretenden Quellen regelmäfsig entweder ein gröfseres Wasserbecken (Teich, See) bilden, oder dafs sie nach irgend einer Richtung hin ihren Abflufs nehmen, um, sei es für sich allein oder in Verbindung mit anderen, einen Bach oder Flufs zu bilden. Nur schwach und unbeständig hervorquellendes Wasser verliert sich dagegen erfahrungsgemäfs im umliegenden Erdreich. Im gewöhnlichen Sprachgebrauch wird endlich die Bezeichnung „Quelle“ auch auf das Rinnsal, in welchem das aus der Erde kommende Wasser herabrinnt, so weit angewendet, bis es einen bachartigen Charakter angenommen hat.

Es liegt auf der Hand, dafs fons im Rechtssinn nicht alle genannten Bedeutungen von „Quelle“ gehabt haben kann.

Der Ort, wo Wasser aus der Erde dringt (Quelle), kommt überhaupt nicht in Frage, da es sich hier nur um Gewässer handelt.

Mit den unterirdischen Quellen können die fontes jedenfalls nicht identisch sein, wenn sie diese Art von Quellen auch bedeuten können. Die fontes werden in den Digesten vornehmlich wegen der an ihnen geübten Wassernutzungen durch Leiten und Schöpfen erwähnt [1]. An solche unterirdische Quellen, welche von Natur aus an die Erdoberfläche treten, ist von vornherein nicht zu denken, weil man vernünftigerweise nicht das unterirdische Gewässer zum Gegenstand der Benutzung gemacht haben kann, wenn es sich selbst an der Erdoberfläche zeigt. Es können also überhaupt nur unter der Erdoberfläche verborgene, nicht ans Tageslicht tretende Gewässer (Quellen) in Betracht kommen. Sollen diese Quellen benützt werden, so müssen sie entweder als Brunnen erschlossen, oder es mufs ihnen ein Weg an die Erdoberfläche gebahnt werden. Im ersteren Falle spricht man dann aber nicht mehr von einer unterirdischen Quelle, sondern von einem Brunnen, wie auch das römische Recht für derartige Gewässer den Ausdruck puteus verwendet. Wird aber die unterirdische Quelle ans Tageslicht gezogen, so kann dies — und dies wird aus technisch-praktischen Gründen die Regel sein — einmal in der Weise geschehen, dafs die Quelle die gleichen Gewässer (Teiche, Wasserläufe) hervorbringt, wie das von Natur an die Erdoberfläche tretende Wasser. Dann findet die Benutzung nicht mehr an der unterirdischen Quelle, sondern an den oberirdischen Gewässern statt. Oder aber die unterirdische Quelle wird unmittelbar durch Ableiten benutzt, ohne dafs sie durch besondere künstliche Vorrichtungen im Innern der Erde gefafst wird. Läfst sich sonach allenfalls eine Leitung, nicht aber ein Schöpfen unmittelbar aus einer unterirdischen Quelle denken, so können doch diese Art von Quellen allein unter den fontes nicht verstanden sein, weil an den fontes

---

[1] Vgl. l. 1 §§ 7 ff. D. de aqu. quot. 43, 20; l. un. D. de fonte 43, 22.

auch Schöpfgerechtigkeiten gang und gäbe waren. Wollte man indessen auch annehmen, dafs auch die als Brunnen gefafsten Quellen von den Römern fontes genannt wurden, wobei es der Aufklärung bedürfte, welcher Unterschied dann zwischen den fontes und putei bestand, so steht doch thatsächlich fest, dafs der fons an einzelnen Stellen unzweifelhaft ein an der Erdoberfläche befindliches Gewässer bezeichnet[1].

Weiterhin kommt die Quelle in dem Sinn von Wasser, welches an die Erdoberfläche tritt, für das Recht in Frage. Für diese Art von Quellen liegt aber zunächst keine Veranlassung vor, ihnen durch besondere Unterscheidung unter den Gewässern eine rechtliche Berücksichtigung zuteilwerden zu lassen, da sie nicht ein selbständiges Gewässer für sich bedeuten, sondern nur ein Gewässer im Augenblick seines Heraustretens ans Tageslicht bezeichnen, welcher Moment jeder rechtlichen Erheblichkeit enträt. Von den Quellen in diesem Sinn kann solches Quellwasser, welches nicht imstande ist, einen Wasserlauf oder ein stehendes Gewässer zu bilden, bei seiner Unsicherheit und Unbeständigkeit eine besondere Beachtung als fons nicht gefunden haben. Es erscheint nicht als eine selbständige Sache, sondern lediglich als Bestandteil des Grundes und Bodens, auf welchem es sich aufhält. Jedenfalls kann der fons der Interdikte diese Art von Quellwasser nicht bedeuten, weil die Interdikte ein beständiges Gewässer zur Voraussetzung haben. Solche Quellen aber, welche stehende Gewässer (Seeen, Teiche) bilden, sind vom rechtlichen Standpunkt überhaupt nicht zu beachten, weil sie vollständig in jenen aufgehen. Nicht anders ist dies aber mit den Quellen, welche den Anfang von Wasserläufen bilden. Die Quellen sind gerade so Bestandteile der Wasserläufe wie die Mündungen. Ebensowenig wie bei den anderen Teilen der Wasserläufe liegt bei den Quellen irgend ein stichhaltiger Grund vor, warum sie durch namentliche Unterscheidung eine besondere Beachtung im Recht finden müfsten, da ja notwendig

---

[1] Vgl. l. 20 §§ 1, 2 D. de serv. pr. rust. 8, 3; l. 3 pr. D. de aqu. et aqu. pl. arc. act. 39, 3.

die für die Wasserläufe selbst gegebenen Rechtsnormen für sie selbst gelten.

War aus diesen allgemeinen Gründen eine rechtliche Beachtung dieser Art von Quellen nicht erforderlich, so steht andererseits auch fest, dafs der fons der Interdikte die Quelle in dem zuletzt gedachten Sinne nicht bedeuten kann. Vertritt man die Ansicht, dafs die flumina publica alle beständigen Wasserläufe umfafsten, so müssen folgerichtig auch die Quellen aller beständigen Wasserläufe öffentlich gewesen sein, und es bleibt dann für eine servitus aquaehaustus an einer Quelle kein Raum, da nach l. 3 § 3 D. de serv. pr. rust. 8, 3 an flumina publica eine servitus aquaehaustus nicht begründet werden kann, und die flumina privata und mithin auch ihre Quellen des wesentlichen Erfordernisses der Wasserservituten, der aqua perennis, ermangeln. Nun geht aber aus dem genannten Fragment gerade das Bestehen einer Wasserschöpfgerechtigkeit an einem fons privatus mit Sicherheit hervor. Es müfste mithin irgend ein Vordersatz falsch sein. Bleibt man bei der Öffentlichkeit aller beständigen Wasserläufe stehen, so würde sich die Existenz eines fons privatus offenbar nur durch zwei in gleicher Weise widersinnige Annahmen erklären lassen, nämlich entweder dadurch, dafs die öffentlichen Flüsse private Quellen hatten, oder dafs es beständige Quellen gab, welche nicht abflossen und auch keinen See oder Teich bildeten.

Nimmt man aber an, dafs nicht alle beständigen Wasserläufe öffentlich waren, so läfst sich das Bestehen einer servitus aquaehaustus an einer Privatquelle wohl denken. Es bleibt dann aber im höchsten Grade befremdlich, warum in dem dem Schutze des aquaehaustus dienenden Interdikt nicht die kleinen privaten Wasserläufe selbst, sondern nur ihre Quellen Erwähnung gefunden haben. Geht aus l. 3 § 3 D. l. c. die Möglichkeit einer servitus aquaehaustus an Privatquellen deutlich hervor, so mufs man diese Möglichkeit auch für die privaten Wasserläufe selbst annehmen. Denn es liegt nicht der geringste Grund dafür vor, einem etwa bestehenden Satz, welcher alles fliefsende Wasser für Gemeingut erklärt, gerade die Gültigkeit für die Quellen der privaten Wasserläufe, nicht aber für die Wasserläufe selbst abzusprechen. Setzt man nun aber auch den Fall, dafs nur an den privaten Quellen, nicht aber an den privaten Bächen eine servitus aquaehaustus begründet werden konnte, so bliebe es immerhin im höchsten Grade auffallend, dafs das Interdikt von l. 1 pr. D. de fonte 43, 22 in erster Linie die Wasserbenutzung durch haustus und pecoris appulsus am fons schützt. Der appulsus pecoris bezweckt, dem Vieh selbst das Wasser zum Trinken oder Baden zugänglich zu machen und die Beschaffung des Wassers durch menschliche Thätigkeit zu ersparen[1]. Ein appulsus ist aber wirtschaftlich offenbar nur dann zweckmäfsig und eine servitus appulsus daher nur dann schätzbar, wenn es sich um ganze Viehherden handelt. Kommen nur wenige Stück Vieh in Betracht, so ist unter gewöhnlichen Verhältnissen die Mühe der Wasserbeschaffung geringer als die Mühe und der Schaden, welche ein appulsus nach einem entfernt gelegenen Orte mit sich bringt. Die Servitut enthält ferner nicht blofs das Recht, Vieh aus dem Gewässer zu tränken, sondern, es sich dort selbst tränken und baden zu lassen. Gestattet das Gewässer keine unmittelbare und selbständige Benutzung durch das Vieh wie der puteus, so konnte eine servitus pecoris ad aquam appellendi im technischen Sinne nach römischem Recht wahrscheinlich nicht begründet werden, weil nur ein appulsus pecoris (actus) möglich war und die Tränkung des Viehes durch haustus bewirkt werden mufste. Es liegt hiernach auf der Hand, dafs Quellen sich zu einer servitus pecoris appellendi entweder überhaupt nicht oder nur in sehr beschränktem Mafse eignen. Man könnte nun hiergegen vielleicht einwenden, dafs bei dem fons (Quelle) wie bei dem gleichfalls in dem Interdikt erwähnten puteus (Brunnen) natürlich nur von einer Benutzung durch Wasserschöpfen,

[1] Dem gleichen Zweck wie die servitus pecoris appellendi diente die servitus aquaeductus, wenn die Leitung des Viehes wegen geschah. Vgl. l. 3 pr. D. de aqu. quot. 43, 20. — fr. 1 § 18 D. eod. ist völlig zu Unrecht an dieser Stelle eingeschoben; es gehört vielmehr in den tit. Dig. de fonte 43, 22, wie der Wortlaut der Stelle deutlich zeigt.

von einer Benutzung durch appulsus pecoris dagegen nur bei den lacus und piscinae die Rede sein könne. Dann bleibt es aber unaufgeklärt, warum der Prätor das Interdikt an erster Stelle zu Gunsten des fons und nicht zu Gunsten jener Gewässer, welche eine viel weitgehendere Wasserbenutzung gestatten, aufgestellt hat.

Auch in l. 1 §§ 7 ff. D. de aqu. quot. 43, 20 kann fons nicht die Bedeutung von Quelle haben. Ulpian läfst sich hier bei der Erörterung des dem Schutze der Wasserleitungsservitut dienenden prohibitorischen Interdiktes folgendermafsen aus:

> § 7. Haec interdicta de aqua, item de fonte, ad eam aquam pertinere videntur, quae a capite ducitur, non aliunde; harum enim aquarum etiam servitus jure civili constitui potest. § 8. Caput aquae illud est, unde aqua nascitur; si ex fonte nascatur, ipse fons, si ex flumine vel lacu prima incilia, vel principia fossarum, quibus aquae ex flumine vel ex lacu in primum rivum communem pelli solent.

Da nach l. 1 § 5 D. l. c. nur Wasserleitungen aus einer aqua perennis den Schutz des Interdiktes geniefsen, so könnte fons bei der Äufserung von Ulpian nur die Quelle des beständigen Wasserlaufs bedeuten. Waren nur die gröfseren beständigen Wasserläufe die flumina im rechtlichen Sinne, so ist es offenbar befremdlich, dafs Ulpian neben den Flüssen (flumina) und Quellen (fontes) nicht auch der Bäche Erwähnung thut. Andererseits klingt es keineswegs wahrscheinlich, dafs die Römer gerade die Quellen der Wasserläufe zu Wasserleitungen in umfassender Weise sollten benutzt haben, da hiermit eine Schädigung des Wasserlaufes selbst mit Notwendigkeit verbunden ist. Die Vorzüge des Quellwassers vor anderem Wasser, wie seine Klarheit und seine Kühle, machen die Ableitungen aus Quellen von Wasserläufen auch nicht erklärlich, da die Aquädukte vornehmlich dem Zwecke der Bewässerung der Äcker galten[1] und jene Vorzüge dabei überhaupt nicht

[1] l. 1 § 11 D. l. c.

in Betracht kommen. Eine Ableitung aus einer Quelle läfst sich ferner immer nur mittelbar in der Weise denken, dafs das Wasser in einem künstlichen Wasserbecken gesammelt wird, aus dem dann erst die Ableitung stattfindet. Während man sich nun sehr wohl eine unmittelbare Ableitung aus einem Wasserlauf, nicht aber aus einer Quelle praktisch vorstellen kann, erklärt in schroffem Gegensatz zu dieser Thatsache Ulpian in l. 1 § 8 D. cit., dafs die Wasserleitungen bei den flumina und lacus gerade mittelbar aus besonderen Abzugsgräben (incilia, fossae), bei den fontes dagegen unmittelbar aus ihnen selbst stattfanden. Wollte man sich auch über die angeführten Bedenken hinwegsetzen, so mufs doch behauptet werden, dafs sich eine annehmbare Erklärung der Ausführung von Ulpian nicht finden läfst, wenn fons die Quelle in dem in Rede stehenden Sinn bezeichnet.

Endlich läfst sich aber unter fons auch eine Quelle in dem Sinne eines winzigen Wasserlaufes nicht verstehen, welcher noch keinen bachartigen Charakter angenommen hat. Diese Auffassung würde gleich unhaltbar erscheinen vom Standpunkt derjenigen, welche alle beständigen, wie vom Standpunkte derjenigen, welche nur die gröfseren beständigen Wasserläufe für öffentlich erachten. Von beiden Gesichtspunkten aus wäre es unerfindlich, in welcher Weise solche Quellen von den weiteren Teilen der Wasserläufe sich abgrenzen lassen, und welche einigermafsen sicheren Merkmale über die Eigenschaft eines Wasserlaufes als Quelle entscheiden könnten. Die Anhänger der ersteren Ansicht würden eine solche Auffassung der Quellen überhaupt als ihrem Grundsatz widersprechend, dafs alle beständigen Wasserläufe öffentlich sind, zurückweisen müssen. Die Anhänger der letzteren Ansicht aber würden diese Auffassung beanstanden müssen, da die völlige Übergehung der Bäche bei dieser Bedeutung der fontes unerklärlich wäre.

2. Nach den vorstehenden Ausführungen kann fons in der Anwendung der Rechtssprache wohl eine unterirdische Quelle, nicht aber die Quelle in dem Sinne von Wasser, welches an die Erdoberfläche tritt, bezeichnen, es erschöpft sich aber die

Anwendung von fons keineswegs in der Bezeichnung der unterirdischen Quelle. Andererseits fehlt es für die Rechtssprache an einem Wort zur Bezeichnung des Baches; dem Worte rivus wohnt die technische Bedeutung des kleinen künstlichen Wasserlaufes inne. Bei dieser Sachlage liegt die Annahme offenbar nicht fern, dafs fons in der Rechtssprache zur Bezeichnung des Baches diente. Für diese Bedeutung des Wortes fons kann allerdings aus den Rechtsquellen bei deren Dürftigkeit der volle direkte Beweis nicht erbracht werden. Es läfst sich nur nachweisen, dafs nach der Anwendung des Wortes in der Rechtssprache fons den Bach bezeichnen kann, und dafs in einzelnen Stellen mancherlei Umstände für diese Bedeutung besonders sprechen. Durch die folgende Gesamterklärung der Wasserservituten wird die Bedeutung von Bach hochwahrscheinlich gemacht. Im Anhange zu dieser Abhandlung wird gezeigt werden, dafs in der lateinischen Sprache überhaupt fons vornehmlich den Bach bedeutete, und es wird hierdurch jeder Zweifel behoben werden, dafs dem Worte auch in der Rechtssprache dieser Sinn beikam. Im folgenden sollen die einzelnen in den Rechtsquellen vorhandenen Belagstellen für fons einer Prüfung unterworfen werden.

Wie schon mehrfach hervorgehoben wurde, schützt das Interdikt von l. un. pr. D. de fonte 43, 20 in erster Reihe den servitutenmäfsigen aquaehaustus und pecoris appulsus an dem fons, und ein weiteres Interdikt gewährleistet dem Nutzungsberechtigten die purgatio und refectio dieses Gewässers[1]. Versteht man unter fons den Bach, so erscheint es ganz natürlich, dafs die Interdikte in erster Reihe zu Gunsten des fons gegeben sind, da ja die Wasserläufe unter den Gewässern die hervorragendste Stelle einnehmen. Die Bäche gestatten ferner regelmäfsig sowohl eine umfassende Benutzung durch haustus wie auch durch pecoris appulsus. Die fortgesetzte Benutzung des Baches, insbesondere die Benutzung durch das Herantreiben und Hineintreiben des Viehs mufs eine zeitweise Reinigung und Wiederherstellung des

[1] l un. §§ 6 ff. h. t.

Bachbettes notwendig machen. Zu diesem Zwecke ist das Interdikt von l. un. § 6 D. h. t. gegeben.

In l. 3 § 3 D. de serv. pr. rust. 8, 3 läfst sich Ulpian weiterhin folgendermafsen aus:

> Ulpianus libro XVII ad Edictum. — Qui habet haustum, iter quoque habere videtur ad hauriendum, et ut ait Neratius libro tertio Membranarum, sive ei jus hauriendi et adeundi cessum sit, utrumque habebit; sive tantum hauriendi, inesse et aditum; sive tantum adeundi ad fontem, inesse et haustum. Haec de haustu ex fonte privato; ad flumen autem publicum, idem Neratius eodem libro scribit, iter debere cedi, haustum non oportere; et si quis tantum haustum cesserit, nihil eum agere.

Nach Neratius kann der Eigentümer eines Baches seinem Grundnachbarn, welcher nicht an den Bach grenzt[1], eine Wasserschöpfgerechtigkeit nicht blofs in der Weise bestellen, dafs er ihm das Recht, zum Bach zu gehen und Wasser aus ihm zu schöpfen (iter et haustus), einräumt, sondern auch dadurch, dafs er entweder den haustus oder das iter gewährt. Räumt der Eigentümer eines Baches seinem Nachbarn das Recht des Wasserschöpfens ein, so liegt darin, meint Neratius und Ulpian offenbar, selbstverständlich auch das Recht einbegriffen, über den Acker des Bacheigentümers zum Bach zu gehen, weil sonst das bestellte Recht illusorisch wäre[2]. In der Bestellung eines iter zu dem fons sieht Neratius auch die Einräumung des Wasserschöpfrechtes durch den Eigentümer wahrscheinlich deswegen, weil bei den Römern erfahrungsgemäfs servitutes eundi ad fontem zu keinem anderen Zweck begründet wurden. Das Wasserschöpfen aus einem flumen publicum kann dagegen, sagt Neratius, der Uferanlieger seinem Grundnachbarn nur dadurch ermöglichen, dafs er ihm

---

[1] Grenzt der Nachbar an den Bach, so kann natürlich nur ein haustus eingeräumt werden.

[2] Vgl. l. 10 D. de serv. pr. urb. 8, 2. — Dies kann schlechthin nur dann gelten, wenn kein allgemein benutzbarer aditus zum fons dem zum Schöpfen Berechtigten zu Gebote steht.

eine servitus itineris zum Flusse bestellt; die Einräumung eines haustus sei bedeutungslos.

Die scharfe Gegenüberstellung des fons privatus und des flumen publicum zeigt deutlich, worin die verschiedene Behandlung der beiden Arten von Wasserläufen begründet liegt. Der Eigentümer eines Privatbaches kann das Wasser desselben auf Grund seines Eigentums zum Gegenstand einer servitus aquaehaustus machen. Dem Uferanlieger eines öffentlichen Flusses steht die Nutzung des Wassers nicht aus eigenem Rechte, sondern auf Grund des usus publicus zu, er kann anderen, die dasselbe Nutzungsrecht am Wasser des flumen publicum haben, nur durch Einräumung eines Weges zum Wasser die Benutzung desselben ermöglichen. Ein gleiches mufs natürlich auch für die Benutzung des Wassers der Wasserläufe durch ductus gelten. Der Eigentümer eines Baches kann daher einem Grundnachbar eine servitus aquaeductus einräumen, welche mit dem Recht der Wasserbenutzung das Recht der Leitung über den Grund und Boden des Bacheigentümers in sich schliefst[1]. Der Uferanlieger eines öffentlichen Flusses kann dagegen einem Grundnachbarn nur an seinem Grundstück eine servitus itineris aquae bestellen, nicht aber eine servitus aquaeductus am flumen publicum gewähren. Er nimmt in Ansehung der Benutzung des öffentlichen Flusses, wenn auch eine thatsächlich, so doch keine rechtlich bevorzugte Stellung ein; er befindet sich in derselben rechtlichen Lage wie jeder andere Grundeigentümer, der um Einräumung eines Durchgangs durch sein Grundstück behufs Benutzung eines Gewässers gebeten wird, dessen Eigentümer er nicht ist. Ist das Grundstück desjenigen, welcher an dem Bach eines Anderen eine servitus aquaehaustus oder aquaeductus gewinnen will, von dem den Bach enthaltenden Grundstück durch das Grundstück eines Dritten getrennt, so mufs sich der Bewerber von dem Dritten eine

---

[1] Die servitus aquaeductus kann auch blofs das Recht in sich bergen, einem Privatgewässer durch ductus Wasser zu entnehmen. Es ist dies dann der Fall, wenn das Grundstück des Servitutberechtigten dem Gewässer benachbart ist.

servitus itineris, bezw. itineris aquae einräumen lassen[1]. Eine servitus aquaehaustus oder aquaeductus kann der Dritte offenbar nicht bestellen, weil er an dem Wasser kein Recht hat; die Befugnis, mit Wasser über ein Grundstück zu gehen oder Wasser über ein Grundstück zu leiten, bildet für sich allein keine servitus aquaehaustus oder aquaeductus. In gleicher Weise kann auch der Uferanlieger eines öffentlichen Flusses und jeder entferntere Grundeigentümer nur den Weg über sein Grundstück behufs Benutzung des Flusses zum Gegenstand von Servituten machen.

Nach dem Inhalt der Interdikte von l. 1 pr. und l. 1 § 29 D. de aqu. quot. 43, 20 und l. un. pr. D. de fonte 43, 22 und der sich an sie knüpfenden Erläuterung von Ulpian kann es keinem Zweifel unterliegen, dafs die Interdikte nur zum Schutze der servitus aquaeductus und aquaehaustus, nicht aber zum Schutze der servitus itineris und itineris aquae dienen. Zu den Voraussetzungen der Interdikte von l. 1 pr. und § 29 D. l. c. insbesondere gehört es, dafs das Wasser zum Zwecke der Benutzung aus einem Gewässer abgeleitet, und dafs es nec vi nec clam nec precario gegenüber demjenigen geleitet wird, dessen rechtlicher Herrschaft das Gewässer untersteht. Von dem Vorhandensein dieser Voraussetzungen kann der Schutz des iter aquae dann offenbar nicht abhängig gemacht sein, wenn die Leitung dem Zwecke der Fortschaffung (Beseitigung) des Wassers dient. Ein gleiches mufs aber auch gelten, wenn durch das iter aquae eine Benutzung des Wassers bezweckt wird. Es kann derjenige, welcher sich von dem Uferanlieger eines öffentlichen Flusses eine servitus itineris aquae hat bestellen lassen, den Nachweis, dafs er das Wasser nec vi nec clam nec precario leite, schlechterdings nicht erbringen, weil er das Wasser auf Grund des usus publicus und nicht auf Grund eines von einem anderen gewährten Rechtes leitet. Umgekehrt kann selbst der Nachweis der Voraussetzungen der Interdikte dann nicht ausreichen, um die Störung oder Behinderung der Wasser-

[1] Vgl. l. 17 § 4 D. de aqu. et aqu. pl. arc. act. 39, 3.

leitung durch einen Dritten zu beseitigen, wenn z. B. das Wasser eines Privatbaches, an welchem dem Leitungsberechtigten eine servitus aquaeductus zusteht, über das Grundstück eines Dritten geführt wird und dieser die Wasserleitungsveranstaltungen auf seinem Grundstück als unzulässig angreift. Nun heifst es allerdings in l. un. § 5 D. de fonte 43, 22, dafs das zum Schutze der servitus aquaehaustus dienende Interdikt auch dann ausreichen wird (sufficiet), wenn der Berechtigte zum Schöpfen zu gehen behindert wird. Allein gerade aus dieser Bemerkung von Ulpian ergiebt sich, dafs das Interdikt an sich das iter zum fons nicht zu schützen bestimmt ist. Das Interdikt kann zudem nach seinem Inhalt offenbar nur dann genügen, die Behinderung des iter ad haustum zu beseitigen, wenn die Behinderung von dem Grundstückseigentümer geschieht, welcher den haustus selbst eingeräumt hat. Gegenüber Behinderungen des iter ad fontem auf Grundstücken Dritter kann nur das interdictum de itinere actuque privato helfen. Ganz dasselbe wird auch von den zum Schutze der servitus aquaeductus gegebenen Interdikten gelten müssen. Auch sie können grundsätzlich nur solche Behinderungen des aquaeductus aus dem Felde schlagen, welche sich gegen das Recht der Wasserbenutzung wenden. Dagegen werden die Interdikte bei solchen Behinderungen der Wasserleitung, welche sich gegen die Zulässigkeit der Leitungsveranstaltungen richten, nur dann platzgreifen können, wenn die Behinderung von demjenigen ausgeht, von welchem der Leitende das Recht der Wasserleitung erworben hat.

Der Unterschied der servitus aquaeductus von der servitus itineris aquae[1] besteht also darin, dafs den Gegenstand dieser das Recht zur Veranstaltung einer Leitung auf fremdem Grund und Boden, den Gegenstand jener dagegen das Recht,

[1] Vgl. über die servitus itineris aquae namentlich l. 16 D. quemadm. serv. amitt. 8, 6, wo sie von der servitus aquaeductus unterschieden wird, und l. 3 § 2 D. de aqu. quot. 43, 20. Vgl. ferner l. 15, l. 21 D. de serv. pr. rust. 8, 3; l. 21 D. si serv. vind. 8, 5; l. 19 pr. D. quemadm. serv. amitt. 8, 6; l. 19 § 4 D. comm. divid. 10, 3; l. 40 § 1 D. de contr. emt. 18, 1; l. 8 D. de aqu. quot. et aest. 43, 20.

Wasser aus einem fremden Gewässer durch Leitung sich anzueignen, bildet, dafs die eine eine specifische Wegeservitut, die andere eine specifische Wasserservitut ist. Der Zweck des iter aquae kann wie der der anderen Wegegerechtigkeiten ein sehr verschiedener sein. Die servitus itineris aquae kann namentlich nicht blofs den Zwecken des aquaeductus, d. h. der Beförderung von Wasser behufs Benützung und insbesondere der Bewässerung, sie kann auch namentlich den Zwecken der Entwässerung dienen. Bei der erheblichen Bedeutung, welche nach dem Gesagten der servitus itineris aquae beikommen mufste, läfst sich nicht daran zweifeln, dafs auch sie unter dem Schutze von Interdikten stand. Ob aber das iter aquae in dem Rahmen der allgemeinen Interdikte de itinere actuque privato berücksichtigt oder ob besondere Interdikte für diese Servitut aufgestellt waren, wird sich schwer bestimmen lassen. Die Kompilatoren haben die servitus itineris aquae keiner besonderen Beachtung für wert gehalten, die diesbezüglichen Interdikte ausgemerzt und den plumpen Versuch einer Verschmelzung der Servitut mit der völlig anders gearteten servitus aquaeductus gemacht, wie die in den Digestentitel de aqua quot. et aest. 43, 20 aufgenommenen l. 3 § 2 und l. 8 beweisen.

Bei der Erörterung des dem Schutz des servitutenmäfsigen aquaeductus dienenden Interdiktes gedenkt Ulpian weiterhin in der bereits citierten l. 1 § 8 D. de aqu. quot. 43, 20 auch des aquaeductus aus dem fons. Ulpian sagt, das Interdikt gelte nur für solches Wasser, welches a capite[1] geleitet werde, wie auch nur an solchem Wasser nach jus civile Wasserleitungsservituten begründet werden könnten. Unter caput sei die Stelle zu verstehen, wo das Wasser zur Entstehung gelangt. Die Bedeutung dieses Satzes steht aufser jedem Zweifel. Könnte an jeder aqua perennis, welche nach

[1] Vgl. über caput l. 9 D. de serv. pr. rust. 8, 3; l. 16 D. quemadm. serv. amitt. 8, 6; l. 1 § 39 D. de aqu. quot. 43, 20; ferner Frontinus, de aquaeduct. art. 5, 7, 64—70, 72, 73, 75, 89; Vitruvius, de architectura 8, 6, 1 ff.

ihrer natürlichen Beschaffenheit eine Leitung gestattet, eine servitus aquaeductus bestellt werden, so würde dies auch an künstlichen Wasserbehältern, wie den castella, geschehen können, welche durch künstliche Leitung mit von Natur beständigen Gewässern fest verbunden sind[1]. Die Unmöglichkeit einer servitus aquaeductus an einer aqua ducta wird nun gerade durch den oben genannten Satz ausgesprochen, wie aus l. 1 § 39 D. l. c. deutlich erhellt[2]. Nun sagt aber Ulpian weiterhin, wenn das Wasser in einem fons entstehe, sei das caput der fons selbst, wenn dagegen in einem flumen oder lacus, so sei es der Anfang der Abzugsgräben (incilia, fossae), durch welche das Wasser in den ersten gemeinschaftlichen rivus getrieben zu werden pflegt. Einen Rechtssatz kann Ulpian mit dieser Bemerkung unmöglich aussprechen wollen. Allerdings kann ja eine servitus aquaeductus — und von diesen Wasserleitungsservituten spricht Ulpian — an einem öffentlichen Gewässer, an einem flumen publicum und lacus publicus, nicht begründet werden, und es wäre der Satz wohl verständlich, dafs das caput einer servitus aquaeductus bei den flumina publica und lacus publici nicht diese Gewässer unmittelbar, sondern die Abzugsgräben aus ihnen sind. Allein nach dem Wortlaut der Stelle, wie sie überliefert ist, spricht Ulpian nur von dem flumen und lacus schlechthin, und es ist nicht ersichtlich, aus welchem Grunde an einem privaten lacus eine servitus aquaeductus nicht hätte bestellt werden können. Selbst wenn aber Ulpian in der That nur vom öffentlichen

[1] Aus den öffentlichen Wasserleitungen wurde Privatpersonen eine Wasserableitung ursprünglich nur aus den castella gewährt; nur solche Leitungen waren durch das Interdikt von l. 1 § 38 D. l. c. geschützt. Ein Senatuskonsult unter der Regierung des Augustus während des Konsulats des Aelius Tubero und Fabius Maximus verbot Wasserableitungen aus den rivi publici der öffentlichen Aquädukte gänzlich. Vgl. Frontinus, de aquaeduct. art. 106. Zur Zeit des Ulpian waren aber Ableitungen auch aus den rivi und jeglichen sonstigen öffentlichen Wasserbehältern zulässig (l. 1 § 41 D. l. c.). Über die Benützung der öffentlichen Wasserleitungen durch Private vgl. überhaupt Frontinus, l. c. art. 105 ff.; l. 41 D. de A. E. V. 19, 1.

[2] Vgl. l. 2 D. comm. praed. 8, 4.

Flufs und See gesprochen hätte, so ist doch, wenn anders das Recht überhaupt eine Servitut aus fossae und incilia anerkannte, keinerlei rechtlicher Grund dafür zu erkennen, gerade an den fontes eine Servitut aus einem incile auszuschliefsen und nur eine unmittelbare Servitut am fons zuzulassen. Auch in diesem Falle würde man also einen Rechtssatz in dem Fragment nicht sehen können.

Unbeschadet des Satzes, dafs an öffentlichen Gewässern unmittelbar eine servitus aquaeductus nicht begründet werden konnte, kann die Äufserung von Ulpian hiernach nur eine in der Wirklichkeit bestehende Thatsache aussprechen. Aus der Bemerkung, dafs aus den fossae und incilia das Wasser in den ersten communis rivus getrieben zu werden pflegte, geht klar hervor, dafs es sich bei den Ableitungen vermittelst dieser Abzugsgräben um gemeinschaftliche Ableitungen einer Vielheit von Personen, um ein ganzes Wasserleitungssystem handelte und die Abzugsgräben dieserhalb angelegt waren. Es liegt auf der Hand, dafs sich zu solchen umfassenden Wasserableitungen einer gröfseren Vielheit von Personen nur die bedeutenderen beständigen Gewässer eignen; sie bieten eine solche Wassermenge dar, dafs damit die gemeinsame Bewässerung eines gröfseren Gebietes erfolgen kann. Aus diesem Grunde mufs es für wahrscheinlich gehalten werden, dafs Ulpian nicht von den grofsen Wasserläufen und von den Seeen schlechthin, welch letztere ja eine sehr verschiedene Gröfse haben können, sondern von dem flumen und lacus publicum gesprochen hat. Ulpian würde dann aber haben sagen wollen, dafs bei den Bächen nur vereinzelte Ableitungen, sei es einer Person allein, sei es von einzelnen gemeinschaftlich, stattfanden und der rivus (proprius oder communis) unmittelbar in den Bach gelegt wurde, während die flumina und lacus publica zu systematischen Ableitungen einer grofsen Mehrzahl von Personen benutzt wurden und der erste communis rivus daher nicht in das Gewässer selbst, sondern in den Abzugsgraben (incile, fossa) gelegt war. Wie der aquaeductus im technischen Sinne im ersteren Falle aus dem fons, im letzteren erst aus dem incile oder der fossa begann, so galt auch die servitus aquaeductus dort am fons, hier an den prima incilia vel principia fossarum als begründet.

Hiernach lassen sich die Rechtsverhältnisse der Wasserleitungen im allgemeinen in folgender Weise feststellen. Privatgewässer konnten von Dritten zu Wasserableitungen nur auf Grund einer servitus aquaeductus benützt werden [1]. Diese Servituten waren grundsätzlich sowohl an den Gewässern selbst, wie an Abzugsgräben aus denselben zulässig. Die Servituten aus Abzugsgräben werden aber wenig praktisch gewesen sein, weil sie eine gemeinschaftliche Ableitung vieler zur Voraussetzung haben und private Gewässer wegen ihres unbedeutenderen Umfanges sich gewöhnlich hierzu nicht eignen. Die öffentlichen Gewässer zu Ableitungen zu benutzen, stand einem jeden Grundeigentümer auf Grund des an ihnen bestehenden usus publicus frei. Diejenigen Grundeigentümer, welche nicht an das öffentliche Gewässer grenzten, brauchten sich zu dem Zwecke nur eine Wegegerechtigkeit (servitus itineris aquae) von dem Uferanlieger bestellen zu lassen. Häufig werden die öffentlichen Gewässer von den Römern zu umfassenden gemeinschaftlichen Ableitungen behufs Bewässerung ganzer Landschaften benützt worden sein. Hierfür lassen sich nach römischem Recht zwei Rechtsformen denken. Entweder es übernahm jemand, sei es auf Grund einer obrigkeitlichen Generalkonzession, sei es auf Grund eines Übereinkommens aller Interessenten, die systematische Bewässerung der umliegenden Landschaft. Dann gründete sich die Wasserleitungsberechtigung des einzelnen auf die ihm von dem Generalunternehmer aus den incilia oder fossae bestellte servitus aquaeductus. Oder aber die systematische gemeinschaftliche Bewässerung erfolgte auf Grund eines Societätsvertrages aller Interessenten; dann wurde die Wasserberechtigung des einzelnen durch den Inhalt des Societätsvertrages bestimmt. Zur dinglichen Festlegung der Wasserleitungen mufste sich zudem in beiden Fällen jeder

[1] In der Einräumung eines iter aquae an einem fons wird man schwerlich die Einräumung eines aquaeductus erblickt haben, weil das iter aquae sehr verschiedenen Zwecken dienen konnte.

Grundeigentümer von allen denjenigen, über deren Grund und Boden das Wasser geleitet wurde, servitutes itineris aquae einräumen lassen. Die praktische Ausführung der Wasserleitungen war in beiden Fällen dieselbe, indem dem Gewässer durch Abzugsgräben Wasser entnommen und zunächst in grofsen gemeinschaftlichen und dann in immer kleiner werdenden rivi weiterverzweigt wurde[1].

Nun fährt Ulpian in l. 1 § 8 D. l. c. weiter fort:

> Plane si aqua sudoribus manando in aliquem primum locum effluere et ibi apparere incipit, ejus hoc caput dicemus, ubi primum emergit.

Die Bedeutung dieses an sich völlig unverständlichen Satzes wird aufgehellt durch folgende Stelle aus den naturales quaestiones des Seneca (III, 15)[2]:

> Saepe colligitur roris modo tenuis et dispersus liquor, qui ex multis in unum locum confluit. Sudorem aquileges vocant, quia guttae quaedam vel pressura loci eliduntur vel aestu evocantur. Hic tenuis unda vix fonti sufficit. At ex magnis causis magnisque conceptibus excidunt amnes . . . . . .

Die Entstehungsursache des sudor, wie sie Seneca giebt, braucht keiner Erörterung unterzogen zu werden. Jedenfalls steht fest, dafs ein durch sudores unter der Erdoberfläche gebildetes Gewässer, wenn auch einen beständigen, so doch nur einen winzigen Wasserlauf ans Tageslicht zu befördern vermag, was besonders scharf durch die Gegenüberstellung zum

---

[1] Bei den Flüssen (flumina) war ein Aufstau des Wassers durch sogenannte septa üblich. Vgl. l. 1 § 4 D. de rivis 43, 21. Die Abzugsgräben scheinen bei den flumina gewöhnlich incilia, bei den lacus dagegen fossae genannt worden zu sein. Vgl. l. 1 § 8 D. de aqu. quot. 43, 20; l. 1 § 5 D. de rivis 43, 21. Über die rivi communes vgl. l. 1 §§ 8, 26, l. 3 § 5 D. de aqu. quot. 43, 20; l. 16 D. quemadm. serv. amitt. 8, 6; Paul. sent. 5, 6, 9. Das durch die Abzugsgräben entzogene Wasser wurde öfters auch in künstliche Becken geleitet, aus welchen dann verschiedene selbständige Leitungen stattfanden (l. 3 § 3 D. de rivis 43, 21).

[2] Vgl. auch Vitruvius, de architectura 8, 1, 2 und 8, 1, 4.

amnis hervortritt. Auch diese Wasserläufe sind fontes (fonticuli), sie sind nur die kleinsten ihrer Art; dies will Seneca durch die Worte vix fonti sufficit ausdrücken. Wenn nun Ulpian sagt, dafs bei einem durch solche sudores gebildeten winzigen Bach die Quelle (ubi primum emergit) das caput sei, so kann dies bei Berücksichtigung der vorhergehenden Ausführungen nur folgende Bedeutung haben. Die in Rede stehenden Wasserläufe sind so klein, dafs zu einer einigermafsen umfassenden Wasserleitung regelmäfsig die gesamte Wassermasse herangezogen, der natürliche Wasserlauf sonach vernichtet werden mufs. Aus praktischen Rücksichten wird es sich nun empfohlen haben, die Ableitung dieser Gewässer nicht erst von irgend einem Teile des Laufes, sondern sofort an der Quelle vorzunehmen. Die Entfernung konnte bei der naturgemäfs geringen Länge dieser Wasserläufe nicht mitsprechen, eine Vermehrung des Wassers tritt vielleicht erfahrungsmäfsig während des Laufes zumal in heifsen Gegenden nicht ein, sondern eher eine Verminderung durch Einsickern in den Erdboden und Verdunstung, die Bette sehr kleiner Wasserläufe sind leichter dem Wechsel unterworfen und geben daher keine Gewähr für die Erhaltung des Gewässers. Wie Ulpian vorher hinsichtlich des caput bei den Wasserleitungen aus den flumina, lacus und fontes nur thatsächlich bestehende Verhältnisse festlegt, so spricht er auch damit, dafs bei den durch sudores gebildeten Wasserläufen die Quelle das caput war, nur eine Thatsache aus. Auch bei diesen kleinsten fontes geschieht die Leitung aus dem fons, da ja die Quelle einen Teil des Wasserlaufes bildet. Es wird wohl bei diesen fontes an der Quelle stets ein künstliches Wasserbecken geschaffen worden sein, in welches der Leitungskanal gelegt wurde.

Es erscheint angemessen, bei dieser Gelegenheit einen kurzen Blick auf die Wasserleitungen zu werfen, welche von Gewässern stattfanden, die durch Menschenwerk (quaerere und aperire, invenire) erst ans Tageslicht gezogen waren. Auch bei diesen Gewässern wird die Leitung in technischer Beziehung nicht anders geschehen sein als bei den von Natur herausfließsenden Gewässern. Sollte das Wasser völlig in die Leitung aufgenommen werden und unaufhörlich in ihr fließsen, so bedurfte es naturgemäfs der Anlegung eines künstlichen Beckens (lacus) nur zu dem Zwecke, um die Wasserleitung praktisch zu erleichtern. Sollte dagegen nicht das ganze gefundene Wasser oder aber zwar das ganze, aber nicht unaufhörlich geleitet werden, so bedurfte es solcher künstlicher Veranstaltungen, welche das überflüssige Wasser aufzunehmen geeignet waren. Es mufste dann entweder ein gröfseres künstliches Wasserbecken (lacus) zur Aufnahme angelegt oder es mufste durch Herstellung eines künstlichen Flufsbettes, welches mit natürlichen Wasserläufen oder stehenden Gewässern in Verbindung stand, ein Weg eröffnet, mit anderen Worten ein neuer Wasserlauf (fons) geschaffen werden[1].

Unvereinbar mit der Erörterung von Ulpian in l. 1 §§ 5 ff. D. l. c. und mit den bisherigen Ausführungen ist die dem Paulus zugeschriebene Äufserung in l. 9 D. de serv. pr. rust. 8, 3:

> Paulus libro I Sententiarum. — Servitus aquae ducendae vel hauriendae nisi ex capitè vel ex fonte constitui non potest; hodie tamen ex quocunque loco constitui solet.

Nach Ulpian konnte eine servitus aquae ducendae nur an einem caput bestellt werden. Dieser Satz galt auch, wie aus l. 1 § 7 D. de aqu. quot. 43, 20 zu entnehmen sein dürfte, für die

---

[1] Vgl. über aquam quaerere und invenire: l. 15 pr. D. de servit. 8, 1; l. 10 D. de servit. pr. rust. 8, 3; l. 21 D. si servit. vindic. 8, 5; l. 24 § 12, l. 26 D. de damn. inf. 39, 2; l. 1 § 12, l. 21 D. de aqu. et aqu. pl. arc. act. 39, 3; l. 1 § 28 D. de aqu. quot. et aest. 43, 20; ferner Vitruvius, de architectura 8, 1, 1 ff.; 8, 4, 1 ff.; Frontinus, de aquaeduct. art. 5, 7, 9, 10, 12. Von den zur Zeit des Frontinus bestehenden öffentlichen Wasserleitungen der Stadt Rom fanden die beiden Anio genannten aus dem gleichnamigen flumen (art. 6, 13, 15, 90, 93), die Alsietina aus dem lacus gleichen Namens (art. 11) und die Claudia aus den Bächen (fontes) Caerulus, Curtius und Albudinus statt. Zu den übrigen Wasserleitungen scheinen künstlich ans Tageslicht gezogene Gewässer benutzt worden zu sein, was insbesondere für die aqua Appia und aqua Virgo feststeht (art. 5, 10).

servitus aquaehaustus und pecoris appulsus. Das caput aber schlofs den fons in sich, der fons war gleich wie andere Gewässer ein caput; die anderen Gewässer, zu denen die lacus, putei, piscinae gehören, lassen sich nicht als ein caput im engeren Sinne zusammenfassen und in einen Gegensatz zum fons stellen. Die Äufserung von Paulus, dafs eine servitus aquaeductus und aquaehaustus nur aus dem caput oder aus dem fons bestellt werden kann, mufs daher in Ansehung der Worte vel ex fonte als mit den Ausführungen von Ulpian im Widerspruch stehend beanstandet werden. Auch die weitere Bemerkung von Paulus, dafs zu seiner Zeit an jedem beliebigen Ort Wasserservituten begründet zu werden pflegen, könnte nur dann als zutreffend anerkannt werden, wenn Paulus sich den geistigen Vorbehalt macht, dafs sie als Servituten nicht rechtsgültig sind. Aus l. 1 § 39 D. de aqu. quot. et aest. 43, 20 und l. 2 D. comm. praed. 8, 4 geht unzweideutig hervor, dafs selbst die Aquädukte aus dem castellum publicum nicht als Servituten anerkannt wurden. Wären solche Servituten aus beliebigen Wasser enthaltenden Orten zulässig gewesen, so wäre es zudem unerfindlich, wie Ulpian den Satz noch hätte aufrecht erhalten können, dafs nur Wasserleitungen a capite den Schutz der Interdikte genossen[1]. Das ganze dem Paulus zugeschriebene Fragment macht offen den Eindruck der Entstellung und Verstümmelung, wie der Widerspruch, den das Fragment streng genommen enthält, und die lästige Wiederholung von constitui beweist.

---

[1] l. 33 § 1 D. de serv. pr. rust. 8, 3 von Africanus dürfte folgenden Inhalt haben: Der Wasserleitungsberechtigte, welcher das Wasser durch die Grundstücke mehrerer Dritter leitet, ist nicht befugt, diesen oder sonstigen Nachbarn den haustus aus seinem Leitungskanal (rivus) einzuräumen. Diese Befugnis mufs ihm von dem Eigentümer des Gewässers, aus welchem er Wasser leitet, bei Bestellung der Servitut besonders gewährt sein. Ist dies der Fall, so kann er den Eigentümern der Grundstücke, auf welchen der rivus sich befindet, den haustus aus demselben gestatten. Um eine Servitut handelt es sich dabei nicht, wie die Schlufsworte des Fragments besagen. — Vgl. l. 2 D. de rivis 43, 21; l. 24 D. de serv. pr. rust. 8, 3.

In einer ganzen Reihe weiterer Stellen ist die Bedeutung von fons mehr oder weniger für den Inhalt indifferent. In l. 20 § 1 D. de serv. pr. rust. 8, 3 läfst sich Pomponius folgendermafsen aus:

> Pomponius libro XXXIII ad Sabinum. — Servitus naturaliter, non manufacto laedere potest fundum servientem, quemadmodum si imbri crescat aqua in rivo, aut ex agris in eum confluat, aut aquae fons secundum rivum vel in eo ipso inventus postea fuerit.

Der Bach, aus welchem durch den Kanal (rivus) Wasser geleitet wird, hat sich neben dem rivus oder in dem rivus selbst ein neues Bett geschaffen und überschwemmt infolgedessen die umliegenden Fluren[1].

In § 2 desselben Fragments heifst es weiterhin:

> Si fundo Sejano confinis fons fuerit, ex quo fonte per fundum Sejanum aquam jure ducebam, meo facto fundo Sejano manet servitus.

Dem fundus Sejanus ist ein einem Anderen gehöriger Bach benachbart, aus welchem ein Dritter über den fundus Sejanus das Wasser leitet. Ein Bach kann offenbar weit eher die Grenze bilden als eine Quelle.

In l. 34 § 1 D. eod. wirft Papinian die Frage auf, ob die servitus aquaeductus durch Nichtgebrauch innerhalb der gesetzlichen Frist verloren gegangen ist, wenn die Ausübung der Servitut deswegen nicht erfolgte, weil der Bach, aus welchem die Wasserleitung stattfindet, ausgetrocknet war und erst nach Ablauf jener Frist wieder zu fliefsen begann. Die Beantwortung dieser Frage wird in dem folgenden von Paulus stammenden fr. 35 durch ein Reskript des Augustus an den Statilius Taurus gegeben, welches von Atilicinus überliefert worden ist. Danach soll die Servitut zwar untergegangen sein, aber restitutio in integrum gewährt werden.

---

[1] Bei den Worten inventus fuerit wird man an ein invenire nach voraufgegangenem quaerere nicht denken dürfen; hierin würde ein manufactum liegen.

In l. 17 D. quemadm. serv. amitt. 8, 6 sagt Pomponius, Labeo habe den Satz aufgestellt, dafs die Wasserschöpfgerechtigkeit durch Nichtgebrauch untergehe, wenn der Berechtigte innerhalb der gesetzlichen Frist wohl zum Bach (fons) gehe, aber nicht aus ihm schöpfe.

In l. 1 § 12 D. de aqu. et aqu. pl. arc. act. 39, 3 sagt Ulpian, nach Marcellus habe der Eigentümer eines Baches gegen den Nachbarn, welcher durch Graben auf seinem Grund und Boden den Bach abwendig gemacht habe, dieserhalb keine Klage, auch nicht die actio doli. Ulpian tritt dieser Ansicht des Marcellus bei unter der Voraussetzung, dafs die Ableitung nicht in der Absicht zu schaden, sondern das eigene Grundstück zu verbessern erfolgt sei.

In l. 3 pr. D. eod. giebt Ulpian die von Trebatius erörterte Rechtsfrage wieder, ob die actio aquae pluviae arcendae am Platze ist, wenn jemand an einem Bach Walkereien eingerichtet hat und aus diesen das Wasser nach dem Grundstück des Nachbarn laufen läfst.

In l. 4 D. de aqu. quot. 43, 20 bespricht Julian die Rechtsfrage, ob der Eigentümer eines Baches, der an dem Bache bereits eine Wasserleitungsservitut bestellt habe, einem Dritten durch Servitut das Recht einräumen dürfe, dieselbe Wasserleitung zu benutzen, und im Bejahungsfalle, in welcher Weise die beiden Wasserleitungsberechtigten die Servitut dann auszuüben haben.

In l. 6 C. de servitut. et aqua 3, 34 heifst es folgendermafsen:

> Imp. Claudius A. Prisco. — Praeses provinciae usu aquae, quam ex fonte juris tui profluere allegas, contra statutam consuetudinis formam carere te non permittet, cum sit durum et crudelitati proximum, ex tuis praediis aquae agmen ortum, sitientibus agris tuis, ad aliorum usum vicinorum injuria propagari.

Die Worte aquae agmen beweisen deutlich, dafs es sich hier um einen Wasserlauf handelt. Der Umstand, dafs eine Quelle der rechtlichen Gewalt jemandes unterliegt, kann dafür nicht mafsgebend sein, in wessen Eigentum der

Wasserlauf steht. Die Berufung eines Petenten darauf, dafs das Wasser aus seiner Quelle fliefst, würde der rechtlichen Erheblichkeit ermangeln.

Die Konstitutionen von l. 9, l. 10 und l. 11 C. de aquaeduct. 11, 42 von Zeno und Anastasius bezwecken unter anderem, die zur Speisung der öffentlichen Wasserleitungen bestimmten Wasserläufe, welche sich Privatpersonen, sei es gänzlich oder teilweise, durch Benützung des Wassers angeeignet haben, ihrer rechtmäfsigen Bestimmung zuzuführen und zu erhalten. Es soll die Benutzung dieser fontes publici den Privatpersonen entzogen werden, soweit sie eine unrechtmäfsige ist, und niemandem gestattet sein, ohne die vorschriftsmäfsige Erlaubnis Wasser aus ihnen abzuleiten.

In l. 1 C. de mancip. et colon. 11, 62 ist davon die Rede, dafs die coloni von emphyteutischen Grundstücken die Benützung der auf denselben befindlichen irriguae fontium aquae nur insoweit haben sollen, als dies die Bebauung dieser Grundstücke erfordert, während im übrigen der fructus, der Ertrag dieser fontes, den Emphyteuten zustehen soll.

Durch die vorstehenden Ausführungen sollte dargethan werden, dafs die römische Rechtssprache den grofsen natürlichen Wasserlauf als flumen und den kleinen als fons bezeichnete. Es bedürfen nur noch folgende Punkte einer kurzen Berührung, welche mit diesem Satze in einem Zusammenhange stehen. Bei der Erläuterung der Erörterung von Ulpian wurde darauf hingewiesen, dafs wahrscheinlich nicht alle beständigen Wasserläufe, welche nach der Volksanschauung als flumina galten, veröffentlicht und dafs umgekehrt vielleicht auch hin und wieder Wasserläufe publiziert worden sind, welche allgemein als Bäche angesehen wurden. Hiernach kann es sich nun fragen, ob das römische Recht aufser den flumina publica auch fontes publici (in publico usu) kannte und ob andererseits es neben den privaten torrentia auch beständige flumina privata gab. Diese Fragen sind zu verneinen. Das römische Recht hat einmal nur besondere Interdikte für die flumina publica aufgestellt; es kennt dagegen keinen besonderen Rechtsschutz zu Gunsten von fontes publici.

Es müfsten sonst namentlich die Interdikte von tit. Dig. 43, 13, welche den Lauf der flumina publica zu erhalten bezwecken, auch zu Gunsten der fontes publici gegeben sein. Andererseits findet sich in den Quellen nicht der geringste Anhalt dafür, dafs das römische Recht beständige flumina privata gekannt hat. Die Interdikte von tit. Dig. 43, 22 de fonte hätten sonst nicht blofs den fons, sondern auch das flumen umschliefsen müssen. Hiernach wird man aber annehmen dürfen, dafs den Römern alle Wasserläufe, welche öffentlich waren, als flumina galten und mithin das flumen publicum den öffentlichen Wasserlauf schlechthin bezeichnete, während alle beständigen Wasserläufe, welche nicht öffentlich waren, in der Rechtssprache fontes hiefsen.

Sodann bedarf der Begriff des fons noch in folgender Beziehung der genaueren Feststellung. Der fons bezeichnet weder in der Rechtssprache, noch in der Schrift-, Volks- und Verkehrssprache den kleinen natürlichen Wasserlauf schlechthin, sondern nur denjenigen, welcher seine Quellen unter der Erde hat, welcher der aqua viva, nicht der aqua pluvia sein Dasein zu verdanken hat. Ähnlich wie flumen im eigentlichen Sinn nur den aus Quellwasser entstandenen grofsen Wasserlauf bedeutet, so hat fons begrifflich und stets nur die Bedeutung des durch Quellwasser gebildeten kleinen Wasserlaufes. Der oberirdische Bach erscheint aber mit der unterirdischen Quelle als ein Ganzes, so dafs auch diese fons genannt wird und im Rechtssinne als fons gilt[1]. Auch dieser Satz wird durch die Ausführungen im Anhange zu dieser Abhandlung näher dargethan werden. Die vom fons handelnden Quellenstellen lassen nirgends erkennen, dafs es unbeständige, durch aqua pluvia gebildete fontes gab. Vielmehr bezeichnet fons in den meisten der angeführten Stellen mit Notwendigkeit ein beständiges Gewässer, weil in ihnen von Wasserservituten die Rede ist, welche ein solches zur Voraussetzung haben. Es ist ferner kein Zufall, wenn Ulpian

[1] Vgl. l. 35 D. de serv. pr. rust. 8, 3: et postea ex eo fonte aquam fluere coepisse.

in l. un. § 4 D. de fonte 43, 22 als Gewässer, welche aqua viva nicht notwendig zu haben brauchen, nur den lacus, die piscina uud den puteus, nicht aber den fons erwähnt. Wenn nun von Ulpian in l. 1 §§ 1 ff. D. de flumin. 43, 12 die flumina in perennia und torrentia geschieden werden, und wenn die torrentes (χειμάῤῥοι) die durch Regenwasser gebildeten Flüsse bedeuteten, so würde daraus hervorgehen, dafs die durch aqua viva gebildeten flumina stets als perennia galten. Dann aber wird man in gleicher Weise in dem fons, der notwendig aus aqua viva stammte, den beständigen kleinen Wasserlauf erblicken müssen. Der kleine, durch aqua pluvia gebildete Wasserlauf wird wohl auch in der Rechtssprache mit dem indifferenten Ausdruck rivus bezeichnet worden sein. Der Umstand, dafs rivus in den Quellen vorzugsweise für den kleinen künstlichen Wasserlauf verwendet wird, dürfte dieser Annahme nicht entgegenstehen. Die Gründe, welche sich gegen die Anwendung eines und desselben Wortes auf den Bach und den Leitungskanal geltend machen lassen, sind in diesem Fall nur in weit schwächerem Grade vorhanden, da einmal die aus Regenwasser entstandenen Wasserläufe gegenüber den Bächen und überhaupt eine untergeordnete Bedeutung haben und wegen der Unmöglichkeit von Wasserleitungsservituten an jenen auch die Leitungskanäle aus ihnen notwendig in den Hintergrund treten.

Wenn nun fons nur den kleinen, aus aqua viva herrührenden Wasserlauf bezeichnete, so enthält diese Thatsache den Grund dafür, warum Ulpian in l. 1 § 1 D. de flumin. 43, 12 den rivus und nicht den fons dem flumen gegenüberstellt. Unter flumen versteht Ulpian, wie sich aus der weiteren Scheidung in perennia und torrentia mit Sicherheit ergiebt, an dieser Stelle den grofsen natürlichen Wasserlauf schlechthin einschliefslich des torrens. Das Korrelat zu dem flumen in diesem Sinne bildet nicht der fons, sondern nur der rivus, da rivus den kleinen natürlichen Wasserlauf einschliefslich des fons bezeichnen kann; der fons würde nur das Korrelat zum flumen im eigentlichen Sinne, zum flumen perenne sein.

Endlich stimmt bei der Unterscheidung der beständigen Wasserläufe in flumina und fontes die Volksanschauung noch in folgendem Punkte mit der Rechtsanschauung nicht überein. Die Volksanschauung ist geneigt, einem Wasserlaufe nach der jeweiligen Gröfse die Eigenschaft eines Baches oder Flusses zuzuerkennen, so dafs ein und derselbe Wasserlauf in seinem Oberlauf Bach und weiterhin allmählich Flufs genannt wird. Demgemäfs wird in der lateinischen Sprache auf den Oberlauf oder die Quellbäche eines flumen häufig das Wort fons angewendet. Vom rechtlichen Standpunkt erscheint der Flufs (flumen) als ein Ganzes, so dafs das beständige flumen auch in seinem oberen Teile mit seinen Quellbächen und Quellen nur den einen rechtlichen Charakter des flumen publicum an sich trägt.

Zweites Kapitel.

Das Eigentum an den Wasserläufen.

§ 3. Die aqua profluens.

Mit der Thatsache, dafs das römische Recht nicht nur öffentliche, sondern auch private Wasserläufe kannte, würde sich nur schwer ein Satz vereinigen lassen, welcher alles fliefsende Wasser als Gemeingut aller, als dem Gemeingebrauch freigegeben bezeichnet. Denn es liegt doch mehr wie nahe, dem Wasserlauf in seiner Gesamtheit, d. h. nicht blofs dem Grunde und Boden, welchen er einnimmt, sondern auch dem fliefsenden Wasser selbst den öffentlichen oder privaten Charakter zuzuschreiben, da man nach allgemeinen Grundsätzen wohl annehmen könnte, dafs das Wasser die rechtliche Natur des Grundes und Bodens teile. Man würde, wenn anders jener Satz richtig ist, zu der Erklärung greifen müssen, dafs das römische Recht von öffentlichen und privaten Wasserläufen nur wegen des öffentlichen oder privaten Charakters des Flufsbettes spricht und die rechtliche Natur des Wassers damit unberührt gelassen ist, trotzdem das Gegenteil der Fall zu sein scheint. Im folgenden wird zu prüfen sein, ob der Satz, welcher zu dieser Aufstellung Veranlassung geben würde, überhaupt in den Quellen begründet ist.

In l. 2 pr. D. de div. rer. et qual. 1, 8 ist folgende, aus dem dritten Buch der Institutionen des Marcian stammende Einteilung der Sachen enthalten:

> Quaedam naturali jure communia sunt omnium, quaedam universitatis, quaedam nullius, pleraque singulorum, quae variis ex causis cuique acquiruntur.

Marcian knüpft hieran eine Erörterung der in dieser Einteilung genannten allgemeinen Arten von Sachen und nennt zunächst in § 1 desselben Fragments folgende Sachen als res omnium communes:

> Et quidem naturali jure omnium communia sunt illa: aër, aqua profluens et mare et per hoc litora maris.

Diese Ausführungen von Marcian sind in die Institutionen von Justinian übernommen worden[1], wie diese auch auf der weiteren in den Digesten enthaltenen Abhandlung jenes Juristen über die Einteilung der Sachen fufsen. Nur erwähnen die Justinianeischen Institutionen aufser den von Marcian in l. 2 pr. D. l. c. genannten Arten von Sachen noch die res publicae, welche sie zwischen die res omnium communes und die res universitatis einfügen.

Der Begriff der aqua profluens, wie er in den genannten beiden Stellen gegeben wird, ist im übrigen den Quellen gänzlich unbekannt. Wohl wird hier und da von aqua fluens oder aqua profluens gesprochen, allein eine rechtliche Bedeutung knüpft sich nirgends an die in rein natürlichem Sinne gebrauchten Worte. Des weiteren erhellt die Bedeutung der der aqua profluens beigelegten Eigenschaft (omnium communis) keineswegs mit zweifelsfreier Deutlichkeit. Es kann zweifelhaft sein, ob mit dieser Eigenschaft die Unmöglichkeit eines Eigentums an fliefsendem Wasser oder ob damit auch der an ihm bestehende Gemeingebrauch kundgegeben werden soll. Die genannte Einteilung der Sachen, welche Marcian und die Institutionen geben, leidet an dem wesentlichen Fehler, dafs ihr nur ein Gesichtspunkt von untergeordneter Bedeutung zu Grunde liegt. Es werden

---

[1] Pr. § 1 I. de rer. div. 2, 1.

nämlich die Sachen nicht danach geschieden, ob sie im Eigentum stehen oder ob sie eigentumsfähig sind, sondern ob sie im Eigentum eines Einzelnen stehen oder nicht. Den einer physischen Person gehörigen Sachen werden andere Arten gegenübergestellt, welche einem Einzelnen nicht gehören. Auch die weiteren Ausführungen, welche sich bei Marcian und in den Institutionen an diese allgemeine Einteilung knüpfen, sind bei ihrer Kürze, welcher der Vorzug der Deutlichkeit nicht entspricht, nicht geeignet, die Natur der einzelnen Arten von Sachen in völlig klarem Lichte erscheinen zu lassen. Hierzu kommt noch, dafs die Ausführungen von Marcian und der Institutionen sich nicht decken. Soll unter diesen Umständen die Bedeutung des Satzes, dafs die aqua profluens eine res omnium communis ist, klargestellt werden, so kann von einer kurzen, auf dem allgemeinen Gesichtspunkt des Eigentums fufsenden Erörterung der einzelnen Arten von Sachen, welche die Quellen umfassend zu Rate zieht, nicht Abgang genommen werden. Diese Erörterung ist im Rahmen dieser Abhandlung umsoweniger entbehrlich, als wegen der an einem Teile der Gewässer bestehenden Öffentlichkeit auch der Begriff der res publicae einer genaueren Feststellung bedarf und diese Feststellung naturgemäfs nur durch Abgrenzung gegenüber den anderen Arten von Sachen erfolgen kann.

I. 1. Legt man den blofsen Gesichtspunkt des Eigentums bei einer Einteilung der Sachen an, so ergiebt sich mit Notwendigkeit eine Scheidung in solche Sachen, die im Eigentum stehen, und in solche, die in niemandes Eigentum sich befinden. Die ersteren können wieder einzelnen oder mehreren physischen Personen oder sie können einer Gesamtheit, einer universitas, zugehören, welcher das objektive Recht die Rechtsstellung einer Person zuerkennt. Das Eigentumsrecht an einer Sache schliefst das Recht der Nutzung derselben grundsätzlich in sich; es kann aber das Eigentumsrecht und das Nutzungsrecht auch auseinanderfallen, verschiedenen Rechtssubjekten zustehen. Das einem Dritten zukommende Nutzungsrecht kann einen sehr mannigfachen Inhalt haben; es kann ein vollständiges Niefsbrauchsrecht (ususfructus) oder Gebrauchsrecht (usus) sein, der ususfructus oder usus kann aber auch auf bestimmte Nutzungsarten beschränkt sein. Die Nutzung des Nichteigentümers kann einmal auf einem Rechtsverhältnis beruhen, und zwar kann ihr sowohl ein dingliches Recht als ein Forderungsrecht zu Grunde liegen. Die Nutzung einer Sache kann aber der Nichteigentümer auch nur thatsächlich ausüben, ohne dafs er ein Recht auf sie hat. Einer solchen der rechtlichen Grundlage ermangelnden Nutzung legt das Recht unter besonderen Voraussetzungen Rechtswirkungen bei, indem es aus ihr dingliche Rechte entstehen läfst.

Die Nutzungsberechtigten können einmal individuell bestimmte Rechtssubjekte (physische Personen oder universitates), einzelne oder eine Vielheit von ihnen sein. Die Nutzung einer Sache kann aber auch einer generell bestimmten Vielheit von Personen in der Weise zukommen, dafs jeder Angehörige derselben die Sache unabhängig von dem Rechte der Übrigen zu nutzen berechtigt ist[1]. Ein solches selbständiges Nutzungsrecht vieler liegt dann nicht vor, wenn eine Sache von ihrem Eigentümer der Allgemeinheit behufs Benutzung gegen Entgelt zur Verfügung gestellt wird[2]. Hier gelangt das Nutzungsrecht eines Dritten erst auf Grund einer Vereinbarung mit dem Eigentümer, auf dessen an eine Vielheit gerichtetes Anerbieten er eingeht, zur Entstehung. Es gilt dies auch dann, wenn der Eigentümer einem Personenkreise gegenüber die Verpflichtung hat, den Angehörigen desselben die Nutzung an seinen Sachen gegen Entgelt zu gestatten. Ein selbständiges Nutzungsrecht einer generell bestimmten Vielheit von Personen an einer Sache ist also

---

[1] Vgl. l. 5 § 15 D. commodati 13, 6: Usum autem balnei quidem vel porticus vel campi uniuscujusque in solidum esse . . . . . .

[2] Solche Sachen sind nicht res publico usui destinatae im rechtlichen Sinn. Die Eisenbahnen sind z. B., mögen sie dem Staat gehören oder nicht, ebensowenig wie andere dem Transport dienende Sachen res in publico usu im Rechtssinn, wenngleich sie in Wirklichkeit in der Benutzung der Allgemeinheit sich befinden.

zunächst nur denkbar, wenn die Sache zur unentgeltlichen Nutzung freisteht. Sodann kann immer nur eine Mehrheit von selbständigen Benutzungsrechten (usus) bestehen, da das Niefsbrauchsrecht, der ususfructus, begrifflich den Charakter des Ausschliefslichen in sich trägt. Endlich kann ein usus einer generell bestimmten Vielheit von Personen nur dann zukommen, wenn sie ihre Vertretung und ihren Zusammenschlufs in einer vom Recht anerkannten universitas haben. Eine nur der Gattung nach bezeichnete Vielheit von Personen erscheint juristisch nur dann als eine bestimmte, wenn sie zu einer universitas zusammengeschlossen ist, und kann, da grundsätzlich nur bestimmte Personen Rechte erwerben können, nur durch Vermittelung der universitas einen usus gewinnen [1].

Hiernach ergeben sich naturgemäfs für die Sachen nach der Verschiedenheit des Eigentümers und des Nutzungsberechtigten die verschiedensten Kombinationen. Diese Kombinationen sind nicht blofs möglich, sondern bestehen auch zumeist in der Wirklichkeit, und es liegt jedenfalls kein Grund vor, ihnen die rechtliche Anerkennung zu versagen. So kann beispielsweise an den dem Staat gehörigen Sachen [2]

[1] Dem usus publicus liegt nicht ein gemeinsames Eigentum oder Nutzungsrecht aller zu Grunde, er gründet sich vielmehr auf das der Allgemeinheit (civitas) zustehende Nutzungsrecht, mag dieses nun in einem Eigentum der civitas seine Grundlage haben oder in einem anderen Recht. Das Nutzungsrecht des Einzelnen ist ein gleiches; niemand darf die Nutzung unter Beeinträchtigung der thatsächlichen Nutzung eines Anderen ausüben. Vgl. l. 2 § 2 D. ne quid in loco publ. 43, 8: loca enim publica utique privatorum usibus deserviunt . . . . . .

[2] Wie das Eigentum überhaupt, so läfst auch das Staatseigentum nur eine Auffassung zu; es besteht in dieser Hinsicht unter den einzelnen im Eigentum des Staates stehenden Sachen kein Unterschied. Zu einer verschiedenen civilrechtlichen Behandlung führt die Verschiedenheit der Person der Nutzungsberechtigten. Die Rechtsverhältnisse der Sachen, welche der Staat selbst nutzt, sind notwendig anders gestaltet als derjenigen, welche der Benutzung der Staatsangehörigen freistehen.

die Nutzung nicht nur dem Staat[1] und dessen Angehörigen, sondern auch einer anderen universitas oder deren Angehörigen oder physischen Personen zustehen[2]. Andererseits können die im usus der Allgemeinheit (res in publico usu) stehenden Sachen nicht blofs dem Staat und den Gemeinden, sondern auch anderen universitates oder einzelnen oder mehreren physischen Personen eigentümlich sein.

In den Quellen findet sich keine Stelle, in welcher eine Scheidung der dem Staat gehörigen Sachen nach der Verschiedenheit der Nutzungsberechtigten oder eine Scheidung der im Gemeingebrauch stehenden Sachen nach der Verschiedenheit des Eigentümers ausdrücklich erfolgte. Indessen beruht diese Scheidung auf ebenso natürlichen wie unanfechtbaren Principien. Dagegen kennen die Quellen eine andere Gegenüberstellung, und zwar werden an einigen Stellen unter dem Begriff der res publicae die res in patrimonio fisci (pecunia populi, bona civitatis) und die res quae usui publico (usibus publicis) destinatae sunt voneinander unterschieden. Diese Gegenüberstellung geschieht aber nirgends zum Selbstzwecke der Scheidung der res publicae, sondern nur zur Feststellung, dafs nicht alle Sachen, welche publicae heifsen, einzelnen auf die res publicae bezüglichen Rechtssätzen unterliegen. Nach dem ganzen Inhalt der Quellenstellen, in welchen diese Unterscheidung unter den res publicae stattfindet, mufs man annehmen, dafs unter den res in patrimonio fisci diejenigen Sachen verstanden sind, welche das Privatvermögen des Staates sind, die der Staat gleich einem Privatmann nutzt und die daher dem Handelsverkehr freistehen. Einen Gegensatz zu diesen Sachen würden offenbar diejenigen bilden, welche d a u e r n d dem allgemeinen N u t z e n, der utilitas publica, zu dienen bestimmt sind, sei es indem sie im Gemeingebrauch der Staatsangehörigen

---

[1] Z. B. Regierungsgebäude, Gefangenenhäuser, Kasernen; Staatseisenbahnen, Bergwerke, landwirtschaftliche Grundstücke.

[2] Vgl. z. B. l. 5 § 1 D. de oper. publ. 50, 10; l. 9 C. de aquaed. 11, 42.

stehen, sei es indem sie der Staat selbst zu Staatszwecken benutzt. Die beiden letztgedachten Arten von Sachen dürften aber unter der Bezeichnung res usui publico destinatae schwerlich zusammengefafst werden können, weil wohl den Worten utilitas publica, nicht aber den Worten usus publicus eine auf beide Arten von Sachen passende Bedeutung untergelegt werden kann. Zudem ist unter usus publicus in den Quellen fast durchweg nur der Gemeingebrauch gemeint, und als res in usu publico werden immer nur dem Gemeingebrauch dienende Sachen erwähnt, wie forum, basilica, theatrum, stadium, campus Martius. Auch Vitruv benennt als zum usus publicus bestimmte loca communia gleichfalls nur solche Sachen, welche im Gemeingebrauch stehen, nämlich: portus, fora, porticus, balineae, theatra, inambulationes ceteraque, quae isdem rationibus in publicis locis designantur[1]. Vor allem aber können in l. 2 § 5 D. ne quid in loco publ. 43, 8 unter den res publico usui destinatae nur die dem Gemeingebrauch gewidmeten Sachen verstanden sein. Denn in § 4 desselben Fragments wird die Unanwendbarkeit des Interdiktes auf die in patrimonio fisci stehenden loca damit begründet, dafs auf diesen ein Privatmann weder berechtigt sei etwas zu thun noch etwas zu verbieten. Dieser Grund trifft in gleichem Mafse auch auf diejenigen Sachen zu, welche der Staat selbst dauernd zu Staatszwecken nutzt; auch sie sind jedem Eingriff von Privatpersonen grundsätzlich entzogen. Was l. 6 pr. und l. 72 § 1 D. de contr. emt. 18, 1 anlangt, so mufs freilich nicht blofs ein zwischen Privatpersonen abgeschlossener Kaufvertrag, welcher eine im Gemeingebrauch stehende Sache zum Gegenstande hat, sondern auch ein solcher, welcher eine d a u e r n d vom Staat zu Staatszwecken benutzte Sache betrifft, für unverbindlich erachtet werden. Auch dürfte kein Bedenken obwalten, falls in l. 17 pr. D. de verb. signif. 50, 16 thatsächlich von dem dem Zugriff der Gläubiger unterliegenden Gemeindevermögen die Rede ist, nicht blofs den im Gemeingebrauch stehenden

[1] Vitruvius, de architectura 1, 3, 1.

Sachen, sondern auch den dauernd zu Gemeindezwecken benutzten die Immunität gegenüber der Exekution zuzuerkennen. Indessen wird man aus den vorher angegebenen Gründen in beiden Fällen unter den res in publico usu nur die im Gemeingebrauch stehenden Sachen verstehen können.

Damit wird nun allerdings behauptet, dafs die Scheidung der res publicae in res in patrimonio populi und usui publico destinatae keine erschöpfende ist und eines einheitlichen Gesichtspunktes ermangelt. Die Richtigkeit dieser Behauptung läfst sich aber leicht erweisen. Wenn man auch unter den res usui publico destinatae die dem gemeinen Nutzen dienenden Sachen verstände, so kann man sich doch Sachen denken, welche vom Staat nach der Art eines Privatmannes genutzt werden und zugleich dem gemeinen Nutzen dienen, wie z. B. ein Bad, welches vom Staat verpachtet ist und in der thatsächlichen Benutzung der Allgemeinheit steht. Alle Stellen, in denen die in Rede stehende Unterscheidung sich findet, müssen nach dem Gesagten nicht unter dem Gesichtspunkt betrachtet werden, dafs damit eine scharfe Scheidung der res publicae gegeben werden soll, sondern dafs einzelne Rechtssätze auf gewisse Arten von res publicae für unanwendbar erklärt werden sollen.

Im übrigen ist es richtig, dafs die vom Staat dauernd zu Staatszwecken benutzten Sachen sich durch diesen Zweck von den übrigen im usus des Staates stehenden Sachen unterscheiden. Indessen konnte dieser Unterschied sich in rechtlicher Hinsicht wohl nur in einem erhöhten Schutz der ersteren äufsern, da sie den anderen vom Staat benutzten Sachen in den Hauptpunkten des Eigentums und der Nutzung gleichen. Von den im Gemeingebrauch stehenden Sachen trennt dagegen die vom Staat zu Staatszwecken benutzten Sachen die Verschiedenheit der Person des Nutzungsberechtigten, und aus diesem Grunde wird das römische Recht wohl nur wenige Rechtssätze gekannt haben, welche gerade diesen beiden Arten gemeinsam waren. Die Unfähigkeit der res in publico usu, Gegenstand eines Kaufgeschäftes unter Privaten zu sein, welche Celsus, Pomponius und Papinian in l. 6 pr.

und l. 72 § 1 D. l. c. aussprechen, wird von Ulpian für das Rechtsgeschäft des Vermächtnisses auch auf res in patrimonio fisci, wie insbesondere die praedia Caesaris erstreckt[1]. Auch die Unfähigkeit, usukapiert zu werden, kommt nicht blofs einzelnen Arten von Staatssachen, sondern den dem Staat gehörigen Sachen schlechthin zu[2].

Res publicae werden in den Quellen die Sachen teils deswegen genannt, weil sie dem Staat zu Eigentum gehören, teils deswegen, weil sie im Gemeingebrauch stehen, teils aus beiden Gründen[3]. Die dem Staat gehörigen Sachen sind res publicae, gleichviel in wessen usus sie stehen, wie umgekehrt die dem usus publicus bestimmten Sachen res publicae heifsen, mögen sie im Eigentum des Staates stehen oder nicht[4]. Als res publicae in publico usu sind danach die dem Staat gehörigen, dem usus der Allgemeinheit bestimmten Sachen zu bezeichnen. Die Bezeichnung res publicae findet sich in den Quellen aber auch häufig für solche Sachen, welche den Gemeinden zugehören[5], und an einzelnen Stellen auch für solche, welche sich in niemandes Eigentum befinden[6].

2. Sodann giebt es aber auch Sachen, welche niemandem zu Eigentum gehören (res nullius). Die Eigentumslosigkeit

---

[1] L. 39 § 10 D. de legat. I.

[2] L. 9, l. 18, l. 24 § 1 D. de usurp. 41, 3.

[3] Vgl. § 4 I. de legat. 2, 20; § 2 I. de inutil. stipul. 3, 19; l. 8 § 2 D. de relig. 11, 7; l. 6 pr. l. 72 § 1 D. de contr. emt. 18, 1; l. 14 pr. D. de A. R. D. 41, 1; l. 2 §§ 4, 5 D. ne quid in loco publ. 43, 8; l. 83 § 5, l. 137 § 6 D. de verb. obl. 45, 1; l. 15, l. 17 pr. D. de verb. signif. 50, 16.

[4] Vgl. l. 65 § 1 D. de A. R. D. 41, 1; l. 45 pr. D. de usurp. 41, 3; l. 2 §§ 21, 22 D. ne quid in loco publ. 43, 8; l. 112 D. de verb. signif. 50, 16.

[5] Vgl. l. 17 pr. D. de verb. signif. 50, 16; l. 9 D. de usurp. 41, 3; l. 3 § 4, l. 5 § 4 D. quod vi aut clam 43, 24; l. 4 § 7 D. ad leg. Jul. pecul. 48, 13; l. 16 D. de verb. signif. 50, 16. Vgl. dagegen aufser der letztgenannten Stelle l. 15, l. 17 § 1 D. de verb. signif. 50, 16; l. 81 D. de furt. 47, 2.

[6] Vgl. l. 14 pr. § 1 D. de A. R. D. 41, 1; l. 10 D. de div. rer. 1, 8.

kann einmal eine zufällige sein und daher rühren, dafs sich noch niemand die Sache angeeignet oder dafs die Sache ihren Eigentümer verloren hat, ohne einen neuen zu erhalten. Es gehören hierher einerseits z. B. die wilden Tiere, andererseits der Schatz und die preisgegebenen Sachen (res derelictae). Die Sachen können aber auch deswegen eines Eigentümers ermangeln, weil sie nach ihrem Wesen in niemandes Eigentum stehen können; die Eigentumslosigkeit ist hier also eine notwendige. Die Unfähigkeit, jemandem zu gehören, kann nun wiederum entweder in der rechtlichen Natur oder in der natürlichen Beschaffenheit der Sachen begründet sein. Nach römischem Recht bestand diese rechtliche Unfähigkeit für die res sacrae, religiosae und sanctae, welche dem jus humanum nicht unterworfen waren (res nullius[1] jure civili). Andererseits giebt es aber auch Sachen, an denen ein Eigentum aus Gründen unmöglich ist, welche in der natürlichen Beschaffenheit der Sache liegen (res nullius[2] jure naturali). Zu diesen des Eigentums unfähigen Sachen gehören nach römischem Recht die Luft (aër), das Meer (mare) und die Meeresgestade (litora). Die Luft entzieht sich wegen ihrer allgemeinen Verbreitung und ihres natürlichen Zustandes, das Meer nach römischer Auffassnng wegen seiner ungeheueren Gröfse und die litora als Zubehör des Meeres dem Eigentum. Eine Aneignung von Luft bedeutet zugleich ihre Vernichtung, eine Occupation eines Teiles des Meeres ist nur durch thatsächliche Abgrenzung möglich, indem das dem Meer Abgewonnene zum Land, Hafen oder Binnengewässer gemacht wird.

Was die hier besonders in Betracht kommende letztgenannte Art von res nullius anbelangt, so waren sie, wie aus zahlreichen Quellenstellen erhellt, dem Gemeingebrauch freigegeben[3]. In l. 3 § 1 D. ne quid in loco publ. 43, 8 sagt Celsus, dafs das Meer und die Luft im usus communis

[1] § 7 I. de rer. div. 2, 1; l. 1 pr. l. 6 § 2 D. de div. rer. 1, 8.

[2] L. 51 D. de contr. emt. 18, 1. Vgl. l. 14 pr. l. 30 § 4 D. de A. R. D. 41, 1.

[3] Über Sonderrechte am Meer vgl. l. 14 D. de injur. 47, 10.

aller Menschen stehen. In l. 13 § 7 D. de injur. 47, 10 nennt Ulpian das Meer, die litora und die Luft wegen des an ihnen bestehenden Gemeingebrauchs res omnium communes [1]. In l. 24 pr. D. de damn. inf. 39, 2 bemerkt Ulpian, dafs die öffentlichen Flüsse sich in gleicher Weise im usus communis befänden wie die öffentlichen Wege und die litora. Wegen dieses Gemeingebrauches, für welchen sich auch die Bezeichnung usus publicus findet [2], werden das Meer und die litora in einigen Stellen auch publica genannt [3].

Andererseits geht hinsichtlich des Meeres und der litora aus einer Reihe von Stellen hervor, dafs sie in niemandes Eigentum standen. Für das Meer wird dies in l. 30 § 4 D. de A. R. D. 41, 1 von Pomponius, für die litora in l. 51 D. de contr. emt. 18, 1 von Paulus und in l. 14 pr. D. de A. R. D. 41, 1 von Neratius ausdrücklich ausgesprochen; auch wird dies für das Meer und die litora in § 5 I. de div. rer. 2, 1 hervorgehoben. In l. 14 pr. D. l. c. wendet Neratius auf die litora den Ausdruck publica im Sinne von „niemandem gehörig“ (res nullius) nach dem Gedanken an, dafs alle von der Natur geschaffenen Güter, welche nicht dem Eigentum des Einzelnen verfallen sind, der Allgemeinheit zugehören. Dieser Sinn wohnt dem Worte publicus auch in der weiteren Ausführung von Neratius in l. 14 § 1 D. l. c. bei und kann ihm auch nur in l. 10 D. de div. rer. 1, 8 von Aristo und Pomponius zukommen [4]. In l. 3 pr. D. ne quid in loco publ. 43, 8 erklärt allerdings Celsus im Gegensatz hierzu die litora, welche der Herrschaft des römischen Volkes unterständen, für Eigentum des römischen Volkes. Indessen kann Celsus hiermit nur eine Sonderansicht vertreten haben, welche nicht zur

---

[1] Vgl. l. 13 D. comm. praed. 8, 4; l. 51 D. de contr. emt. 18, 1.

[2] Vgl. § 5 I. de rer. div. 2, 1; l. 4 D. ne quid in loco publ. 43, 8.

[3] Vgl. l. 65 § 1 D. de A. R. D. 41, 1; l. 45 pr. D. de usurp. 41, 3; l. 112 D. de verb. signif. 50, 16.

[4] In l. 50 D. de A. R. D. 41, 1 von Pomponius ist es zweifelhaft, ob der usus publicus oder das Nichtbestehen des Eigentums am litus mit der Bezeichnung publicum ausgedrückt werden soll.

Anerkennung gelangt ist[1]. Es zeigt sich dies einmal in dem Widerspruch mit den erwähnten Quellenstellen; es geht aber auch mit Sicherheit daraus hervor, dafs das auf die loca publica bezügliche Interdikt von l. 2 pr. D. ne quid in loco publ. 43, 8 hinsichtlich des mare und der litora nur utiliter gegeben wird[2]. Wäre das Interdikt schlechthin für solche Sachen am Platze, welche im usus publicus stehen, so könnte seine unmittelbare Anwendbarkeit auf das Meer und die litora nicht zweifelhaft sein.

Uber das Eigentum an der Luft ist in den Quellen nichts enthalten, wenn man von den Bemerkungen von Marcian und den Institutionen absieht, welche nach dieser Richtung hin gedeutet werden können. Es kann aber keinem Bedenken unterliegen, dafs die Luft nach römischer Rechtsanschauung nicht blofs niemandem gehörte, sondern auch niemandem zu gehören vermochte, weil sie sich bei ihrem natürlichen Zustande der Beherrschung entzieht. Hinsichtlich des Meeres und der litora läfst sich dagegen aus den Quellen auch der weitere Nachweis erbringen, dafs sie nach römischem Recht auch als unfähig galten, im Eigentum irgend einer Person zu stehen. Es ist nämlich ein jeder befugt, vorausgesetzt dafs dies nicht zum Schaden anderer geschieht oder eine Behinderung des Gemeingebrauchs mit sich bringt[3], auf dem Gestade Gebäude zu errichten oder in das Meer hineinzubauen. Die litora und die Bauwerke fallen damit in das Eigentum des

[1] In l. 50 D. de A. R. D. 41, 1 und l. 3 § 1 D. ne quid in loco publ. 43, 8 ist von einer obrigkeitlichen Erlaubnis zum Bauen im Meer und auf den litora die Rede. Das Bauen ohne diese Erlaubnis ist aber an sich nicht unzulässig; die Erlaubnis verhindert nur die Anfechtung der Bauten wegen Beeinträchtigung des Gemeingebrauchs oder einzelner. Vgl. insbesondere l. 1 § 18 D. de op. n. n. 39, 1; ferner l. 2 § 8 D. ne quid in loco publ. 43, 8; l. 1 § 17 D. de flumin. 43, 12.

Mit der Annahme des Staatseigentums an den litora vertritt Celsus in derselben Weise eine Sonderansicht, wie er eine solche hinsichtlich des Eigentums an den Ufern der öffentlichen Flüsse hat (vgl. l. 30 § 1 D. de A. R. D. 41, 1).

[2] L. 2 § 8 D. l. c.

[3] L. 4 D. ne quid in loco publ. 43, 8; l. 1 § 17 de flumin. 43, 12.

Erbauers, allein nicht aus dem einzigen Grunde, weil in dem Bauen selbst eine Occupation liegt, sondern weil die Ufer und das im Meer Gebaute nicht mehr zum Meere gehören. Damit Eigentum des Bauenden begründet wird, mufs den litora dieser Charakter genommen werden und das Bauwerk, das jemand ins Meer errichtet hat, von Grund auf eine dauernde Verdrängung des Meeres bewirken. Errichtet jemand blofs eine Hütte auf dem Meeresufer, so kann er damit Eigentum an diesem nicht gewinnen, selbst wenn ihm dabei die Absicht innewohnt, Besitz von demselben zu ergreifen; es liegt hierin lediglich eine Benutzung des Gestades, die jedermann freisteht[1]. Überall bildet daher in den Quellen das Bauen in dem Meere oder auf dem Ufer desselben die Voraussetzung für die Gewinnung von Eigentum[2]. Wird das Bauwerk vom Meer verschlungen oder verfällt das auf dem Ufer errichtete Gebäude in der Weise, dafs das Ufer sein früheres Aussehen wiedergewinnt, so geht das Eigentum von selbst wieder verloren[3]. Es geht daraus unzweideutig hervor, dafs nach römischem Recht ein Eigentum am Meer und an den litora als solchen nicht bestehen kann.

II. Wendet man die Ergebnisse der bisherigen Ausführungen auf die von Marcian und in den Institutionen gegebene Einteilung der Sachen an, so dürfte nur hinsichtlich der res nullius feststehen, dafs unter ihnen die res sacrae, religiosae und sanctae gemeint sind[4]. Dagegen bedarf auch hiernach die Bedeutung der res omnium communes, der res publicae und der res universitatis und der zwischen ihnen bestehende Unterschied der näheren Feststellung. Was die

---

[1] §§ 1, 5 I. l. c.; l. 4 pr., l. 5 § 1 D. de div. rer. 1, 8. Vgl. l. 45 pr. D. de usurp. 41, 3.

[2] Vgl. l. 6 pr., l. 10 D. de div. rer. 1, 8; l. 14 pr., l. 30 § 4, l. 50 D. de A. R. D. 41, 1; l. 2 § 8, l. 3 § 1 D. ne quid in loco publ. 43, 8. Die Anknüpfung von fr. 6 an fr. 5 § 1 D. de div. rer. 1, 8 ist verkehrt.

[3] L. 14 § 1 D. de A. R. D. 41, 1; l. 6 pr. D. de div. rer. 1, 8. Auch l. 10 D. eod.

[4] Vgl. § 7 I. de rer. div. 2, 1; l. 1 pr., l. 6 § 2 D. de div. rer. 1, 8.

res omnium communes anbelangt, so kann diese Bezeichnung an sich für die Luft, das Meer und die litora in dem Sinne gebraucht sein, dafs damit der an ihnen bestehende usus communis kundgegeben werden soll, wird doch jener Ausdruck in l. 13 § 7 D. de injur. 47, 10 von Ulpian in diesem Sinne angewendet. Indessen stehen dieser Auffassung folgende Gründe entgegen. Es würde einmal die von Marcian und in den Institutionen gegebene Einteilung der Sachen eines einheitlichen Gesichtspunktes ermangeln, da dieser Einteilung dann teils der Gesichtspunkt zu Grunde liegen würde, in wessen Nutzung, teils in wessen Eigentum oder Vermögen die Sachen stehen. Sodann liefse sich der Gegensatz, in welchen an den gedachten Orten die flumina als res publicae zu den res communes gestellt sind, schlechterdings nicht ermitteln. Denn da die flumina und ripae in gleicher Weise wie das mare und die litora im usus publicus jure gentium stehen [1], so müfsten sie, falls die res omnium communes die dem Gemeingebrauch dienenden Sachen bedeuten, in gleicher Weise unter diesen Sachen genannt werden, selbst wenn sie nach einer anderen Richtung ein unterscheidendes Merkmal trügen. Nun haben allerdings die Institutionen, wenn sie in § 2 I. l. c. die flumina und portus als res publicae in Gegensatz zu den res omnium communes stellen, den an den Flüssen und Häfen bestehenden Gemeingebrauch im Auge, da sie aus der Öffentlichkeit ein allgemeines Fischereirecht (jus piscandi omnibus commune) herleiten. Allein gerade die Thatsache, dafs der Gemeingebrauch nicht blofs den flumina und portus, sondern auch der Luft, dem Meer und den litora eigen ist, zeigt unverkennbar, in welch verkehrter Weise der Institutionenverfasser bei der Abfassung dieses Abschnittes zu Werke gegangen ist. Es ist aufserordentlich bemerkenswert, dafs Marcian an der dem § 2 I. l. c. entsprechenden Digestenstelle unter Hervorhebung des Gegensatzes nur von der Öffentlichkeit der flumina und portus spricht, dagegen den Zusatz der Institutionen nicht kennt, welcher von dem sich hieraus

---

[1] §§ 4, 5 I. de rer. div. 2, 1; l. 45 D. de usurp. 41, 3.

ergebenden allgemeinen Fischereirecht handelt. Nimmt man an, dafs bei Marcian die flumina als res publicae den res communes gegenübergestellt werden, so ergiebt sich hieraus mit zwingender Notwendigkeit der Schlufs, dafs weder die Luft, das fliefsende Wasser, das Meer und das Meeresgestade als res omnium communes, noch die Flüsse und die Häfen als res publicae nach dem Gesichtspunkte eines an ihnen bestehenden Gemeingebrauches bezeichnet sein können, dafs vielmehr diesem Gegensatz ein anderer Gesichtspunkt — als welcher sich nur derjenige des Eigentums darstellen kann — zu Grunde liegen mufs.

Sieht man aber auch von diesen Gründen ab, so können doch die Institutionen und Marcian den Ausdruck omnium communes zur Bezeichnung des an gewissen Sachen bestehenden Gemeingebrauches aus dem einfachen Grunde nicht angewendet haben, weil die aqua profluens keineswegs grundsätzlich dem Gemeingebrauch zu dienen bestimmt ist. Es mufs entschieden das Vorhandensein einer allgemeinen natürlichen Rechtsanschauung verneint werden, welche sich dahin äufsert, dafs alles fliefsende Wasser als Gemeingut aller Menschen der allgemeinen Benutzung freigegeben und dem Privateigentum grundsätzlich verschlossen ist. Weit eher würde noch der natürlichen Anschauung ein Satz entsprechen, welcher das Wasser schlechthin für ein allen Menschen gemeinsames Gut im Hinblick darauf erklärt, dafs das Wasser, wie die Luft und das Licht, ein Geschenk der Natur ist. Allein jus naturale liegt in dieser Anschauung nur hinsichtlich der Luft und des Lichts, welche als unermefsliche, unfafsliche und unteilbare Güter in gleicher Weise allen Menschen zu gute kommen und zu gute kommen müssen (freie Güter)[1]. Ist das Wasser auch wie die Erde und ihre Güter überhaupt nach natürlicher Anschauung zum Genufs aller Menschen in gleicher Weise bestimmt, so führt doch das gesellige (wirtschaftliche) Leben der Menschen regelmäfsig zu einer Verteilung

[1] Ovid Metamorph. 1, 135; 2, 35; 6, 350; 7, 127. Cicero, pro Sex. Roscio Amerino 52, 150.

der Erdengüter, welcher auch das Wasser als greifbare Sache unterworfen ist[1]. Der natürliche Rechtsgedanke, welcher jedem Menschen ein Recht auf Wasser wie auf Nahrung überhaupt zuspricht, schliefst keineswegs den Rechtssatz in sich, dafs jeder Mensch an allen Gewässern wie an allen Nahrungsmitteln der Erde ein gleiches Recht habe; er setzt sich in der Wirklichkeit dahin um, dafs jedem Menschen nach Mafsgabe der Rechtsordnung die Erlangung von Wasser und Nahrung eröffnet ist. Selbst ein Recht auf freie Aneignung von Trinkwasser, sei es aus natürlichen oder künstlich geschaffenen Gewässern, besteht immer nur nach dem Inhalt der für sie geltenden Rechtsordnung. In wasserarmen Ländern existiert ein Recht auf unentgeltliche Benutzung von Gewässern, welche zum menschlichen Trunk geeignetes Wasser enthalten, entweder überhaupt nicht oder doch nur in beschränkter Weise; das Wasser bildet dort eine Ware[2].

Ein Satz, welcher alles fliefsende Wasser für Gemeingut erklärt, würde aber weiterhin nicht nur nicht der natürlichen Rechtsanschauung entsprechen, er würde vielmehr zu ihr in scharfem Widerspruch stehen. Er hat nicht einmal darin eine Grundlage, dafs Wasser, welches im Fliefsen begriffen ist, sich der Beherrschung und damit dem Eigentum entzieht. Es kann im Gegenteil fliefsendes Wasser ebenso wie stehendes im Eigentum stehen, und aus den Quellen geht dies auch mit unanfechtbarer Deutlichkeit hervor.

Dafs ein solcher Rechtssatz sich mit der natürlichen Rechtsanschauung nicht im Einklang befindet, läfst sich an einfachen Beispielen leicht darthun. Entspringt z. B. ein Bach auf dem Grundstück eines Privatmannes und mündet, ohne dasselbe verlassen zu haben, in einen ebendemselben gehörigen Teich, so wäre ein Rechtssatz geradezu unverständlich, welcher das Wasser erst, nachdem es im Teich zum

---

[1] Ovid, Metamorph. 1, 136; ex Ponto 1, 3, 55 f. Vergil, Georg. 1, 125 ff.

[2] L. 1, l. 14 § 3 D. de alim. 34, 1; l. 21 § 5 D. de furtis 47, 2; Seneca, natural. quaest. 4, 13.

Stillstand gekommen, in das Eigentum des Teicheigentümers gelangen läfst. Denn dafs Teiche wie überhaupt stehende Gewässer hinsichtlich des Wassers im Eigentum stehen können, dürfte nicht anzuzweifeln sein. Es wäre nicht zu begreifen, dafs das Wasser des Teiches in diesem Falle den Schutz des Eigentums geniefsen sollte, während das Wasser des Baches, welcher den Teich speist, der freien Benutzung aller hingegeben wäre. Auch sonst würden sich aus der rechtlich verschiedenen Behandlung des fliefsenden und des stehenden Wassers die gröfsten Unzuträglichkeiten ergeben. Wird ein privater See von einem Wasserlauf durchflossen, so würde das Wasser des Sees teils im Eigentum stehen, teils von jedermann benutzt werden können. Ein See, welcher etwa nach irgend einer Richtung hin einen schwachen Abflufs hat, würde grundsätzlich dem Gemeingebrauch freigegeben sein. Nur eine verknöcherte Rechtswissenschaft könnte auf das rein äufserliche Moment des Fliefsens eine rechtlich verschiedene Behandlung der natürlichen Gewässer gründen, selbst wenn es sich darum handeln sollte, einen Rechtsgedanken in konsequenter Weise durchzuführen.

Allein es ist ja keineswegs richtig, dafs das Wasser, welches im Fliefsen begriffen ist, sich der Möglichkeit der Beherrschung und damit dem Eigentum entzieht. Die thatsächliche Herrschaft über den Grund und Boden, auf welchem von Natur fliefsendes Wasser sich aufhält, gewährt von selbst die Möglichkeit der Beherrschung des Wassers selbst. Dies bedarf bei solchem Wasser, welches in keinem bestimmten Lauf auf der Erdoberfläche hinfliefst oder hinsickert, keiner weiteren Hervorhebung. Es wird diesem Wasser weder vom natürlichen, noch vom rechtlichen Standpunkt eine besondere Beachtung geschenkt; es erscheint lediglich als ein Bestandteil des Bodens, auf welchem es sich befindet. Nicht anders ist dies aber bei solchem Wasser, welches in festem Lauf auf der Erdoberfläche dahinströmt. Indem es dem Grund und Boden seinen eigenen Charakter aufdrückt, bildet es nach natürlicher Anschauung mit ihm ein Ganzes. Man spricht nicht von Grund und Boden, welcher beständig von Wasser überflossen wird, sondern von einem Flufs, einem Bach, ebensowenig wie der Sprachgebrauch ein mit einer grofsen Menge von Bäumen bestandenes oder mit zahlreichen Reben bepflanztes Grundstück, sondern immer nur einen Wald, einen Weinberg kennt. Auch die Rechtswissenschaft trägt nicht das mindeste Bedenken, mit diesen Begriffen zu operieren. Sie anerkennt ein Eigentum an einem Wald, einem Weinberg, einem Garten und denkt nicht im entferntesten daran, den Grund und Boden und das, was ihm sein besonderes Gepräge verleiht, zu trennen. Der Eigentümer des Waldes hat an allen in diesem befindlichen Bäumen von selbst Eigentum, ohne dafs er überhaupt von ihrem Dasein specielle Kenntnis und ohne dafs er den Willen hat, gerade sie zu beherrschen. Das Eigentum am Walde giebt das vollständige Eigentums- und Nutzungsrecht an allen Erzeugnissen desselben. Nicht anders ist dies aber auch beim See und beim Flufs. Das Eigentum am See und am Flufs bedeutet zugleich das Recht der ausschliefslichen Beherrschung des Grundes und Bodens und des Wassers, welches sich auf ihm aufhält. Es ist keineswegs richtig, zu behaupten, dafs ein Eigentum am Flusse nicht bestehen kann, weil sich das Wasser desselben durch sein Schwinden der Beherrschung entziehe. Der Begriff des Eigentums setzt nicht voraus, dafs alle Bestandteile der Sache, an welcher es bestehen soll, ständig beherrscht werden, sondern dafs nur jeweilig die Möglichkeit der Beherrschung vorhanden sei. Das Wasser des Flusses ist wohl einem beständigen Wechsel unterworfen, allein der Wasserlauf enthält keine Lücke, und es kann jederzeit das Eigentumsrecht am Flufs durch Benutzung seines Wassers ausgeübt werden. Auch das Wasser des Sees ist ja in einer beständigen Veränderung begriffen, er empfängt beständig neues Wasser durch seine Zuflüsse und giebt keineswegs blofs das empfangene an den Erdboden, an die Luft durch Verdunstung oder durch einen Abflufs wieder ab, und doch kann der See und sein Wasser im Eigentum stehen. Nicht minder ist der Wald einer beständigen Erneuerung unterworfen, auch hier besteht ein beständiges Werden und Vergehen; das Eigentum am Wald und seinen Erzeugnissen wird aber dadurch nicht im mindesten in Frage gestellt. Wie die Bäume nicht erst durch ihr Fällen ins Eigentum des Waldeigentümers übergehen, ebensowenig gewinnt der Flufseigentümer das Eigentum am Flufswasser erst durch dessen Entnahme. Das Wasser, welches der Flufs oder See enthält, und die Erzeugnisse, die der Wald hervorbringt, befinden sich ipso jure im Eigentum des Flufs-, See- oder Waldeigentümers.

In l. 76 D. de judiciis 5, 1 wird des Näheren erörtert, ob die Identität eines Gesamtbegriffs durch die Veränderung seiner Teile getroffen wird:

> Alfenus libro VI Digestorum. — Proponebatur ex his judicibus, qui in eandem rem dati essent, nonnullos causa audita excusatos esse inque eorum locum alios esse sumtos, et quaerebatur, singulorum judicum mutatio eandem rem an aliud judicium fecisset. Respondi, non modo, si unus aut alter, sed etsi omnes judices mutati essent, tamen et rem eandem et judicium idem, quod antea fuisset, permanere; neque in hoc solum evenire, ut partibus commutatis eadem res esse existimaretur, sed et in multis ceteris rebus. Nam et legionem eandem haberi, ex qua multi decessissent, quorum in locum alii subjecti essent, et populum eundem hoc tempore putari, qui abhinc centum annis fuissent, cum ex illis nemo nunc viveret. Itemque navem, si adeo saepe refecta esset, ut nulla tabula eadem permaneret, quae non nova fuisset, nihilominus eandem navem esse existimari. Quodsi quis putaret, partibus commutatis aliam rem fieri, fore, ut ex ejus ratione nos ipsi non iidem essemus, qui abhinc anno fuissemus, propterea quod, ut philosophi dicerent, ex quibus particulis minimis consisteremus, hae cotidie ex nostro corpore decederent aliaeque extrinsecus in earum locum accederent. Quapropter cujus rei species eadem consisteret, rem quoque eandem existimari.

Nach römischer Rechtsanschauung werden also Gesamtbegriffe, wie Volk, Legion, Schiff, menschlicher Körper, durch den naturgemäfsen Wechsel ihrer Bestandteile unberührt gelassen.

Wie der menschliche Körper, so sind aber auch alle anderen Erzeugnisse der Natur einer beständigen Änderung ihrer Teilchen unterworfen. Dann aber kann man annehmen, dafs das römische Recht auch die Gewässer als Gesamtbegriffe auffafst, bei denen der natürliche Wechsel der Bestandteile eine rechtliche Beachtung nicht findet, und dafs die Gewässer daher wegen dieser ihrer rechtlich anerkannten Unveränderlichkeit wohl geeigneter Gegenstand für das Eigentum sind[1].

Einige wollen in dieser Frage den Wasserlauf als Gesamtheit zu der einzelnen fliefsenden Wasserwelle in einen Gegensatz stellen und den Satz, dafs die aqua profluens eine res omnium communis ist, auf die fliefsende Wasserwelle beziehen. Es mufs einmal bestritten werden, dafs aqua profluens gerade die fliefsende Wasser w e l l e bedeuten kann, und es liegt auch kein triftiger Grund vor, gerade ein völlig unsicheres und schwankendes Teilchen von fliefsendem Wasser unter aqua profluens zu verstehen. Unterliegen die Wasserläufe dem Eigentum, so mufs ferner nach allgemeinen Grundsätzen das Eigentum notwendig auf alle ihre Bestandteile sich erstrecken. Allerdings ist es richtig, dafs auf eine einzelne fliefsende Welle der Beherrschungswille sich nicht richten kann, weil die Welle keinen Bestand hat und sich im Augenblick verändert. Diese Eigenschaft wohnt aber keineswegs blofs der fliefsenden Welle inne, sie ist in gleicher Weise den Wasserteilchen von stehenden Gewässern wie den Teilchen jeder Flüssigkeit und jeder festen Masse eigen, welche sich sinnlich nicht festhalten lassen. Liegt hierin also keine Besonderheit der fliefsenden Wasserwelle, so ist auch kein Grund vorhanden, gerade für diese die Eigentumsunfähigkeit hervorzuheben, und es fällt damit die hierauf fufsende Erklärung des Institutionensatzes von der aqua profluens in sich zusammen.

---

[1] Aristoteles, Polit. 3, 1, 13: *ὥσπερ καὶ ποταμοὺς* (flumina) *εἰώθαμεν λέγειν τοὺς αὐτοὺς καὶ κρήνας* (fontes) *τὰς αὐτάς, καίπερ ἀεὶ τοῦ μὲν ἐπιγενομένου νάματος τοῦ δ' ὑπεξιόντος* . . . . .

Übrigens entzieht sich auch solches Wasser, welches erst durch künstliche Vorrichtungen oder durch menschliche Thätigkeit zum Fliefsen gebracht wird, keineswegs dem Eigentum. Es entscheiden vielmehr die allgemeinen Grundsätze über das Eigentum und den Erwerb und Verlust desselben darüber, ob und welche Wirkung das Fliefsenlassen auf die rechtliche Lage des Wassers selbst ausübt. Das Fliefsenlassen kann einer rechtlichen Bedeutung überhaupt ermangeln, so z. B. wenn jemand durch feste Leitungen Wasser fliefsen läfst, um es an anderer Stelle wieder aufzufangen, wenn also das Fliefsenlassen lediglich der Beförderung des Wassers dient. Das Fliefsenlassen kann andererseits als eine Art der Tradition den Zweck haben, das Eigentum am Wasser auf einen Anderen zu übertragen. Es kann aber auch mit der Absicht geschehen, das Eigentum am Wasser aufzugeben. Der Eigentumserwerb mittels Fliefsenlassens mufs nach allgemeinen Grundsätzen dann für erfolgt gelten, wenn das Wasser dem Herrschaftsbereich des Erwerbers verfallen ist. Leitet also jemand auf Grund eines ihm zustehenden Rechtes Wasser aus einem fremden Wasserlaufe ab, so fällt dieses Wasser, falls keine Vorrichtungen getroffen sind, durch welche das Wasser von dem Erdreich abgesondert wird, erst dann in das Eigentum des Ableitenden, wenn es den ihm gehörigen Grund und Boden berührt. Wird das Wasser dagegen von dem Berechtigten durch Röhren oder in undurchlässigen Kanälen geleitet, so gelangt es bereits mit dem Eintreten in sie in das Eigentum des Berechtigten [1].

In den Quellen wird weiterhin von einem communis usus nur hinsichtlich des Meeres, der Meeresufer und der Luft gesprochen [2], während eines communis usus an der aqua profluens nirgends Erwähnung gethan wird. Wäre ferner alles

---

[1] Vgl. über das Eigentum an Wasserleitungsröhren l. 27 § 32 D. ad leg. Aquil. 9, 2; l. 47, l. 48, l. 49, l. 78 pr. D. de contr. emt. 18, 1; l. 15 D. de act. emti et vend. 19, 1; l. 30 § 1 D. de damn. inf. 39, 2.

[2] L. 3 § 1 D. ne quid in loco publ. 43, 8; l. 13 § 7 D. de injur. 47, 10.

fliefsende Wasser grundsätzlich dem Gemeingebrauch freigegeben, so würde hierin offenbar der Satz eingeschlossen liegen, dafs die rechtlichen Schicksale des Grundes und Bodens, auf welchem das Wasser sich aufhält, für diejenigen des Wassers selbst nicht bestimmend sind und sich vielmehr gesondert von ihnen gestalten. Allein hiermit steht l. 11 pr. D. quod vi aut clam 43, 24, wo sich Ulpian folgendermafsen ausläfst, in offenem Widerspruch:

> Ulpianus libro LXXI ad Edictum. — Is, qui in puteum vicini aliquid effuderit, ut hoc facto aquam corrumperet, ait Labeo, interdicto Quod vi aut clam eum teneri; portio enim agri videtur aqua viva, quemadmodum si quid operis in aqua fecisset.

Das interdictum quod vi aut clam, welches ein opus solo factum voraussetzt, wird hier, insoweit es sich um das Erfordernis des solum handelt, unter der allgemeinen Begründung für anwendbar erklärt, dafs die aqua viva als ein Bestandteil des Grundes und Bodens erscheine. Nun kann es keinem Zweifel unterliegen, dafs die aqua viva den Gegensatz zur aqua coelestis bildet und alles Wasser, welches aus der Erde stammt, und somit nicht blofs das Brunnenwasser, sondern auch das Wasser von oberirdischen stehenden und fliefsenden Gewässern umfafst [1]. Wenn nun alles fliefsende Wasser nach seiner natürlichen Beschaffenheit grundsätzlich dem Gemeingebrauch freigegeben wäre, so wäre der Satz von Ulpian, dafs die aqua viva als portio agri gelte, in dieser Allgemeinheit offenbar unrichtig, da er nur für nichtfliefsendes Wasser Gültigkeit beanspruchen könnte.

Ein triftiger Grund liegt nicht vor, dem Ausspruch von Ulpian eine allgemeine Tragweite abzusprechen und ihm nur Beziehung auf das Brunnenwasser zu geben. Ein solcher Grund liefse sich namentlich darin nicht finden, dafs nach dem neueren klassischen römischen Recht die öffentlichen Flüsse den Grund und Boden publizieren, welchen sie jeweilig

---

[1] Vgl. l. un. § 4 D. de fonte 43, 22; Seneca, natural. quaest. 3, 7.

bedecken[1], also umgekehrt der rechtliche Charakter des alveus durch denjenigen des Gewässers bestimmt werde. Auch die Öffentlichkeit der Flüsse erstreckt sich grundsätzlich sowohl auf ihr Wasser, wie auf den von diesem bedeckten Grund und Boden. Die Publizität der einzelnen Flüsse ist aber nicht durch den Zufall, sondern durch die besonderen natürlichen Eigenschaften des Wasserlaufes bestimmt; sie kann dadurch nicht verloren gehen, dafs der Flufs sein ursprüngliches Bett verläfst und seinen Lauf über privaten Grund und Boden nimmt. Gerade daraus, dafs man in diesem Falle den privaten Grund und Boden öffentlich werden läfst, ist klar zu entnehmen, dafs das entwickelte römische Recht hinsichtlich des rechtlichen Charakters den alveus und den Wasserlauf nicht voneinander zu trennen vermag.

Endlich aber geht aus den Quellen im Gegenteil mit völliger Sicherheit hervor, dafs ein Eigentum an fliefsendem Wasser sehr wohl möglich war. Das Privateigentum an den fontes privati erstreckt sich nämlich keineswegs blofs auf den alveus, sondern gewährt vor allem auch das Recht der ausschliefslichen Benutzung des Wassers. Befände sich das Wasser der fontes nicht im Privateigentum, so könnten offenbar Servituten, durch welche vom Bacheigentümer die Nutzung des Wassers Dritten eingeräumt wird, wie die servitus aquaehaustus, an den fontes nicht begründet werden; die Einräumung solcher Servituten müfste, wie beim flumen publicum, bedeutungslos sein. Es würde immer nur, wenn das fliefsende Wasser allen Menschen gemein wäre, zum Zwecke der Ermöglichung der Wasserbenutzung eine Wegegerechtigkeit zum Bach bestellt werden können, oder es würde überhaupt keiner Erlaubnis zur Benutzung des Bachwassers bedürfen, wenn Dritte thatsächlich freien Zugang zu ihm haben. Das Gegenteil von diesem allen geht aber aus den Quellen hervor. Die Zulässigkeit der Bestellung von Wasserservituten am fons lehren die zum Schutze derselben, insbesondere der servitus aquaehaustus, bestehenden Interdikte.

[1] L. 30 § 3 D. de A. R. D. 41 1; l. 1 § 7 D. de flumin. 43, 12.

Aus l. 3 § 3 D. de serv. pr. rust. 8, 3 ergiebt sich klar, dafs an einem fons privatus eine servitus aquaehaustus bestellt werden kann, und aus l. 20 § 2 D. eod. ist zu entnehmen, dafs eine servitus aquaeductus an einem fons confinis auch für das dem fons unmittelbar benachbarte Grundstück möglich ist. Ist sonach die Benutzung des Bachwassers von einer gerade auf sie lautenden Erlaubnis des Bacheigentümers abhängig, so geht daraus unanfechtbar hervor, dafs das fliefsende Wasser der rechtlichen Machtsphäre des Bacheigentümers untersteht.

Für die flumina privata ergiebt sich ein gleiches aus den Quellen nicht. Ulpian sagt allerdings in l. 1 D. de flumin. 43, 12, dafs sie sich in nichts von den sonstigen privaten Orten unterscheiden:

> § 4. Hoc interdictum ad flumina publica pertinet; si autem flumen privatum sit, cessabit interdictum, nihil enim differt a ceteris locis privatis flumen privatum.
>
> § 10. Nec pertinet ad hoc interdictum, si quid in privato factum sit, ne quidem si in privato flumine fiat; nam quod fit in privato flumine, perinde est atque si in alio privato loco fiat.

Allein nach dem ganzen Zusammenhang dieser Äufserungen will Ulpian offenbar nicht den Satz aufstellen, dafs der Privatflufs hinsichtlich des Eigentums völlig den sonstigen privaten Sachen gleichstehe, sondern nur, dafs er hinsichtlich der Frage der Anwendbarkeit des Interdiktes von den übrigen Privatorten sich nicht unterscheide und daher das Interdikt auch für ihn nicht platzgreife. Nichtsdestoweniger liegt angesichts der Thatsache, dafs das Eigentum der fontes sich auch auf das Wasser erstreckte, kein Grund vor, nicht anzunehmen, dafs auch das Eigentum an den flumina privata das Recht der ausschliefslichen Benutzung des Wassers gewährte[1]. Ein

[1] Eine andere Frage ist es, ob der Eigentümer des torrens davon Gebrauch machte; bei der gemeinschädlichen Natur der torrentia wird dies regelmäfsig nicht der Fall gewesen sein.

gleiches wird naturgemäfs für die kleinen aus aqua pluvia gebildeten Wasserläufe, die rivi privati, gelten müssen.

Aus folgender Äufserung des Cicero in seiner Schrift de officiis[1] ergiebt sich mit gleicher Beweiskraft, dafs das fliefsende Wasser sich keineswegs dem Eigentum entzog, dafs es vielmehr im Privateigentum zu stehen vermochte:

> una ex re satis praecipitur, ut quidquid sine detrimento possit commodari, id tribuatur vel ignoto. Ex quo illa communia: non prohibere aqua profluente, pati ab igne ignem capere, si qui velit, consilium fidele deliberanti dare, quae sunt iis utilia, qui accipiunt, danti non molesta.

Es gehört, sagt Cicero, zu den auf der menschlichen Gesellschaft beruhenden Pflichten, auch dem Unbekannten die unentgeltliche Benutzung von Sachen nicht zu versagen, welche ohne Schaden gewährt werden können, wie der Trunk aus fliefsendem Wasser, die Gewinnung von Feuer durch Übertragung aus einem fremden Feuerbrand. Von einem Recht auf Entnahme des Feuers und des Wassers spricht Cicero nicht im entferntesten; eine Prohibition an dem Genufs des fliefsenden Wassers oder das Nichtdulden der Entnahme von Feuer wäre sonst ein Unrecht (injuria) gegenüber dem Behinderten. In der Nichtausübung eines Unrechts aber liegt nicht die Erfüllung eines officium. Die Worte commodare, tribuere, dare und accipere zeigen offen, dafs es sich um die Gewährung einer Vergünstigung seitens des Berechtigten an den Nichtberechtigten handelt; die Bezugnahme auf den ignotus wäre bei einem Recht auf das fliefsende Wasser oder auf das Feuer unverständlich[2].

Hiernach steht fest, dafs im Sinne der Institutionen und von Marcian unter den res omnium communes solche Sachen nicht verstanden sein können, welche nach natürlichem Recht dem Gemeingebrauch aller Menschen freistehen. Nun ist bereits des näheren ausgeführt worden, dafs die Luft, das

---

[1] De officiis 1, 51, 52. Vgl. Seneca, de beneficiis 4, 29, 1 ff.
[2] Ovid, Metamorph. 6, 352 ff.

Meer und die litora als res nullius galten, dafs sie nicht nur nicht im Eigentum standen, sondern auch nicht im Eigentum zu stehen vermochten. Von solchen Sachen, die niemandem zugehören, kann man aber, da Gegensätze sich berühren, sehr wohl auch sagen, sie gehören der Allgemeinheit zu, wenn man damit nur nicht ein gemeinschaftliches Eigentum aller feststellen will. Für die Luft, das Meer und die litora wäre die Bezeichnung als allen Menschen gemeinsam (omnium communes) umsomehr zutreffend, als diese nach ihrer Natur in niemandes Eigentum zu stehen vermögen, also nicht blofs ein Gut der Allgemeinheit sind, sondern es auch notwendig verbleiben müssen. Für solche res nullius, die des Eigentums nicht unfähig sind, würde man weit weniger zutreffend den Ausdruck res omnium communes gebrauchen können.

Es kann sich sonach nur fragen, ob der Ausdruck omnium communis in diesem Sinne auch auf die aqua profluens angewendet werden kann. Nun ist aber soeben dargethan worden, dafs das Wasser, welches im Fliefsen begriffen ist, nicht blofs nicht grundsätzlich im Gemeingebrauch steht, sondern dafs es auch tauglicher Gegenstand des Eigentums ist. Die Frage ist damit schlechthin zu verneinen, und der Satz, dafs die aqua profluens eine res omnium communis ist, müfste daher als unrichtig angesehen werden. Will man indessen den Satz nicht schlechthin verwerfen, so dürfte sich eine Erklärung nur dann finden lassen, wenn man aqua profluens enger fafst und nur auf eine bestimmte Art von fliefsendem Wasser bezieht. Mit Recht hat man den Begriff der aqua profluens allgemein schon dahin einschränkend aufgefafst, dafs Marcian nur solches Wasser darunter versteht, welches von Natur fliefst, nicht dagegen auch solches, welches erst durch den menschlichen Willen zum Fliefsen gebracht wird. Die Zusammenstellung mit den von der Natur geschaffenen Sachen, der Luft, dem Meer und dem Meeresgestade, und die Bezugnahme auf das jus naturale scheinen zwingend auf eine solche Einschränkung hinzudeuten. Indessen ist wohl zu beachten, dafs diese Beschränkung in den Worten aqua profluens an sich nicht liegt. Die Annahme ist daher nicht leichthin von der Hand zu weisen, dafs bei Marcian der Begriff der aqua profluens durch ein Beiwort eingeschränkt war, welches die Kompilatoren unverständigerweise gestrichen haben. Wie dieses Beiwort aber lautete, darüber lassen sich verschiedene Mutmafsungen aufstellen.

Da das von Natur auf der Erdoberfläche fliefsende Wasser nicht notwendig omnium communis ist, so dürfte zunächst feststehen, dafs Marcian nicht von aqua natura oder naturaliter profluens gesprochen haben kann. Nun giebt es aber eine besondere Art von natürlich fliefsendem Wasser, welches sich grundsätzlich während des Fliefsens dem Eigentum entzieht; es ist dies das vom Himmel, aus den Wolken herabfliefsende Regenwasser, welches den Gegensatz zu dem auf der Erdoberfläche fliefsenden, dem Eigentum freistehenden Wasser bildet. Es ist daher sehr wohl möglich und mangels jeder anderen Erklärung sogar wahrscheinlich, dafs Marcian als omnium communis nur die aqua de coelo oder nubibus profluens bezeichnet hat. Das aus den Wolken herunterströmende Wasser läfst eine Occupation erst dann zu, wenn es in eine solche Nähe zur Erdoberfläche gekommen ist, dafs es für Menschen erreichbar wird. Die thatsächliche Herrschaft über dieses Regenwasser erlangt man erst dann, wenn man es aufgefangen hat, oder wenn es sich mit dem Erdboden vermischt hat, Bestandteil desselben geworden ist. Vorher besteht nur eine mehr oder weniger sichere Aussicht, dafs die herabfliefsenden Regentropfen in unser Eigentum fallen; die Möglichkeit einer Beherrschung, die Voraussetzung des Eigentums, ist vorher nicht gegeben. Mag sich auch unser Wille schon während des Herabfallens des Regenwassers auf dessen Beherrschung richten, so entsteht doch Eigentum erst dann, wenn es in unsere thatsächliche Gewalt gefallen ist. Weil das vom Himmel herabfallende Wasser sonach dem Eigentum sich verschliefst, ist es eine res nullius. Es ist eine res omnium communis, weil es als ein allen Menschen gemeinsames Gut während des Herabfallens von jedermann zu Eigentum occupiert werden kann.

Bei dieser Auffassung der res omnium communes als Gemeingut aller Menschen, welches sich jeglichem Eigentum begrifflich entzieht, wird die Bedeutung der res publicae und res universitatis in der Erörterung der Institutionen und von Marcian erst voll verständlich. Über das unterscheidende Merkmal zwischen den res publicae und den res universitatis sind die verschiedensten Mutmafsungen aufgestellt worden, ohne dafs eine Einigung erzielt worden ist. Es kann diese Teilung einmal nicht mit der Scheidung der öffentlichen Sachen in solche, welche im usus des Staates, und in solche, welche im usus der Allgemeinheit stehen, zusammenfallen; denn sowohl die flumina als auch die stadia theatra, welche als res publicae, bezw. universitatis erwähnt werden, gehören zu den Sachen, welche dem usus publicus zu dienen bestimmt sind[1]. Ebensowenig kann aber auch der Unterschied zwischen res publicae und res universitatis mit der Scheidung in Sachen des Staates und in Sachen der Gemeinden oder sonstigen Gesamtheiten identisch sein. Denn in l. 1 pr. D. de div. rer. 1, 8[2] wird von den res publicae, welche hier zu den res privatae im Gegensatz stehen, gesagt: ipsius enim universitatis esse creduntur. Die Lösung des Rätsels ergiebt sich in folgendem. In der Einteilung der Sachen in den Institutionen des Marcian, auf welcher die Justinianeischen Institutionen fufsen, finden sich die res publicae überhaupt nicht erwähnt[3]. Marcian stellt die allgemeine Einteilung der Sachen voran und erörtert dann die einzelnen Arten derselben, indem er mit den res omnium communes beginnt. Hierbei kommt er vornehmlich auf das mare und die litora und den an ihnen bestehenden usus publicus zu sprechen[4]. Die Erwägung, dafs auch andere Gewässer, die flumina und die portus, im usus publicus jure naturali stehen, führt ihn dazu, ihrer

[1] §§ 2, 6 I. l. c. Vgl. § 2 I. de inutil. stipul. 3, 19; l. 83 § 5, l. 137 § 6 de verb. obl. 45, 1.

[2] Gaius, institut. II § 11.

[3] L. 2 pr. D. de div. rer. 1, 8.

[4] L. 4 pr. D. eod.

nebenbei zu gedenken und das Merkmal hervorzuheben, welches sie von dem Meer unterscheidet. Er sagt daher[1]:

sed flumina paene omnia et portus publica sunt,

d. h. die Flüsse und Häfen stehen im Eigentum des Staates, während am Meer ein Eigentum ausgeschlossen ist. Marcian erwähnt die flumina nicht als Beispiele einer besonderen Gattung von Sachen, sondern legt die Eigenschaft der flumina im Gegensatz zu der des Meeres fest. Es besteht also überhaupt nur ein Gegensatz zu dem Vorhergehenden, während ein Gegensatz zwischen res publicae und universitatis nicht im geringsten statuiert wird. Unter den res universitatis versteht Marcian, wie aus der Erwähnung des servus communis civitatis in l. 6 § 1 D. de div. rer. 1, 8 deutlich erhellt, solche Sachen, welche im Eigentum der universitas stehen, gleichviel wessen usus sie dienen, und in dem Sinne, wie Marcian kurz vorher das Wort publicus in Beziehung auf die Flüsse versteht, erscheinen die res publicae als eine Unterart der res universitatis. Die Aufnahme der res publicae in die allgemeine Einteilung der Sachen beruht also darauf, dafs dem Institutionenverfasser der Gedankengang in der Erörterung von Marcian nicht zum Verständnis gelangt ist.

§ 4. Scheidung der Wasserläufe nach dem Gesichtspunkt des Eigentums. Das flumen publicum.

Wie sehr auch die Ansichten über den Begriff des öffentlichen Flusses, des flumen publicum, in der Litteratur auseinandergehen, so herrscht doch darüber allgemeines Einverständnis, dafs sich die Wasserläufe in öffentliche und private scheiden. Je nach dem Ergebnis, zu welchem man nach der Erörterung von Ulpian in Ansehung des Begriffes flumen publicum gelangt, bestimmt man den Begriff des privaten Wasserlaufes als Korrelat des ersteren. Diese Auffassung findet in den Quellen nicht die geringste Stütze.

---

[1] L. 4 § 1 D. eod.

Ulpian teilt in l. 1 §§ 3 ff. D. de flumin. 43, 12 die flumina nur in öffentliche und nichtöffentliche und spricht nur von der Möglichkeit der privaten Natur eines flumen. Auch diese unrichtige Anschauung hat ihren Grund in der Verkennung der Thatsache, dafs sich die Scheidung der Wasserläufe in öffentliche und nichtöffentliche in der Wirklichkeit festgestellt hat. Die bedeutenderen beständigen Wasserläufe, welche nach ihren natürlichen Eigenschaften dem Gemeingebrauch zu dienen bestimmt sind, waren von der Allgemeinheit für diesen Zweck dauernd in Anspruch genommen. Die Eigentumsverhältnisse der übrigen Wasserläufe waren dagegen in völlig gleicher Weise wie diejenigen der sonstigen Bestandteile der Erdoberfläche sehr verschieden und durch den Zufall bestimmt. Sie waren keineswegs stets dem Privateigentum verfallen. Das Privateigentum trägt den Charakter des Zufälligen an sich, es knüpft sich an das zufällige Dasein eines Menschen an. Ein Rechtssatz, welcher ganze Gattungen von Sachen grundsätzlich für Privateigentum erklärt, ist juristisch unmöglich. Die Wasserläufe, welche nicht für den Gemeingebrauch in Anspruch genommen waren, werden in Wirklichkeit allerdings regelmäfsig wie der Grund und Boden überhaupt im Privateigentum gestanden haben. Sie konnten aber auch herrenlos sein oder politischen Gesamtheiten, dem Staat oder Gemeinden, zugehören [1].

Neben diesen dem jus humanum unterliegenden Wasserläufen aber gab es nach römischem Recht anscheinend auch

---

[1] Dem Staat oder den Gemeinden gehörten die Wasserläufe auf Staats- oder Gemeindeländereien zu vollem Eigentum, sofern sie nicht flumina publica waren, die wohl, wie weiter unten gezeigt werden wird, im Eigentum des Staates, aber im Gemeingebrauch standen.

Auch kleinere Wasserläufe (fontes) waren hin und wieder für sich allein, insbesondere zum Zwecke städtischer Wasserleitungen, von der Allgemeinheit in Anspruch genommen. Diese Wasserläufe standen nichts weniger als im Gemeingebrauch, sondern vielmehr im usus des Staates oder der Gemeinden (usus publicus in diesem Sinn) und auch in deren Eigentum, sofern sie nicht konsekriert waren. Vgl. l. 9, l. 10 pr. l. 11 C. de aquaeduct. 11, 42; Frontinus, de aquaeduct. art. 129 (lex Quinctia de aquaeductibus).

solche, welche dem jus divinum als res sacrae unterworfen waren[1]. Es waren aufser religiösen Gründen[2] gewichtige Volksinteressen, welche zur Konsekration einzelner Wasserläufe führten. Ein solches schwerwiegendes Volksinteresse, welches den starken sakralen Schutz erheischte, lag wohl hauptsächlich dann vor, wenn ein Wasserlauf der allgemeinen Versorgung einer Stadt oder Gemeinde mit Trinkwasser zu dienen bestimmt war. Durch die Konsekration wurde der Wasserlauf, dessen Unversehrtheit in diesem Falle zu den allgemeinen Lebensinteressen gehörte, unter den Schutz der Götter gestellt; jede Verletzung des Wasserlaufes und seines Wassers galt als Sakrileg. Die Sakralnatur scheint aber gewöhnlich nur fontes eigen gewesen zu sein, wohl deswegen, weil die gröfseren Wasserläufe, die flumina, regelmäfsig nicht solche natürlichen Eigenschaften an sich tragen, welche zu einer Konsekration Anlafs geben könnten. Wegen der durch die Konsekration gewährleisteten natürlichen Unversehrtheit des Gewässers versinnbildlicht der fons sacer den klaren, durch Menschenhand nicht befleckten Wasserlauf. Die Konsekration schliefst nicht etwa die Benutzung des Wassers des fons sacer aus, sondern gewährleistet sie im Gegenteil[3].

---

[1] Livius, ab urbe condita lib. 1, 21, 3; Tacitus, Ann. 14, 22; Juvenal, Sat. 3, 12 ff.; Ovid, Metam. 5, 469. 573. Vgl. auch Ovid, Metam. 2, 464; Amor. 3, 1, 3 ff.; Heroid. 15, 158; Ars amat. 3, 688 ff.; Vergil Ecl. 1, 52; Aeneis 7, 83. 84. 242. 797; Georg. 2, 175; Priscian, perieg. v. 390 ff.; Pomponius Mela, de situ orbis 2, 3; Solinus, Polyhistor 7, 2; 21, 1; 27, 45; 32, 18. Flumen sacrum: Vergil, Georg. 2, 147; lacus sacer: Ovid, Fast. 3, 264. Über πηγή, κρήνη ἱερά vgl. u. a. Pausanias, περιήγησις τῆς Ἑλλάδος 3, 26, 1; 7, 22, 4; 8, 16, 1; 8, 32, 3; 9, 10, 5.

[2] Vgl. Vitruvius, de architect. 1, 2, 7.

[3] Der fons konnte von der Allgemeinheit unmittelbar durch Entnahme von Wasser benutzt werden (Frontinus, de aquaeduct. art. 4; Livius, 1, 21, 3; Vitruv., de architect. 8, 3, 1), er konnte ihr aber auch blofs mittelbar durch Versorgung von Wasserleitungen zu diesem Zwecke dienen. Auch in dem ersteren Falle kann aber niemals der Wasserlauf selbst in vollem Umfange im Gemeingebrauch gestanden haben; vielmehr kann die Entnahme von Wasser naturgemäfs immer nur an einzelnen, künstlich hierfür hergerichteten Stellen zulässig gewesen sein.

1. Durch die Ausführungen in den ersten Paragraphen dieser Abhandlung wurde der Begriff des öffentlichen Flusses, des flumen publicum, einmal dahin festgestellt, dafs die römische Rechtssprache unter dem flumen nur den grofsen Wasserlauf versteht. Es wurde ferner die Ansicht vertreten, dafs nur die gröfseren beständigen Wasserläufe öffentlich waren, und dafs alle öffentlichen Wasserläufe in der Rechtssprache flumina hiefsen. Da hiernach die Eigenschaft eines Wasserlaufes als flumen publicum sich nur darnach bestimmt, ob er im rechtlichen Sinne öffentlich ist, so bedarf zur Begrenzung des flumen publicum lediglich der Begriff der Öffentlichkeit einer sorgfältigen Prüfung.

Bei den bisherigen Darlegungen wurde davon ausgegangen, dafs die flumina publica deswegen öffentlich heifsen, weil sie dem Gemeingebrauch zu dienen bestimmt sind. Es ist dies eine in dieser allgemeinen Form unbestrittene Thatsache, die keines weiteren Beweises bedarf. Allein der Begriff des öffentlichen Flusses schliefst keineswegs alle Wasserläufe in sich, welche in irgend einer Weise dem Gemeingebrauch dienen. Nur diejenigen Flüsse können vielmehr nach der Natur der Sache als „öffentlich" angesehen und bezeichnet werden, welche nicht blofs an einem Teil, sondern in ihrem ganzen Umfang dem Gemeingebrauch freistehen, wenn auch der Gemeingebrauch sich nicht notwendig auf alle Benutzungsarten zu erstrecken braucht. Ein Wasserlauf ist daher z. B. dann und deswegen nicht notwendig öffentlich, weil er von den Angehörigen einer benachbarten Gemeinde aus eigenem Recht zum Wasserschöpfen benutzt wird. Eine Öffentlichkeit könnte vielmehr nur dann angenommen werden, wenn der Wasserlauf in seiner ganzen Ausdehnung der Allgemeinheit zu diesem Zwecke dient. Steht der Allgemeinheit nur an einzelnen Teilen des Wasserlaufes das Benutzungsrecht zu, wie dies bei den der unmittelbaren Benutzung durch Wasserschöpfen dienenden fontes der Fall war, so erscheint er nicht als öffentlich, und die für die flumina publica geltenden besonderen Grundsätze können daher nicht zur Anwendung kommen. Vielmehr hönnen diese Teile dann in Ansehung des Gemeingebrauches nur den allgemeinen Grundsätzen über die loca publica unterliegen.

Dagegen ist es aufserordentlich bestritten, ob die flumina publica auch wegen des an ihnen bestehenden Eigentums des Staates öffentlich hiefsen, ob sie also nach römischem Recht res publicae in publico usu waren, oder ob sie niemandem zugehörten und nur dem Hoheitsrechte des Staates unterlagen. Unter denjenigen, welche das erstere annehmen, besteht wiederum eine Meinungsverschiedenheit darüber, ob dieses Eigentum sich nur auf das Flufsbett oder auch auf das Wasser bezieht, wie dies auch in Ansehung der privaten Wasserläufe allgemein in Frage steht. Es sei die Erledigung dieser letzteren Unterfrage vorweggenommen. Im vorigen Paragraphen ist dargethan worden, dafs das Eigentum am fons privatus den Wasserlauf in seiner Gesamtheit und namentlich sein Wasser umfafste. Dann aber wird man ein gleiches auch hinsichtlich aller Wasserläufe annehmen müssen, an welchen ein Eigentum besteht, und daher auch hinsichtlich des Staatseigentums an den flumina publica, wenn anders ein solches begründet war.

Die Frage nun, ob die flumina publica dem Staate zu Eigentum zugehörten, bildet einen Teil der allgemeinen Streitfrage, ob die dem Gemeingebrauch dienenden Sachen im Staats- oder Gemeindeeigentum standen, oder ob sie res nullius waren [1]. So wenig es auch die Aufgabe dieser Abhandlung sein kann, diese allgemeine Frage einer ausführlichen Erörterung zu unterwerfen, so kann doch bei ihrer Bedeutung für die flumina publica von einem kurzen Eingehen auf sie nicht abgesehen werden. Durch die Ausführungen

[1] Vielfach hat man unter den res usui publico destinatae nicht blofs die im Gemeingebrauch stehenden, sondern auch die vom Staat zu Staatszwecken benutzten Sachen verstanden, und bei dieser Verquickung verschiedenartiger Sachen die obige Frage auf diesen gröfseren Kreis von Sachen bezogen. Die Frage interessiert hier nur hinsichtlich der im Gemeingebrauch stehenden Sachen; für die zu Staatszwecken dienenden Sachen wird aber ein gleiches wie für diese zu gelten haben.

im vorigen Paragraphen ist zu dieser Frage bereits Stellung genommen. Der usus publicus an einer Sache macht als solcher keineswegs ein Staats- oder Gemeindeeigentum an ihr erforderlich noch schliefst er die Möglichkeit eines Eigentums aus. Es liegt einerseits keinerlei Grund vor, warum Privatpersonen nicht Sachen sollten dem usus publicus bestimmen können, ohne das Eigentum an ihnen auf den Staat oder eine Gemeinde zu übertragen. Die Sachen brauchen ja nicht in perpetuum dem usus publicus destiniert zu werden [1]. Andererseits ist es ebensowenig erfindlich, warum der Staat, eine Gemeinde oder ein Privatmann an den ihnen gehörigen Sachen das Eigentum aufgeben müfsten, wenn sie dieselben dem Gemeingebrauch widmen wollten. Hierzu kommt noch, dafs durch die Bestimmung einer Sache zum usus publicus dem bisherigen Eigentum keineswegs notwendig sein Inhalt geraubt wird. Denn in dem usus publicus ist zunächst niemals der ususfructus enthalten; der usus selbst aber kann nach der Benutzungsart oder in sonst irgend einer Weise bei der destinatio eingeschränkt werden.

In Übereinstimmung hiermit ergiebt sich aus den Quellen, dafs das Eigentum mit dem Gemeingebrauch wohl verträglich ist. Zunächst dürften die Quellenstellen, welche man für das Bestehen des Staats- oder Gemeindeeigentums an den res in publico usu ins Feld geführt hat [2], in der That für ein solches Eigentum sprechen. Ein näheres Eingehen auf diese Stellen erübrigt sich, da im wesentlichen nur die Anführungen anderer wiederholt werden könnten. Das Bestehen des Staatseigentums an res in publico usu dürfte aber namentlich auch daraus hervorgehen, dafs das auf die loca publica bezügliche Interdikt von l. 2 pr. D. ne quid in loco publ. 43, 8 für das Meer und das Meeresgestade nur utiliter gegeben wird. Unterlägen dem Interdikt die im Gemeingebrauch stehenden Sachen

[1] L. 83 § 5, l. 137 § 6 D. de verb. obl. 45, 1; § 2 I. de inutil. stipul. 3, 19. Vgl. l. 30 § 1 D. locati 19, 2.

[2] §§ 6, 39 I. de rer. div. 2, 1; l. 6 § 1 D. de div. rer. 1, 8; l. 1 pr. D. de interdict. 43, 1; l. 2 §§ 17, 21 D. ne quid in loco publ. 43, 8.

schlechthin oder, soweit sie nicht Privatpersonen gehören, so müfste das Interdikt für das Meer und dessen Gestade principiell am Platze sein. Es müssen mithin diese Sachen in irgend einem Punkte den Erfordernissen des Interdiktes nicht genügen. Dieser Punkt dürfte aber nur darin liegen können, dafs das Interdikt nur für solche im Gemeingebrauch stehende loca gegeben ist, welche dem Staate zugehören, gleich wie das Interdikt von l. 2 § 20 D. eod. nur für die im Eigentum des Staates stehenden viae publicae platzgreift. Ein anderes Unterscheidungsmerkmal zwischen dem Meer und dessen Gestade und zwischen den anderen im usus publicus stehenden loca dürfte sich nicht finden lassen.

Aus allen diesen Quellenstellen kann aber nur entnommen werden, dafs die dem Gemeingebrauch dienenden Sachen dem Staat oder den Gemeinden zu Eigentum zugehören konnten. Dafs sie im Eigentum dieser juristischen Personen hätten stehen müssen, ist aus keiner Stelle zu schliefsen. Im Gegenteil geht mit nicht anfechtbarer Beweiskraft aus l. 2 §§ 21 ff. D. ne quid in loco publ. 43, 8 hervor, dafs das römische Recht auch im usus publicus stehende Sachen kannte, welche Privatpersonen zu Eigentum zugehörten, da hier von viae in publico usu die Rede ist, deren Grund und Boden Privateigentum bildet. Regelmäfsig werden freilich die dem Gemeingebrauch dienenden Sachen Staats- oder Gemeindeeigentum gewesen sein, und zwar vornehmlich aus dem Grunde, weil es zu den Obliegenheiten dieser juristischen Personen gehört, solche Sachen zu schaffen. Endlich aber ist aus den Quellen auch nicht zu erweisen, dafs der usus publicus an einer Sache ein Eigentum daran erforderlich machte oder voraussetzte. Die Thatsache, dafs die Luft, das Meer und dessen Gestade, welche im Gemeingebrauch stehen, eigentumsunfähig sind, zeigt gerade im Gegenteil, dafs der usus publicus an einer Sache ein Eigentum daran nicht bedingt[1].

---

[1] Das römische Recht kannte sicher auch res divini juris, welche im Gemeingebrauch standen.

Wenn das Privateigentum mit dem usus publicus vereinbar war, so liegt kein Grund vor anzunehmen, daſs der usus publicus gerade das Staatseigentum erschöpft. Man wird nicht den geringsten Zweifel hegen, daſs eine private Korporation das Eigentum an Sachen behält, welche sie zur Benutzung ihrer Mitglieder stellt, und man würde sich, giebt man dies zu, geradezu widersprechen, wollte man in völlig gleichem Falle nicht ein gleiches für den Staat annehmen. Steht das Eigentum an einer dem usus publicus freigegebenen Sache derjenigen universitas zu, welche die zur Nutzung Berechtigten in sich schlieſst, so erscheint der Inhalt des Eigentums zudem wertvoller, weil dem Eigentümer dann nicht bloſs die durch den usus publicus freigelassene Nutzung, sondern auch das Recht zusteht, den usus publicus nach freiem Ermessen zu regeln, zu beschränken oder sogar aufzuheben. Stellt der Staat eine Sache in den Gebrauch der Staatsangehörigen, so steht ihm in diesen eine neue Persönlichkeit nicht gegenüber, die Staatsangehörigen bilden den Staat. Hat dagegen nicht der Staat, sondern eine andere Person an einer ihr gehörigen Sache einen usus publicus in rechtsverbindlicher Weise begründet, so vermag der Eigentümer den usus publicus nicht einseitig aufzuheben; es ist vielmehr hierzu die Zustimmung der die Nutzungsberechtigten umschlieſsenden universitas erforderlich. Wenn nach römischem Recht also ein Privateigentum an res in publico usu existierte, so erscheint es nicht begreiflich, warum es ein Staatseigentum an dem Gemeingebrauch dienenden Sachen nicht hätte anerkennen sollen, zumal diesem Eigentum ein weit höherer Wert innewohnte.

Einige haben ein Staatseigentum an den res in publico usu wegen der diesen Sachen vermeintlich beikommenden Eigenschaft der Extrakommerzialität leugnen zu müssen geglaubt. Indessen ist die sogenannte Extrakommerzialität keineswegs eine die rechtliche Lage dieser Sachen irgendwie bezeichnende oder bestimmende Eigenschaft. Sie bezeichnet nur die aus der rechtlichen Lage sehr verschiedenartiger Sachen sich ergebende Thatsache, daſs eine Sache nicht

Gegenstand des Güterverkehrs, nicht merx ist. Die Thatsache der Extrakommerzialität ist mit anderen Worten die Wirkung des rechtlichen Zustandes einer Sache; nicht dagegen knüpfen sich an sie rechtliche Wirkungen. Das extra commercium esse einer Sache hat nach den Quellen nur die Bedeutung, dafs die Sache nicht zwischen Privatpersonen zum Gegenstand gültiger Rechtsgeschäfte gemacht werden kann[1]. Dagegen läfst sich nicht eine einzige Quellenstelle nachweisen, in welcher aus der Extrakommerzialität eine Rechtswirkung für die Sache selbst hergeleitet würde. Alle Rechtssätze, in denen man Wirkungen der Extrakommerzialität gesehen hat, sind der Ausflufs der den betreffenden Sachen wie den res sacrae, religiosae und in usu publico anhaftenden besonderen rechtlichen Natur.

Was nun die flumina publica anlangt, so geht hinsichtlich dieser gerade aus den Quellen mit hoher Wahrscheinlichkeit hervor, dafs sie im Eigentum des Staates standen. Es erhellt dies zunächst aus einer Bemerkung von Frontinus in seiner Schrift de controversiis agrorum. Frontinus spricht hier von solchen Fällen, in denen loca publica sive populi Romani sive coloniarum municipiorumve, welche niemals assigniert oder verkauft worden wären, von Privatpersonen besessen würden, und erwähnt als Beispiel den alveus fluminis vetus populi Romani[2]. Aus l. un. § 7 D. ut in flum. publ. nav. lic. 43, 14 ist weiterhin zu entnehmen, dafs der Staat an den lacus und stagna publica den ususfructus hin und wieder selbst ausübte, indem er die Fischerei verpachtete[3]. Dieser ususfructus aber kann kaum für etwas anderes angesehen werden als für den Ausflufs des Eigentums, welches dem Staat an diesen öffentlichen Gewässern zukam. Konnten aber die lacus und stagna publica im Eigentum des Staates

[1] Vgl. § 4 I. de legat. 2, 20; § 2 I. de inutil. stipul. 3, 19; l. 6 pr., l. 34 § 1 D. de contr. emt. 18, 1; l. 1 § 2 D. quae res pign. 20, 3; l. 39 § 10 D. de legat. I; l. 83 § 5, l. 137 § 6 D. de verb. obl. 45, 1.

[2] Frontinus, de contr. agr. (Lachmannsche Ausgabe p. 20 v. 7 ff.).

[3] Vgl. Juvenal, Sat. 3, 31.

stehen, so mufs dies auch für die ihnen völlig gleichstehenden flumina publica angenommen werden. Ist endlich die Auslegung richtig, welche der Bemerkung von Marcian in l. 4 § 1 D. de div. rer. 1, 8 (§ 2 I. de rer. div. 2, 1):

Sed flumina paene omnia et portus publica sunt.

im vorigen Paragraphen zuteilgeworden ist, so wäre damit ausgesprochen, dafs die flumina publica nicht blofs wegen des usus publicus, sondern auch wegen des an ihnen bestehenden Staatseigentums publica hiefsen.

Die innere Wahrscheinlichkeit spricht überzeugend dafür, dafs die Öffentlichkeit der natürlichen Gewässer überall und regelmäfsig ihren Ausgang von der Allgemeinheit genommen hat. Die öffentlichen Gewässer zeichnen sich vor den sonstigen dem Gemeingebrauch dienenden Sachen dadurch aus, dafs ihnen die Eigenschaften, die sie zum usus publicus geeignet machen, von der Natur gegeben sind und dafs ihre Öffentlichkeit daher nur ausgesprochen zu werden braucht. Es erscheint geradezu als ausgeschlossen, dafs die Allgemeinheit es den Einzelnen, zumal bei deren widerstreitenden Interessen irgendwo und irgendwann überlassen haben könnte, diejenigen Gewässer zu bestimmen, welche dem Gemeingebrauch dienen sollen, und über das Vorhandensein von Interessen der Allgemeinheit zu entscheiden. Die Allgemeinheit ist stets selbst zunächst dazu berufen, ihre Interessen wahrzunehmen. Sie vermag über das Vorhandensein von allgemeinen Interessen an den einzelnen Gewässern und darüber, welche Gewässer zum Gemeingebrauch geeignet sind, das berufenste Urteil abzugeben. Sie vermag aber auch ihre Interessen am besten und leichtesten selbst zu verwirklichen, da es für die Allgemeinheit nur gilt, die Gewässer für sich in Anspruch zu nehmen; sie braucht sich ja blofs bei der Verteilung des Grundes und Bodens die zum Gemeingebrauch tauglichen Gewässer vorzubehalten oder sie später dem Privateigentum zu entreifsen.

Wann und in welcher Weise der Gemeingebrauch an den einzelnen öffentlichen Gewässern entstanden ist, entzieht sich der Feststellung und wird wahrscheinlich schon zur Zeit des klassischen römischen Rechtes hinsichtlich der meisten Gewässer nicht feststellbar gewesen sein. Man wird wohl nicht fehlgehen mit der Behauptung, dafs die natürliche Bestimmung der bedeutenderen Gewässer zum Gemeingebrauch nicht blofs von den Römern, sondern von allen civilisierten Völkern des Altertums, namentlich von denjenigen des Orients, praktisch gewürdigt war und dafs die Römer in den meisten Ländern, welche ihrer Herrschaft unterworfen wurden, nur notwendig gehabt haben werden, die bestehende Öffentlichkeit der einzelnen Gewässer anzuerkennen. Im allgemeinen wird man bei der natürlichen Fähigkeit der bedeutenderen Gewässer zum Gemeingebrauch behaupten dürfen, dafs in Zeiten beginnender Kultur gewöhnlich die thatsächliche Benutzung der einzelnen Gewässer durch die Allgemeinheit zur Anerkennung des Rechtes des Gemeingebrauches an ihnen geführt haben wird. Häufig aber wird die thatsächliche Benutzung der Gewässer der Feststellung ihrer Öffentlichkeit erst nachgefolgt, und dies wird namentlich dann der Fall gewesen sein, nachdem die Erkenntnis des Wertes der Gewässer sich intensiver gestaltet hatte.

Auf welche Weise sich nun auch der usus publicus der Gewässer festgestellt haben mag, so hat diese von der Allgemeinheit ausgehende Feststellung doch jedenfalls ihren Ausdruck stets dahin gefunden, dafs die Gewässer als dem Privateigentum verschlossen und der allgemeinen Benutzung freistehend galten. Dagegen kann es zweifelhaft sein, ob das römische Recht grundsätzlich der Allgemeinheit an den im Gemeingebrauch stehenden Gewässern auch das Eigentum zuerkannte. Die Annahme ist nicht von vornherein von der Hand zu weisen, dafs bei solchen Gewässern, bei denen sich der usus publicus durch thatsächliche allgemeine Benutzung von altersher festgestellt hatte, der Gedanke des Staatseigentums nicht zur Anerkennung gelangt sein könnte. Für die Zeit des klassischen römischen Rechtes steht aber nach den oben angeführten Quellenzeugnissen zum mindesten sicher fest, dafs an einem Teil der öffentlichen Gewässer das Staatseigentum begründet war. Da aber kein stichhaltiger Grund dafür ersichtlich ist, warum das römische Recht nur an einem Teile der öffentlichen Gewässer ein Eigentum der Allgemeinheit hätte annehmen können, und es völlig inkonsequent gewesen wäre, an den einen Gewässern ein Eigentum anzuerkennen, an den anderen es zu verneinen, so wird man sich unbedenklich dahin entscheiden müssen, dafs die öffentlichen Gewässer nach klassischem römischen Recht als im Eigentum der Allgemeinheit stehend galten. Dieses Eigentum war bei den öffentlichen Wasserläufen wahrscheinlich immer ein Eigentum des Staates, da diese wohl stets nicht dem usus der Angehörigen nur einer Gemeinde dienten. An den stehenden Gewässern war dagegen auch ein Eigentum einer Gemeinde möglich, wie aus l. un. § 7 D. ut in flumin. publ. nav. lic. 43, 14 erhellt.

Es bleibt nur noch die Frage zu erörtern, ob es nach römischem Recht im Gemeingebrauch stehende Privatflüsse geben konnte. Der Kreis der öffentlichen Flüsse ist sicher nicht so scharf gezogen gewesen, dafs nicht Wasserläufe dem Privateigentum verfallen wären, welche nach ihren natürlichen Eigenschaften dem Gemeingebrauch zu dienen vermocht hätten. Ein Gemeingebrauch an einem Privatflufs dürfte sich aber nur dann denken lassen, wenn der Gemeingebrauch entweder auf bestimmte Gebrauchsarten oder auf bestimmte Zeit beschränkt ist, so dafs das Privateigentum nicht des Inhalts gänzlich ermangelt. Würde ein Privatmann einen ihm gehörigen Flufs für immer dem unbeschränkten Gemeingebrauch freistellen, so würde hierin wohl ein Aufgeben des Eigentums zu Gunsten der Allgemeinheit zu erblicken sein. Dafs es solche Privatflüsse im Gemeingebrauch in der Wirklichkeit häufig gegeben hat, ist zu bezweifeln. Jedenfalls aber stellten sich solche privaten Wasserläufe in usu publico niemals als flumina publica dar; sie konnten vielmehr immer nur als fontes privati in usu publico gelten oder wegen des Gemeingebrauches allenfalls als fontes publici bezeichnet werden. Denn bei ihrem privaten Charakter konnten solche Wasserläufe niemals in Popularinterdikten, sondern immer nur in den gewöhnlichen, zum Schutz privater Sachen gegebenen Rechtsmitteln ihren Schutz finden; die Popularinterdikte beziehen sich aber auf die flumina publica schlechthin, von einer Beschränkung der Interdikte auf die im Eigentum des Staates befindlichen flumina oder von einer Scheidung der im Gemeingebrauch stehenden flumina in Staats- und Privatflüsse ist nirgends die Rede. Die für die flumina publica geltenden besonderen Rechtssätze können für private Wasserläufe in publico usu höchstens utiliter und nur insoweit zur Anwendung kommen, als es sich um das subjektive Recht des Einzelnen zum Gemeingebrauch handelt.

Fafst man die Ergebnisse der bisherigen Ausführungen zusammen, so stellen sich die Rechtsverhältnisse der Wasserläufe in folgender Weise dar. Von denjenigen Wasserläufen, welche nach allgemeiner Anschauung als Flüsse (flumina) galten, waren die beständigen (perennia) regelmäfsig öffentlich, die nichtbeständigen (torrentia) in gleicher Weise wie die kleinen nichtbeständigen (rivi in diesem Sinne) nichtöffentlich. Ebenso waren regelmäfsig nichtöffentlich die Wasserläufe, welche allgemein als Bäche (fontes) angesehen wurden. Die Rechtssprache bezeichnete aber jeden öffentlichen Wasserlauf als flumen und jeden beständigen nichtöffentlichen Wasserlauf als fons. Öffentliche Wasserläufe (flumina publica) waren solche, welche im Eigentum des Staates standen und dem Gemeingebrauch freigegeben waren. Die nichtöffentlichen Wasserläufe (flumina torrentia, fontes und rivi) konnten jedem Rechtssubjekt zugehören; regelmäfsig standen sie im Privateigentum. Wie bei allen Sachen und wie dies bei den flumina publica grundsätzlich der Fall ist, so brauchten auch bei den nichtöffentlichen Wasserläufen Eigentum und Nutzung nicht zusammenzufallen. Das Nutzungsrecht des Nichteigentümers konnte den ganzen Wasserlauf oder nur einen Teil desselben zum Gegenstand haben; es konnte die gesamte Nutzung umfassen oder sich nur auf eine bestimmte Nutzungsart beschränken.

2. So zahlreiche Vertreter nun auch die — soeben berichtigte — Ansicht gefunden hat, dafs die dem Gemeingebrauch dienenden Sachen im Eigentum des Staates stehen,

so haben doch viele Anhänger dieser Ansicht sich gerade der Annahme eines Staatseigentums an den öffentlichen Flüssen gegenüber ungläubig verhalten, weil dasselbe in wichtigen Konsequenzen nicht anerkannt würde. Die Sätze, wonach der alveus derelictus und die insula in flumine nata entweder den Uferanliegern anheimfallen oder herrenlos werden, liefsen sich, so meinte man, mit einem Eigentum des Staates am öffentlichen Flufs nicht in Einklang bringen. Allein dieses Argument hält bei näherer Betrachtung nicht im geringsten Stich.

Das Eigentum des Staates an den öffentlichen Flüssen wurde von den Römern nicht stets unter demselben Gesichtspunkte betrachtet. Ursprünglich waren jedenfalls die allgemeinen Grundsätze des Eigentums schlechthin und stets mafsgebend. Man liefs daher eine Änderung in den Eigentumsverhältnissen am Grund und Boden nicht eintreten, wenn der Flufs neues Gebiet einnahm oder altes verliefs. Erst später brach sich die Erkenntnis allgemein Bahn, dafs die Öffentlichkeit der einzelnen Flüsse nur wegen des gemeinen Nutzens, welchen das Gewässer zu gewähren vermag, angenommen ist. Die rechtliche Folge hiervon war, dafs man ein Eigentum des Staates nur, aber auch stets an demjenigen Grund und Boden anerkannte, welcher das Flufsbett bildete. Bei diesem Wechsel in der Betrachtung und Behandlung des Staatseigentums an den öffentlichen Flüssen ging man wahrscheinlich von Erwägungen folgender Art aus. Nicht menschliche Willkür, sondern die Natur hat die bedeutenderen Wasserläufe zum Gemeingebrauch bestimmt. Indem die Allgemeinheit sie dem Zugriff der Einzelnen entzieht und sich vorbehält, begreift sie nur ihre natürliche Bestimmung und erkennt sie als verbindlich an. Werden die natürlichen Eigenschaften, welche den Flufs zum Gemeingebrauch bestimmen, dem Flufs oder einzelnen seiner Teile von der Natur entzogen, so fällt mit dem Verlust seiner natürlichen Zweckbestimmung, welche zur Annahme seiner Öffentlichkeit führte, für die Allgemeinheit der Grund hinweg, an der rechtlich anerkannten Öffentlichkeit des Flusses weiter festzuhalten.

Anderen Sachen, wie z. B. den öffentlichen Wegen, ist dagegen ihre Zweckbestimmung durch den menschlichen Willen und menschliche Thätigkeit gegeben. Vermag daher ein im Eigentum des Staates stehender öffentlicher Weg seinem Zweck nicht mehr zu dienen, so geht damit das Eigentum des Staates an dem Orte, welchen der Weg einnimmt und die rechtliche Zweckbestimmung desselben nicht von selbst verloren, sondern nur auf Grund eines dahin gehenden Willensaktes[1]. Die besondere neue Auffassung des Staatseigentums an den öffentlichen Flüssen stellte sich in ihren rechtlichen Konsequenzen schon frühzeitig bei denjenigen Flüssen fest, welchen agri arcifinii benachbart waren. Bezüglich derjenigen Flüsse dagegen, welche durch limitierte Grenzen von den anliegenden Grundstücken getrennt waren, hielt man bis in die Zeit der klassischen Juristen an der alten Anschauung fest[2].

Dafs über den Charakter des Eigentums an den öffentlichen Flüssen im römischen Recht nicht immer eine gleiche

---

[1] Vgl. l. 2 D. de via publ. 43, 11; l. 14 § 1 D. quemadm. serv. amitt. 8, 6; l. 38 D. de A. R. D. 41, 1 (l. 6 § 3 D. de div. rer. 1, 8; l. 73 pr. D. de contr. emt. 18, 1). Selbst wenn die via publica von einem Flufs occupiert war, liefs man die Öffentlichkeit der via nicht von selbst untergehen (l. 38 D. l. c.). War eine via publica von einem Flufs eingenommen oder unter Trümmern begraben und war eine Wiedergewinnung der alten via nicht thunlich oder angemessen, so gewährte das römische Recht ein Expropriationsrecht gegenüber dem Nachbarn auf Hergabe des zur Anlegung einer neuen via erforderlichen Grundes und Bodens (l. 14 § 1 D. l. c.). In der Ausübung dieses Expropriationsrechtes wird regelmäfsig die Dereliktion der alten via liegen.

[2] Hin und wieder war mit dem Flusse auf beiden Uferseiten ein Landstrich von bestimmter Breite der Öffentlichkeit vorbehalten. Solange das Staatseigentum an diesen Ländereien bestand, konnte sich bei diesen Flüssen die Auffassung des Staatseigentums nicht ändern. Vgl. Frontinus, de controv. agr. lib. II (Lachm. Ausg. p. 51 v. 18 ff.); Aggenus Urbicus, comment. ad Front. lib. I de controv. (a. a. O. p. 17 v. 16 ff.); Hyginus, de condic. agr. (a. a. O. p. 120 v. 7 ff.) de gener. controv. (a. a. O. p. 125 v. 5 ff.); Siculus Flaccus, de condic. agr. (a. a. O. p. 157 v. 18 ff.).

Ansicht bestand, dies dürfte sich aus den Quellen noch nachweisen lassen. Das Alluvionsrecht war nach dem Bericht von Florentinus in l. 16 D. de A. R. D. 41, 1 schon zur Zeit des Trebatius für die nichtlimitierten an öffentlichen Flüssen liegenden Äcker anerkannt [1]. Nicht minder waren Labeo die Grundsätze über die Accession der insula in flumine nata bereits gang und gäbe, wie sich aus l. 65 § 2 D. de A. R. D. 41, 1 ergiebt. Wenn Labeo hier sagt:

> si qua insula in flumine publico proxima tuo fundo nata est, ea tua est,

so kann sich auch dies nur auf solche Flüsse beziehen, die von agri arcifinii begrenzt waren [2], da nach Ulpian zu Gunsten von agri limitati ein Anwachsen nicht stattfindet [3]. Andererseits aber war Labeo, wie Javolen in l. 24 pr. D. quib. mod. ususfr. 7, 4 berichtet, der Ansicht, daſs ein von einem öffentlichen Fluſs occupierter Garten nicht öffentlich, also ein Bestandteil des Flusses werde, sondern daſs er dem bisherigen Eigentümer verbleibe [4]. Labeo kann hier wohl nur den Fall im Auge gehabt haben, wo agri limitati an den Fluſs grenzten [5]. Denn wenn er die insula bei agri arcifinii den anliegenden Grundstücken anwachsen lieſs, so muſste er folgerichtig das Privateigentum an solchen Grundstücken untergehen lassen, welche vom Flusse eingenommen wurden [6]. Der Ansicht von Labeo, daſs bei einem limitierten Fluſsgebiet ein

---

[1] Vgl. Cicero, de orator. 1, 173.

[2] Vgl. Frontinus, lib. II de controv. agr. (Lachm. Ausgabe p. 55 v. 19 ff.).

[3] L. 1 § 6 D. de flum. 43, 12.

[4] Dagegen ging nach der Ansicht von Labeo durch die Occupation der Besitz verloren (l. 3 § 17 D. de acqu. v. amitt. poss. 41, 2).

[5] In der That wurde bei der abluvio (occupatio) ein solcher Unterschied zwischen agri arcifinii und limitati im älteren Recht gemacht. Vgl. Hyginus, de gener. controv. (Lachm. Ausg. p. 124 v. 3 ff.; p. 125 v. 19 ff.); Aggenus Urbicus, comment. ad Front. lib. I de controv. (a. a. O. p. 16 v. 25 ff.).

[6] Sucht sich ein öffentlicher Fluſs ein neues Bett, sei es indem er das alte verläſst und nur in dem neuen dahinströmt, sei es indem er

privater Garten, der vom Flufs occupiert wird, privat bleibt, tritt Javolen entgegen. Er verficht die neuere Ansicht [1], dafs nur bei einer Überschwemmung das bisherige Eigentum am überschwemmten Lande erhalten bleibe [2], während es bei einer dauernden Occupation durch den Flufs verloren gehe [3].

---

in beiden Flufsarmen dahinfliefst, so bleibt in beiden Fällen an dem zwischen den beiden Flufsbetten liegenden Grund und Boden das alte Eigentum bestehen (circumluvio). L. 7 § 4 D. de A. R. D. 41, 1; l. 1 C. de alluv. 7, 41. Vgl. l. 56 § 1 D. de A. R. D. 41, 1; Frontinus, de contr. agr. lib. II (a. a. O. v. 50 v. 8 ff.); Siculus Flaccus, de condic. agr. (a. a. O. p. 150 v. 24 ff.).

Nun wird das Recht der Alluvion nur bei allmählicher, kaum merklicher Anschwemmung anerkannt (vgl. § 20 I. de div. rer. 2, 1; l. 7 § 1 D. de A. R. D. 41, 1; l. 1 C. l. c. 7, 41). Es kann aber der Fall eintreten, dafs ein Flufs durch einen plötzlichen impetus nur teilweise den alveus verändert, indem er auf der einen Seite Land occupiert, auf der anderen einen Teil des alveus verläfst, oder indem er auf beiden Seiten Land wegreifst und aus dem alten alveus eine insula bildet. Für diesen Fall gewährte Cassius Longinus den durch die Occupation Geschädigten Ersatz in dem vom Flufs freigelassenen Grund und Boden. Vgl. Hyginus, de gener. controv. (a. a. O. p. 124 v. 11 ff.); Boethius, demonstr. art. geometr. (a. a. O. p. 399 v. 16 ff.).

Die von den Gromatici gebrauchten Worte flumen, torrens und rivus stehen nicht mit Rücksicht auf ihre juristische Bedeutung, wird doch selbst der Padus ein torrens genannt; sie bedeuten den öffentlichen Flufs.

[1] L. 1 § 7 D. de flumin. 43, 12.

[2] Vgl. § 24 I. de rer. div. 2, 1; l. 7 § 6 D. de A. R. D. 41, 1; l. 1 § 9 D. de flumin. 43, 12.

[3] Durch plötzlichen recessus fluminis wird das bisherige Privateigentum wiederhergestellt (vgl. l. 23 D. quib. mod. ususfr. 7, 4 und l. 30 § 3 D. de A. R. D. 41, 1), welche nicht eine blofse Überschwemmung zum Gegenstande haben. Was vom Eigentum an occupierten Grundstücken gilt, gilt auch von den Servituten (l. 23 D. l. c.). Javolen vertritt dagegen in l. 24 pr. § 1 D. l. c. die Ansicht, dafs durch recessus keine Restitution des Eigentums oder der Servituten stattfinde. Der Fall, den Javolen in l. 14 pr. D. quemadm. serv. amitt. 8, 6 berührt, liegt anders. Hier ist nur der Teil eines Grundstückes occupiert, durch welchen gerade die Servitut geschuldet wird; wird dieser Teil innerhalb der Verjährungszeit angespült (alluvio), so erhält sich die Servitut.

War Labeo nun wirklich der von Javolen ihm beigelegten Ansicht, so mufs man auch annehmen, dafs er bei agri limitati umgekehrt den alveus derelictus nicht in das Eigentum der Anlieger treten oder herrenlos werden, sondern öffentlich bleiben liefs. Dafs an dem alveus derelictus sich das Staatseigentum nach älterer Auffassung erhielt, ergiebt sich mit Sicherheit aus einer Äufserung von Frontinus in seiner Schrift de controversiis agrorum[1]. Frontinus bemerkt, wie bereits erwähnt, es bestehe eine controversia in dem Falle, wenn jemand loca publica sive populi Romani sive coloniarum municipiorumve, welche weder jemals assigniert noch verkauft worden wären, im Besitz habe, und führt als Beispiel hierfür zunächst den Fall an, dafs der Ufernachbar den alveus fluminis vetus populi Romani (derelictus) in Besitz genommen habe.

Dann aber ist es wiederum wahrscheinlich, dafs auch die insula in flumine nata und das vom Flufs angespülte Land, wenn der Flufs von agri limitati begrenzt war, im Eigentum des Staates verblieb. Hierauf könnte sich sehr wohl die sonst unerklärliche l. 65 § 4 D. de A. R. D. 41, 1 von Labeo beziehen, welche nicht nur mit den sonstigen Quellenzeugnissen, sondern auch mit der Äufserung des genannten Juristen im § 2 desselben Fragments in einem unlösbaren Widerspruch stehen würde. Es heifst hier folgendermafsen:

> Labeo libro eodem (libro VI Pithanon a Paulo epitomatorum): si id, quod in publico innatum aut aedificatum est, publicum est, insula quoque, quae in flumine publico nata est, publica esse debet.

Labeo würde dann erklärt haben, dafs in solchen Fällen, wo das Anwachsungsrecht nicht platzgreife, also wenn der Flufs von agri limitati begrenzt wird, eine insula in flumine publico nata gerade so öffentlich werden müsse, wie es an sonstigen

---

[1] Frontinus, lib. I de contr. agr. (Lachm. Ausg. p. 20 v. 7 ff.). Vgl. derselbe l. c. lib. II (a. a. O. p. 50 v. 8 ff.).

öffentlichen Orten Bauwerke oder natürliche Erzeugnisse würden. Auf diese mögliche Öffentlichkeit der Inseln würde vielleicht auch die Bemerkung von Labeo im § 1 des Fragments deuten:

si qua insula in flumine propria tua est, nihil in ea publici est.

In späterer Zeit machte sich dagegen eine andere Anschauung geltend. Man ging davon aus, dafs der Grund und Boden nur so weit öffentlich bleibe und öffentlich werde, als er vom Flufs bedeckt ist. Man erkannte, dafs der öffentliche Charakter des Flusses nur wegen des Gewässers angenommen sei. Diese Anschauung findet in mehreren Quellenstellen offenen Ausdruck und namentlich in ihrer strengen thatsächlichen Durchführung ihre volle Bestätigung. So erklärt Pomponius in l. 30 § 3 D. de A. R. D. 41, 1 [1], dafs der Flufs in derselben Weise, wie er Grund und Boden veröffentliche, wenn er denselben als Flufsbett einnehme, auch das Privateigentum wiederherstelle, wenn er sein neues Bett wieder verlasse:

Pomponius libro XXXIV ad Sabinum. — Alluvio agrum restituit eum, quem impetus fluminis totum abstulit. Itaque si ager, qui inter viam publicam et flumen fuit, inundatione fluminis occupatus esset, sive paulatim occupatus est, sive non paulatim, sed eodem impetu recessu fluminis restitutus ad pristinum dominum pertinet; flumina enim censitorum vice funguntur, ut ex privato in publicum addicant et ex publico in privatum. Itaque sicuti hic fundus, cum alveus fluminis factus esset, fuisset publicus, ita nunc privatus ejus esse debet, cujus antea fuit.

Auch von Ulpian wird in l. 1 § 7 D. de flumin. 43, 12 dieser Satz in allen seinen Konsequenzen anerkannt:

Ulpianus libro LXVIII ad Edictum. — Simili modo et si flumen alveum suum reliquit et alio fluere coeperit,

---

[1] Vgl. l. 30 § 1 D. eod.: . . . et ideo cum exsiccatus esset alveus, proximorum fit, quia jam populus eo non utitur.

quidquid in veteri alveo factum est, ad hoc interdictum non pertinet; non enim in flumine publico factum erit, quod est utriusque vicini; aut si limitatus est ager, occupantis alveus fiet, certe desinit esse publicus. Ille autem alveus, quem sibi flumen fecit, etsi privatus ante fuit, incipit tamen esse publicus, quia impossibile est, ut alveus fluminis publici non sit publicus.

Die Rechtsverhältnisse gestalteten sich nunmehr folgendermafsen. Waren dem Flufs agri arcifinii benachbart, so fand ebenso wie früher Alluvion und Anwachsen der insula und des alveus derelictus zu Gunsten der angrenzenden Grundstücke statt, während private Grundstücke durch Occupation öffentlich wurden. War dagegen der Flufs durch agri limitati begrenzt, so wurden nunmehr das angespülte Land, die insula und der alveus derelictus res nullius, während sie früher öffentlich blieben, vom Flufs occupierte private Grundstücke dagegen öffentlich, während sich früher das Privateigentum an ihnen erhielt.

Es dürfte sich aus diesen Ausführungen ergeben, dafs die Grundsätze über den alveus derelictus und die insula in flumine nata mit der Annahme eines Eigentums am Flufs keineswegs unverträglich sind.

3. Das Staatseigentum an den öffentlichen Flüssen erstreckt sich, wie nachgewiesen wurde, nicht blofs auf den Grund und Boden, welcher vom Wasser bedeckt ist, sondern auch auf das Wasser selbst. Die Öffentlichkeit besteht von der Quelle bis zur Mündung und keineswegs etwa blofs von dem Punkte an, wo der Flufs einen gröfseren Umfang annimmt. Sehr zweifelhaft ist das Rechtsverhältnis der Ufer, welche als Bestandteil des Flusses in derselben Weise angesehen werden müssen, wie es die litora für das Meer sind. Gaius erklärt in l. 5 pr. D. de div. rer. 1, 8, dafs die Flufsufer wohl dem usus publicus dienten, aber im Eigentum der Uferanlieger stünden, und diese Ansicht von Gaius hat auch in die Justinianeischen Institutionen Aufnahme gefunden[1].

---

[1] § 4 I. h. t. 2, 1.

Ebenso vertrat der jüngere Celsus, wie uns Pomponius in l. 30 § 1 D. de A. R. D. 41, 1 berichtet, die Ansicht, dafs ein Baum, welcher auf dem Ufer eines öffentlichen Flusses wachse, dem Eigentümer des dem Flusse benachbarten Grundstückes gehöre, weil auch der Grund und Boden des Ufers sein eigen sei.

> Celsus filius, si in ripa fluminis, quae secundum agrum meum sit, arbor nata sit, meam esse ait, quia solum ipsum meum privatum est, usus autem ejus publicus intellegitur; et ideo cum exsiccatus esset alveus, proximorum fit, quia jam populus eo non utitur.

Man ersieht freilich daraus zugleich, dafs das Eigentum der Flufsanlieger an den Ufern eines öffentlichen Flusses keineswegs aufser allem Zweifel stand; denn dafs ein Baum dem Eigentümer des Grundes und Bodens gehört, auf dem er gewachsen ist, dies hätte wohl Celsus schwerlich hervorzuheben brauchen. Im übrigen steht die Bemerkung von Celsus oder Pomponius, dafs der alveus derelictus den Uferanliegern anheimfalle, da er dem Gemeingebrauch nicht mehr diene, zu dem vorher Gesagten streng genommen im Widerspruch.

Wenn Paulus in l. 65 § 1 D. de A. R. D. 41, 1 die Flufs- und Meeresufer und in l. 3 pr. D. de flumin. 43, 12 die Flüsse und deren Ufer öffentlich nennt, so mag er dabei nur den usus publicus im Sinne gehabt haben. Für die erstere Stelle, in der Paulus zugleich die litora erwähnt, ist dies sogar sehr wahrscheinlich[1]. Bedenklicher erscheint dagegen die Sprache von l. 3 § 2 D. l. c., wo derselbe Jurist sagt (libro XVI ad Sabinum):

> Secundum ripas fluminum loca non omnia publica sunt, cum ripae cedant, ex quo primum a plano vergere incipit usque ad aquam.

Anstatt secundum ripas fluminum wird man wohl secundum

---

[1] Vgl. l. 112 D. de verb. signif. 50, 16 von Javolen über die Ufer des lacus publicus; auch diese sind öffentlich. Vgl. l. 12 D. de A. R. D. 41, 1 von Callistratus.

flumina lesen müssen, da sonst die Stelle unverständlich wäre. Es wird hier anscheinend gesagt, dafs die loca an den Flüssen nicht immer öffentlich zu sein brauchen, dafs sie es nämlich dann nicht sind, wenn die Ufer steil abfallen. Die Ufer würden sonach loca publica bilden, was mehr auf ein Eigentum des Staates hindeutet.

Aus demselben Buche zu Sabinus stammt ein anderes Fragment von Paulus, welches indirekt entnehmen läfst, dafs es neben den Flüssen öffentlichen und privaten Grund und Boden giebt. Paulus erklärt nämlich, dafs die Errichtung von Dämmen neben dem Flusse in privato die actio aquae pluviae arcendae begründet:

> L. 23 § 2 D. de aqu. et aqu. pl. arc. act. 39, 3: Aggeres juxta flumina in privato facti in arbitrium aquae pluviae arcendae veniunt, etiamsi trans flumen noceant; ita si memoria eorum extet et si fieri non debuerunt.

Auf die volle Öffentlichkeit der Flufsufer, d. h. auf ein Staatseigentum daran, weist ferner auch hin l. 4 D. de flumin. 43, 12, in welcher Scaevola folgendermafsen respondiert:

> Scaevola libro V Responsorum. — Quaesitum est, an is, qui in utraque ripa fluminis publici domus habeat, pontem privati juris facere potest? Respondit, non posse.

Es liegt in dieser Entscheidung die strenge Anerkennung des Satzes, dafs der Flufs publiziert. Die Öffentlichkeit der Ufer, auf welchen die Brücke fufst, und die Öffentlichkeit des Flusses, über welchen sie führt, mufs auch die Brücke naturgemäfs öffentlich machen. Aber, so entscheidet Scaevola, die Brücke kann auch dann nicht privati juris werden, wenn der Erbauer auf beiden Flufsufern Häuser errichtet hat und sonach die Ufer zu seinen Privatzwecken benutzt. Denn Eigentum kann der Erbauer eines Gebäudes auf dem Flufsufer an diesem nicht dadurch erwerben, da die Flufsufer im Gegensatz zu den litora maris im Eigentum des Staates stehen.

Diesen letzteren Satz hat Neratius wahrscheinlich ausdrücken wollen, wenn er in l. 15 D. de A. R. D. 41, 1 sagt:

Neratius libro V Regularum. — Qui autem in ripa fluminis aedificat, non suum facit.

Stände das Flufsufer im Eigentum des Uferanliegers, so würde Neratius dies wohl schwerlich hervorgehoben haben. Auch mufs man wohl bedenken, dafs es doch gewöhnlich der Uferanlieger sein wird, der auf dem Flufs- oder Meeresufer Gebäude errichtet. Ob freilich die angenommene Bedeutung dem Fragment auch im Sinne der Kompilation zukommt, mag im Hinblick auf l. 14 D. eod. dahingestellt bleiben.

Weiterhin mufs nach l. 15 § 2 D. de damn. inf. 39, 2 für ein auf dem Ufer eines öffentlichen Flusses vorzunehmendes opus, aus dem Schaden zu befürchten ist, Satisdation geleistet werden, weil es in alieno stattfindet. Diese Begründung würde für den Fall offenbar nicht zutreffen, wenn der Uferanlieger selbst etwas auf dem Ufer vornehmen will.

Vor allem aber erscheint das Bestehen eines Eigentums der Flufsanlieger an den Ufern der öffentlichen Flüsse durchaus nicht konsequent, weil sie einen Bestandteil des Flusses bilden. Dazu kommt, dafs jenem Eigentum der Uferanlieger ein gröfserer Wert wegen des unabänderlich an dem Ufer bestehenden allgemeinen Gebrauchsrechtes mangeln würde. Aus allen diesen Gründen mufs man annehmen, dafs nach der in der klassischen Zeit herrschenden Rechtsanschauung auch die Ufer des öffentlichen Flusses im Staatseigentum standen. Dafs dies für das Justinianeische Recht nicht gilt, ergiebt sich aus der in den Institutionen enthaltenen Bemerkung und aus der Thatsache, dafs alle das Gegenteil besagenden Stellen in möglichst indifferenter Form in die Digesten Aufnahme gefunden haben.

Drittes Kapitel.

Die Rechtsverhältnisse der Wasserläufe.

§ 5. Die Rechtsverhältnisse der öffentlichen Flüsse.

Die Rechtsverhältnisse der öffentlichen Flüsse bedürfen nach drei Richtungen einer näheren Erörterung. Es ist zunächst zu prüfen, welcher Rechtsschutz den öffentlichen Flüssen selbst zuteilwird. Es ist ferner der usus publicus auf seinen Umfang und den ihm gewährten Schutz zu untersuchen, und endlich ist festzustellen, welchen Rechtsmitteln die Schädigung eines Dritten in der Nutzung eines Flusses oder durch den Flufs unterliegt.

1. Die dem Rechtsschutz der öffentlichen Flüsse dienenden Rechtsmittel bestehen in den Interdikten von tit. Dig. 43, 12 und 13 und in der operis novi nuntiatio, welche sämtlich popularen Charakter an sich tragen, jedem Bürger grundsätzlich zustehen. Das römische Recht hat zunächst dafür Sorge getragen, dafs der Lauf des Flusses keine Veränderung erfahre. Es verbietet jede Veranstaltung in dem Flusse oder auf dem Ufer desselben, infolge deren das Wasser anders fliefst, als es im vergangenen Sommer geflossen ist, und gewährt zufolgedessen ein prohibitorisches und ein restitutorisches Interdikt[1]. Ulpian erklärt in l. 1 § 3 ne quid

[1] Tit. Dig. ne quid in flum. publ. fiat, quo aliter aqua fluat 43, 13.

in flum. publ. fiat 43, 13 ausdrücklich, dafs das Interdikt dann nicht platzgreift, wenn lediglich eine Veränderung in der Quantität des fliefsenden Wassers erfolgt. Wasserableitungen würden daher dem Interdikt nicht unterliegen, Wasserzuleitungen dagegen nur dann, wenn sie einen solchen Umfang haben, dafs die Flüsse infolgedessen anschwellen, also ihre Ufer verändern. Auf die Zuleitungen wird man die Bemerkung von Ulpian in l. un. § 1 D. l. c. beziehen müssen[1].

Äufserst befremden mufs es, dafs in l. un. §§ 1, 3, 4 und 5 D. l. c. wiederholt auf die Benachteiligung der Anwohner durch die Veranstaltung Bezug genommen, und dafs diese Schädigung sogar als Bedingung für das Interdikt hingestellt wird. Mit dem popularen Charakter des Interdiktes[2] scheint dies kaum verträglich zu sein, in dem Wortlaut desselben ist davon nicht im geringsten die Rede, und für die etwa benachteiligten Anwohner hat diese Bedingung keine erhebliche Bedeutung, da sie mit dem Popularinterdikt jedenfalls nicht Schadensersatz verlangen können[3]. Nicht recht

---

[1] Derivare hat auch die Bedeutung von Wegleiten von Wasser, um es los zu werden. Vgl. l. 1 § 10 D. de aqu. et aqu. pl. arc. 39, 3 und namentlich l. 29 D. de serv. pr. rust. 8, 3.

[2] L. un. § 9 D. l. c.

[3] Von einer Verpflichtung zum Ersatz des dem Kläger persönlich entstandenen Schadens ist bei den Popularinterdikten nirgends die Rede. Eine derartige Verquickung der öffentlichen Interessen und derjenigen eines Einzelnen ist keineswegs wahrscheinlich. Die Wahrnehmung des öffentlichen Interesses durch Popularklagen kann thatsächlich den Privatinteressen zu gute kommen und ebenso umgekehrt. Wenn in l. 2 §§ 34 und 44 D. ne quid in loco publ. 43, 8 von einer condemnatio auf das Interesse des Klägers die Rede ist, so kann darunter das Privatinteresse des Popularklägers nicht verstanden werden, weil es an diesem auch fehlen kann. Es ist nicht unwahrscheinlich, dafs mit der Durchführung der Klage der Popularkläger selbst zur Verwirklichung des Interesses verbunden wurde, welches er wahrgenommen hatte, d. h. er mufste z. B. den Weg wiederherstellen, falls es der Beklagte nicht that (vgl. l. 2 § 43 D. eod.). Der durch die Veranstaltung eines Anderen in loco publico Geschädigte hat sichere Rechtsmittel bereits in dem privaten Interdikt von l. 2 pr.

begreiflich ist es weiterhin, inwiefern die Umänderung eines bedeckten Wasserleitungskanals in einen offenen oder umgekehrt die eines offenen in einen bedeckten eine Veränderung des öffentlichen Wasserlaufes mit sich bringen könnte[1], und ebensowenig ist dies hinsichtlich der Einrichtung oder Veränderung eines incile zu ersehen[2]. An Ableitungsgräben oder Kanäle kann wegen der oben erwähnten Äufserung von Ulpian in l. un. § 3 D. l. c. von vornherein nicht gedacht werden, bei Zuleitungsgräben aber kann, so will es scheinen, höchstens die Neueinrichtung, nicht aber eine Umgestaltung derselben eine Veränderung des Wasserlaufes zur Folge haben. Wohl aber können derartige Veranstaltungen den Anwohnern Schaden bringen, worauf in den in Rede stehenden Stellen auch Bezug genommen wird. Wenn Ulpian endlich in l. un. §§ 6, 7 l. c. untersucht, ob bei einer zum Schutz der Ufer unternommenen Veranstaltung, welche eine Veränderung des Wasserlaufes zur Folge hat, gegenüber dem Interdikt eine exceptio zu gewähren ist, so kommt er allerdings zu einem bejahenden Ergebnis für den Fall, wenn die Veranstaltung den Anwohnern keinen Schaden bringt. Allein gerade daraus, dafs es bei Nichtschädigung der Anwohner einer exceptio bedarf, um das Interdikt unwirksam zu machen, geht ja mit völliger Sicherheit hervor, dafs die Benachteiligung der Anwohner nicht zu den Voraussetzungen des Interdiktes gehört. Wenn Ulpian auf die Benachteiligung der Anwohner Rücksicht nimmt, so will er damit nur dem Gedanken Ausdruck geben, dafs niemand in einer an sich unrechtmäfsigen Handlung geschützt werden dürfe, wenn diese Anderen zum Nachteil gereicht.

Hieraus ergiebt sich also, dafs l. un. §§ 4 und 5 D. l. c. gänzlich von den Kompilatoren eingeschoben sind und dafs die §§ 1 und 3 des Fragments auf Interpolation beruhen,

---

D. l. c. und anderen Klagen; es wäre wunderbar, wenn daneben noch Popularinterdikte bestanden hätten, welche zwar zur Erreichung des nämlichen Zweckes dienten, die aber dem Geschädigten keineswegs notwendig gegeben zu werden brauchten.

[1] L. un. § 4 D. l. c.

[2] L. un. § 5 D. l. c.

soweit sie von einer Benachteiligung der Nachbarn oder Anwohner sprechen. Es geht diese Fälschung Hand in Hand mit einer anderen. Das Interdikt von l. 2 pr. D. ne quid in loco publ. 43, 8 bezieht sich nämlich auf alle loca publica, welche dem usus publicus bestimmt sind[1]. In der Definition der loca publica durch Labeo, welche Ulpian in l. 2 § 3 D. l. c. wiedergiebt, und in der weiteren Erörterung dieses Interdiktes durch Ulpian werden aber die flumina publica nirgends erwähnt, und es hat sich daher allgemein die Annahme gebildet, dafs das Interdikt sich nicht auf sie beziehe. Nun gehören die flumina publica einmal unstreitig zu den loca publica[2]. Ein besonderes Interdikt zu Gunsten desjenigen, welcher durch eine Veranstaltung in einem öffentlichen Flufs oder auf dem Ufer desselben Schaden leidet, ist fernerhin nicht aufgestellt, und für eine ungleichartige Behandlung der flumina publica gegenüber den anderen loca publica fehlt es an jedem stichhaltigen Grunde. Mufs aus diesen allgemeinen Gründen schon angenommen werden, dafs das Interdikt auch in Ansehung der flumina publica platzgreift, so geht die ursprüngliche Anwendbarkeit des Interdiktes auf dieselben aus der Thatsache sicher hervor, dafs das Interdikt nach l. 2 § 8 D. l. c. sogar als utile gegeben wird, wenn jemand durch Anlagen im Meer oder auf dem Meeresufer geschädigt wird. Der Nichterwähnung der flumina publica liegt also eine systematische Interpolation zu Grunde. In der Definition des locus publicus durch Labeo haben sicher auch die flumina publica ihre Stelle gefunden; sie sind nur in dem Fragment ebenso wie alle Stellen, welche auf sie Bezug hatten und zu denen l. un. §§ 4 und 5 D. ne quid in loco publ. 43, 8 jedenfalls gehörten, von den Kompilatoren aus der Ausführung von Ulpian ausgelassen worden. Zu diesen Interpolationen mögen aber die Kompilatoren durch die Meinung veranlafst worden sein, dafs dem durch eine Veranstaltung in flumine publico

[1] Vgl. l. 2 § 5 D. eod.

[2] Vgl. l. 15 §§ 2 ff., l. 24 pr. D. de damn. infecto 39, 3; l. 45 pr. D. de usurp. 41, 3.

Geschädigten in den Interdikten von tit. Dig. 43, 13 bereits ein hinreichender Schutz zur Seite stehe. Diese völlig irrige Meinung ist aber wahrscheinlich wieder dadurch hervorgerufen worden, dafs Ulpian in l. un. §§ 6 ff. l. c. auf die Schädigung Anderer Rücksicht nimmt.

Die Interdikte von tit. Dig. 43, 13 bezwecken nun aber lediglich die Erhaltung des Wasserlaufes in seiner bisherigen Gestalt. Es ist also namentlich jede Veränderung des Flufsbettes unstatthaft; es darf weder dem Flusse ein neues Bett geschaffen noch darf das alte durch Abgrenzungen geschmälert werden. Allein auch Erweiterungen des Flufsbettes müssen, falls sie nicht den Lauf des Flusses bessern sollen, unter das Interdikt fallen. Es müssen weiterhin als unzulässig betrachtet werden alle Abflachungen des Ufers, welche dem Wasser eine andere Richtung geben, und alle Erhöhungen und Befestigungen desselben, welche das Wasser von Orten, welche es regelmäfsig einzunehmen pflegte, abhalten sollen, falls sie eine Schädigung Anderer zur Folge haben. Es unterliegen dem Interdikt aber auch solche Veranstaltungen, welche durch eine starke Zuführung von Wasser das Flufsbett erweitern.

Das römische Recht kennt ferner zwei Popularinterdikte, ein prohibitorisches und ein restitutorisches, welche die Schiffbarkeit der Flüsse zu erhalten bestimmt sind. Es verbietet jede Veranstaltung in einem öffentlichen Flusse oder auf dem Ufer eines solchen, welche die Ankerplätze und den Schiffahrtsweg verschlechtern[1]. Den gleichen Schutz wie die Schiffahrt geniefst die Flöfserei[2]. Zu den hiernach unzulässigen Veranstaltungen gehören alle diejenigen, welche die Schiffahrt erschweren oder verhindern oder den Schiffahrtsverkehr vermindern oder für kürzere Zeit wie früher zulassen[3]. Unstatthaft ist insbesondere die Ableitung von

---

[1] L. 1 pr. § 19 D. de flumin. 43, 12. Das Interdikt wird zu Gunsten der Schiffahrt im Meer utiliter gegeben. Vgl. 1 § 17 D. eod.

[2] L. 1 § 14 D. eod.

[3] L. 1 §§ 14, 15 D. eod.

Wasser, welche ein bemerkliches Herabsinken des Wasserstandes bewirkt und dadurch die Schiffahrt verschlechtert[1]. Selbst eine zum Zwecke des Uferschutzes vorgenommene Veranstaltung fällt in den Bereich der Interdikte, falls sie die Schiffahrt beeinträchtigt; eine exceptio will Labeo in diesem Falle nur dann gewähren, wenn der Unternehmer der Veranstaltung sich innerhalb der Grenzen der ihm gegebenen Erlaubnis bewegt hat[2].

Die die Schiffahrt beeinträchtigende Veranstaltung mufs fernerhin in einem öffentlichen Flusse oder auf dem Ufer eines solchen erfolgen. Es unterliegt daher den Interdikten von tit. Dig. 43, 12 nicht eine solche Mafsnahme, welche in einem flumen privatum[3] oder welche auf privatem Grund und Boden am Ufer eines öffentlichen Flusses stattfindet[4]. Die Interdikte treffen weiterhin nur solche Veranstaltungen in einem öffentlichen Flusse oder auf dem Ufer eines solchen, welche die Schiffahrt oder Flöfserei in diesem selben Flusse schädigen; sie zielen also nur auf opera in schiffbaren oder flöfsbaren öffentlichen Flüssen ab[5]. Unter dieser Mafsgabe beziehen sie sich aber auf den Flufs in seiner Gesamtheit, mag er auch nur zum kleineren Teile schiffbar sein, mag das opus an der Quelle oder an der Mündung, in einem schiffbaren oder einem nichtschiffbaren Teile geschehen. Die Interdikte greifen also an sich nicht platz, wenn die Veranstaltung in einem nichtschiffbaren flumen publicum stattfindet und die Schiffahrt in einem anderen schiffbaren flumen publicum beeinträchtigt, in welches jener Flufs einmündet.

Nicht klar ersichtlich ist es auf den ersten Blick, auf welche Fälle sich ein von Labeo zu den in Rede stehenden Interdikten utiliter gegebenes Interdikt bezieht:

L. 1 § 12 D. l. c.: Non autem omne, quod in flumine publico ripave fit, coërcet Praetor, sed si quid fiat, quo

[1] L. 1 §§ 15, 22 D. eod.
[2] L. 1 § 16 D. eod.
[3] L. 1 §§ 4, 10 D. eod.
[4] L. 1 § 10 D. eod.
[5] L. 1 § 12 D. eod.

deterior statio et navigatio fiat. Ergo hoc interdictum ad ea tantum flumina publica pertinet, quae sunt navigabilia, ad cetera non pertinet. Sed Labeo scribit, non esse iniquum, etiam, si quid in eo flumine, quod navigabile non sit, fiat, ut exarescat vel aquae cursus impediatur, utile interdictum competere, ne vis ei fiat, quominus id opus, quod in alveo fluminis ripave ita factum sit, ut iter cursus fluminis deterior sit fiat, tollere demoliri purgare restituere viri boni arbitratu possit.

L. 1 § 17 D. eod.: Si in mari aliquid fiat, Labeo ait, competere tale interdictum: ne quid in mari inve litore, quo portus statio iterve navigio deterius fiat. § 18. Sed et si in flumine publico, non tamen navigabili fiat, idem putat.

Die gewöhnliche Ansicht geht dahin, Labeo habe auch die nichtschiffbaren Flüsse durch dieses Interdikt gegen solche Veranstaltungen schützen wollen, welche den Lauf des Flusses, insbesondere durch Stauwerke oder starke Wasserableitungen, beeinträchtigen. Gegen diese Auffassung spricht zunächst der gewichtige Grund, dafs sich dann für das Interdikt eine einigermafsen sichere Grenze des Anwendungsgebietes nicht finden läfst. Die Wasserleitungen, wie sie in umfassender Weise von den Alten zum Zwecke der Bewässerung geübt wurden, müssen ja notwendig häufig den Lauf der kleineren nichtschiffbaren Flüsse geschädigt, wenn nicht sogar vernichtet haben[1]. Auch läfst sich mit Recht geltend machen, dafs Labeo mit dem Interdikt eine Bevorzugung der nichtschiffbaren Flüsse vor den schiffbaren geschaffen hätte, indem bei den letzteren nur eine die Schiffahrt beeinträchtigende Veranstaltung, bei den ersteren dagegen schon eine den Lauf des Flusses störende ein Interdikt wachriefe. Ferner würde die analoge Anwendung des eigentlichen Interdiktes durch Labeo eine sehr weitgehende sein, weil das interdictum utile sich einmal nicht auf Veranstaltungen in schiffbaren öffentlichen Flüssen, sondern in nichtschiffbaren bezöge und weil es

[1] Ovid, Remed. Amor. v. 445:
grandia per multos tenuantur flumina rivos.

aufserdem nicht die Schädigung der Schiffahrt, sondern schon die Schädigung des Wasserlaufes träfe.

Nun findet sich eigentümlicherweise der dem Labeo in l. 1 § 12 D. cit. zugeschriebene Abschnitt, welcher von einem analogen restitutorischen Interdikt handelt, in der Erörterung von Ulpian über das prohibitorische Interdikt. Wird man hiernach annehmen können, dafs die Äufserung von Labeo erst von den Kompilatoren an dieser Stelle eingefügt worden ist, so ist auch die Vermutung nicht unbegründet, dafs sie nicht in unveränderter Weise wiedergegeben ist. Fafst man dem gegenüber l. 1 § 18 D. cit. unter Berücksichtigung des Inhalts des vorhergehenden Paragraphen ins Auge, so würde danach Labeo ein prohibitorisches Interdikt in dem Falle gewähren, wenn durch eine Veranstaltung in einem öffentlichen nichtschiffbaren Flufs die Schiffahrt beeinträchtigt wird. Damit dürfte die Bedeutung des von Labeo gegebenen interdictum utile aufgeklärt sein. Es liegt auf der Hand, dafs viele öffentliche Flüsse ihre Schiffbarkeit dem Einströmen von öffentlichen Flüssen verdanken, welche selbst nicht schiffbar sind, und dafs Veranstaltungen in diesen letzteren Flüssen der Schiffahrt ebenfalls schädlich sein können. Die in dieser Weise erfolgenden Beeinträchtigungen der Schiffahrt, welche den durch das Prätorische Edikt gegebenen Interdikten nicht unterliegen, wenn auch nach ihrem Wortlaut unterliegen könnten, sollen durch das prohibitorische interdictum utile des Labeo getroffen werden. Dann aber wird man auch dem restitutorischen Interdikt von l. 1 § 12 D. cit. eine gleiche Bedeutung beimessen müssen, und dies erscheint nach dem Zusammenhang, in welchem es erwähnt wird, auch sehr wohl möglich. Ulpian hebt zunächst hervor, dafs nach dem Interdikt nur solche Veranstaltungen in einem öffentlichen Flusse unzulässig sind, welche die Schiffahrt schädigen, und dafs sich das Interdikt demzufolge nur auf schiffbare öffentliche Flüsse, nicht dagegen auf nichtschiffbare beziehe. Mit dieser Folgerung kann nun Ulpian offenbar nicht sagen wollen, dafs das Interdikt nur dann platzgreife, wenn die Schädigung der Schiffahrt in einem schiffbaren

Flusse erfolgt, weil dies ja selbstverständlich ist, und die Äufserung daher im höchsten Grade banal wäre. Er kann vielmehr nur meinen, dafs nur Veranstaltungen in schiffbaren Flüssen, welche die Schiffahrt gefährden, dem Interdikt unterliegen, nicht dagegen Veranstaltungen in nichtschiffbaren öffentlichen Flüssen, welche die Schiffahrt in schiffbaren öffentlichen Flüssen bedrohen. Wenn nun nach dem sich an diese Bemerkung von Ulpian anschliefsenden Satz Labeo ein interdictum utile bei Veranstaltungen in nichtschiffbaren Flüssen gewähren will, so mufs man als erste Voraussetzung für die Anwendbarkeit dieses Interdiktes unterstellen, dafs durch die Veranstaltung die Schiffahrt in einem anderen öffentlichen Flusse beeinträchtigt wird. Der Wortlaut des von Labeo gewährten restitutorischen Interdiktes kann freilich mit dem in den Digesten überlieferten nicht übereingestimmt haben. Dafs das Interdikt von den Kompilatoren nur verstümmelt wiedergegeben ist, ergiebt sich schon daraus, dafs in ihm die nach dem Vorhergehenden unabweisliche Bezugnahme auf ein flumen non navigabile fehlt. Das restitutorische Interdikt des Labeo war sicher das Gegenstück zu dem in l. 1 § 18 D. cit. erwähnten prohibitorischen. Dafs das erstere nicht auf Restitution des die Schiffahrt schädigenden Werkes, sondern nur auf Duldung der Restitution abzielt, ist leicht erklärlich. Labeo hielt es nicht für angemessen, ein Interdikt aufzustellen, welches durch die Verpflichtung der Restitution jemanden absolut schädigte, der eine nach dem Prätorischen Edikt nicht verbotene Veranstaltung getroffen hatte; in der Prohibition und der Duldung der Restitution ist ja eine direkte Schädigung nicht enthalten. Zu beachten ist bei der ganzen Frage, dafs nach Pomponius und Ulpian[1] Ableitungen aus einem flumen, durch dessen Einfliefsen ein anderes flumen schiffbar wird, überhaupt nicht gestattet sein sollen[2].

[1] L. 2 D. de flumin. 43, 12; l. 10 § 2 D. de aqu. et aqu. pl. arc. 39, 3. In der letzteren Stelle spricht Ulpian für sich den obigen Satz aus; er giebt dagegen nicht eine Ansicht des Labeo wieder.

[2] Die angegebene Bedeutung von l. 1 §§ 12, 18 D. cit. hat

Gegenüber jeder Veranstaltung in einem öffentlichen Flusse oder auf dem Ufer eines solchen, welche an sich Gegenstand einer operis novi nuntiatio sein kann, ist aufserdem dieses Rechtsmittel am Platze, falls die Veranstaltung gegen die auf die öffentlichen Flüsse bezüglichen leges, senatusconsulta oder edicta principum verstöfst[1]. Die operis novi nuntiatio trägt hier einen popularen Charakter wie die Interdikte, sie steht jedem Bürger zu[2]. Zu den Werken, welche sowohl den Interdikten wie auch der popularen operis novi nuntiatio unterliegen können, gehört wahrscheinlich auch das Bauen auf dem Ufer des Flusses. Bauten im Meer oder auf dem Meeresufer unterliegen dagegen der operis novi nuntiatio ex causa publica nicht, sondern nur wegen zu befürchtenden Schadens für einen Einzelnen[3].

2. Dem an den öffentlichen Flüssen grundsätzlich bestehenden Gemeingebrauch sind einmal nach der objektiven Seite hin Schranken gezogen, insofern als entweder rechtlich einzelne Benutzungsarten unzulässig oder thatsächlich nur einem beschränkten Personenkreise möglich sind, sodann aber auch nach der subjektiven Seite hin, indem ein objektiv zulässiger usus dem Einzelnen versagt ist. Es sei zunächst der usus publicus nach seiner objektiven Seite hin einer kurzen Prüfung unterworfen.

a) Von den Benutzungsarten der öffentlichen Flüsse, welche die Substanz des Gewässers unberührt lassen, war die wichtigste und bei den Römern am meisten geübte die Schifffahrt und Flöfserei. Sie war durch die Popularinterdikte von tit. Dig. 43, 12 gewährleistet, sie ging allen anderen

zuerst Ubbelohde vertreten (bei Glück Serie der Bücher 43. 44 Tl. 4 S. 495 ff.).

[1] Vgl. l. 1 § 17, l. 5 § 9, l. 8 § 3 D. de op. n. n. 39, 1.

[2] Vgl. l. 3 § 4 D. eod.

[3] Vgl. l. 1 § 18 D. eod. Das Bauen auf dem Ufer des Flusses wird wohl nicht schlechthin verboten gewesen sein; dann wäre freilich auch die operis novi nuntiatio immer am Platze gewesen. Anders war dies beim Bauen an öffentlichen Orten in der Stadt (vgl. l. 2 § 17, l. 7 D. ne quid in loco publ. 43, 8).

Arten des Gemeingebrauches vor und war wohl unbeschränkt zulässig. Die Benutzung zum Baden und Waschen war wahrscheinlich stets gestattet, es müfste denn das Wasser des Flusses für den menschlichen Genufs in Anspruch genommen gewesen sein.

Was die Benutzung der Erzeugnisse eines Flusses anlangt, so haben hinsichtlich der Fischerei in öffentlichen Flüssen im römischen Recht verschiedenartige Rechtsverhältnisse bestanden. Die Fischerei in den lacus und stagna war mitunter vom Staat oder von den Gemeinden verpachtet, wie aus l. un. § 7 D. ut in flumin. publ. navig. lic. 43, 14 hervorgeht, und es liegt kein Grund vor, für die öffentlichen Flüsse nicht ein gleiches anzunehmen. Verpachtete der Staat die Fischerei in einem Flusse, so hob er damit den Gemeingebrauch nach dieser Richtung hin auf; die Fischerei stand nur dem Pächter zu. Der Pächter hatte zum Schutze seiner Nutzniefsung (fructus) das allgemeine Interdikt der l. 1 pr. D. de loco publ. fruendo 43, 9[1]. Aufserdem wurde ihm zum Schutze der Ausübung der Fischerei von der Rechtswissenschaft auf Grund der Autorität von Labeo das Interdikt von l. un. pr. D. ut in flum. publ. navig. lic. 43, 14 als utile gegeben. Der Unterschied zwischen beiden Interdikten besteht darin, dafs das erstere dem Schutz des Fischereirechtes diente und mit ihm jeder Eingriff in dasselbe seitens eines Dritten, z. B. durch Ausübung der Fischerei, abgewehrt werden konnte, während das letztere Interdikt bezweckte, jede thatsächliche Behinderung der Fischerei durch einen Dritten zu beseitigen.

Machte der Staat von dem ihm zustehenden Verpachtungsrecht keinen Gebrauch, so stand das Recht zu fischen grundsätzlich jedermann zu. Häufig werden sich aber einzelne Privatpersonen in der Weise der Fischerei bemächtigt haben, dafs sie dieselbe nicht blofs zur Deckung des persönlichen oder eigenen wirtschaftlichen Bedarfs, sondern des ususfructus halber ausübten. Bei dieser gewerbsmäfsigen Ausübung waren

[1] Vgl. l. 13 § 7 D. de injur. 47, 10.

Streitigkeiten unausbleiblich, zu deren Ausgleichung es an Rechtsvorschriften fehlte, sofern der ususfructus des Einzelnen auf einem Rechte nicht beruhte. Freilich vermochte der Staat als Eigentümer jederzeit über das Recht der Fischerei in einem Flusse oder in einzelnen Teilen desselben beliebig zu verfügen. Enthielt er sich aber in der Wirklichkeit dieses Rechtes, so mufsten Rechtssätze gefunden werden, welche bei Fehlen eines Rechtes seitens der Prätendenten einen billigen Ausgleich der Interessen gewährleisteten. Diese Rechtssätze konnten naturgemäfs nur auf den thatsächlich bestehenden Verhältnissen fufsen. Die Rechtswissenschaft schützte nun jeden, der während mehrerer Jahre die Fischerei an einer bestimmten Stelle eines Flusses allein ausgeübt hatte, und gab ihm das Recht, jedem Anderen die Fischerei zu untersagen. Dies geht aus l. 7 D. de divers. temp. praescr. 44, 3 von Marcian klar hervor:

> Marcianus libro III Institutionum. — Si quisquam in fluminis publici deverticulo solus pluribus annis piscatus sit, alterum eodem jure uti probibet.

Hiermit steht l. 45 pr. D. de usurp. et usucap. 41, 3 keineswegs im Widerspruch, wie allgemein behauptet worden ist:

> Papinianus libro X Responsorum. — Praescriptio longae possessionis ad obtinenda loca juris gentium publica concedi non solet; quod ita procedit, si quis aedificio funditus diruto, quod in litore posuerat, aut dereliquerat aedificium, alterius postea eodem loco exstructo occupantis datam exceptionem opponat, vel si quis, quod in fluminis publici deverticulo solus pluribus annis piscatus sit, alterum eodem jure prohibeat.

Es wurde an anderer Stelle ausgeführt, dafs an dem Meeresufer nur dann Eigentum zur Entstehung gelangt, wenn ihm dieser Charakter durch Aufführung von Bauwerken genommen wird, und dafs das Eigentum nur so lange erhalten bleibt, als das Bauwerk besteht, oder als der Eigentümer den Willen hat, dasselbe zu beherrschen. Stürzt daher das Gebäude zusammen und errichtet er kein neues, oder überläfst er es dem Einfall, so geht sein Eigentum verloren und auf Grund des innegehabten Besitzes steht ihm eine praescriptio longae possessionis gegen denjenigen, welcher an derselben Stelle ein Gebäude neu aufrichtet, nicht zur Seite. Diesem Fall wird von Papinian der Fall verglichen, wenn jemand mehrere Jahre in dem Seitenarm eines Flusses gefischt hat; auch er soll einem Anderen die Fischerei an demselben Ort nicht untersagen dürfen. Allein wie dort das Aufgeben des Gebäudes die Voraussetzung bildet, mufs hier selbstverständlich vorausgesetzt werden, dafs derjenige, der ursprünglich die Fischerei mehrere Jahre in dem Seitenarm des Flusses ausgeübt hatte, sie dann aufgegeben hat. Dann kann er, meint Papinian, auf Grund der Thatsache, dafs er die Fischerei früher innehatte, einen Anderen an ihr nicht mehr hindern.

Auch das Wasser der öffentlichen Flüsse stand grundsätzlich im usus publicus. Es durfte also jedermann soviel Wasser aus dem Flusse entnehmen und verwenden, als zu seinem eigenen sei es persönlichen oder wirtschaftlichen Bedarf erforderlich war. Manche Arten der Wasserbenutzung, wie das Schöpfen mittels Gefäfsen und die Viehtränke, werden stets und unbeschränkt zulässig gewesen sein, weil der Wasserverbrauch hierbei nur geringfügig ist. Anders lag dies dagegen bei solchen Anstalten, welche dem Flufs dauernd Wasser in gröfseren Quantitäten zu entziehen geeignet sind, wie bei der Wasserableitung mittels Kanälen oder Wasserhebewerken (rotae)[1]. Sie waren unzulässig und unterlagen der Anfechtung durch die Popularinterdikte von tit. Dig. 43, 12, sofern durch die Entziehung des Wassers die Schiffahrt beeinträchtigt wurde. Indessen ist es bei diesem bedingten Rechtssatz der Interdikte nicht geblieben, welcher noch die Möglichkeit einer Wasserableitung offen liefs. Es ist vielmehr durch direkte Vorschriften die Frage geregelt worden, aus welchen Flüssen eine Wasserableitung stattfinden

---

[1] L. 2 D. comm. praed. 8, 4; l. 40 § 6 D. de contr. emt. 18, 1. Vgl. Vitruvius, de architectura 10, 9 ff.

darf, wobei nicht blofs der Gesichtspunkt der Schiffbarkeit eines Flusses bestimmend gewesen ist. In l. 2 D. de flumin. 43, 12 heifst es:

> Pomponius libro XXXIV ad Sabinum. — Quominus ex publico flumine ducatur aqua, nihil impedit, nisi Imperator aut Senatus vetet, si modo ea aqua in usu publico non erit; sed si aut navigabile est aut ex eo aliud navigabile fit, non permittitur id facere.

Pomponius erklärt also hier die Ableitung von Wasser aus schiffbaren Flüssen schlechthin für unzulässig und erstreckt dies auch auf solche Flüsse (flumina), durch deren Einströmen andere schiffbar werden. Einen gleichen Inhalt hat die Bemerkung von Ulpian in l. 10 § 2 D. de aqu. et aqu. pl. arc. act. 39, 3, welche sich teilweise auf eine Äufserung von Labeo stützt. Pomponius bezeichnet weiterhin die Ableitung von Wasser dann als unstatthaft, wenn das Wasser im usus publicus steht, d. h. wenn der Staat selbst auf dasselbe z. B. wegen öffentlicher Wasserleitungen Beschlag gelegt hat[1]. Endlich sind nach ihm Wasserableitungen dann ausgeschlossen, wenn der Kaiser oder der Senat sie verbieten. Man wird hier weniger an eine specielle Untersagung als an ein Generalverbot für einen ganzen Flufs zu denken haben.

Selbst wenn nun hiernach eine Wasserableitung aus einem öffentlichen Flusse gestattet war, so war es doch in hohem Grade empfehlenswert, die Genehmigung der zuständigen Obrigkeit zu derselben einzuholen. Durch die staatliche Konzession wurde die private Anfechtung der Leitung durch das Interdikt der l. 2 pr. D. ne quid in loco publ. 43, 8 unmöglich gemacht. Die Grundsätze aber, nach welchen bei Erteilung von Konzessionen durch die Obrigkeit verfahren werden sollte, sind in einem Reskript von Antoninus und Verus enthalten, welches sich in der Konstitutionensammlung des Papirius Justus findet:

---

[1] Usus publicus dürfte hier eine andere Bedeutung nicht haben können.

L. 17 D. de serv. pr. rust. 8, 3: Imperatores Antoninus et Verus Augusti rescripserunt, aquam de flumine publico pro modo possessionum ad irrigandos agros dividi oportere, nisi proprio jure quis plus sibi datum ostenderit. Item rescripserunt, aquam ita demum permitti duci, si sine injuria alterius id fiat.

Es soll demnach das Wasser aus einem öffentlichen Flusse zu Bewässerungszwecken nach Verhältnis der Gröfse der Besitzungen geteilt werden, wenn nicht jemandem durch ein Sonderrecht eine Bevorzugung zuteilgeworden ist. Das Reskript hat dabei offenbar den Fall im Sinn, wo sich alle Interessenten gleichzeitig um Erteilung des Wasserleitungsrechtes bewerben. Die Erlaubnis soll fernerhin nur dann gewährt werden, wenn keine Benachteiligung eines Dritten daraus entsteht. Die Erteilung der Erlaubnis ist also namentlich dann unzulässig, wenn ein Anderer in rechtmäfsiger Weise bereits Wasser aus dem Flusse leitet und mit der Anlegung der begehrten Wasserleitung der durch die bestehende erreichte Zweck nicht mehr oder nur unvollkommen erreicht werden würde.

Auf Grund seines Eigentums an den öffentlichen Flüssen konnte der Staat sich auch selbst die Benutzung des Wassers, z. B. zum Zwecke öffentlicher Wasserleitungen [1], vorbehalten und es auch zum Gegenstande des eigenen fructus machen, indem er dasselbe an Private nur gegen Entgelt abliefs, wie er überhaupt die einzelnen Wasserläufe dem usus publicus entziehen durfte [2]. Auch konnte der Staat Privatpersonen durch Einräumung von Sonderrechten auf Benutzung des Wassers vor Anderen begünstigen. Er konnte Privatpersonen auch ein über die Grenze des usus hinausreichendes Ableitungsrecht zum Zwecke des fructus einräumen und den fructus

---

[1] So fanden z. B. aus dem flumen Anio öffentliche Wasserleitungen statt. Vgl. Frontinus, de aquaeduct. art. 6, 15.

[2] Vgl. Juvenal, sat. 3, 31: quis facile est aedem conducere flumina portus; l. 17 § 1 D. de verb. signif. 50, 16.

selbst von einmaliger oder regelmäfsig wiederkehrender Gegenleistung abhängig machen.

In thatsächlicher Hinsicht sind aber dem Gemeingebrauch Schranken gesetzt, soweit die Benutzung des Flusses zugleich eine solche des angrenzenden Grundes und Bodens verlangt. Die Schiffahrt erfordert nur einen Aufenthalt auf dem Flusse, und, um in ihn zu gelangen, dazu bedarf es wohl nie eines Betretens von privaten Grundstücken. Anders ist dies bei Benutzung des Wassers selbst. Die Möglichkeit, Wasser aus dem Flufs zu schöpfen und Vieh aus ihm zu tränken, ist vorzugsweise, die Möglichkeit, Wasser aus ihm abzuleiten oder in ihn zuzuleiten, ist nur den Uferanliegern geboten[1]. Eine Wasserentnahme durch Schöpfen oder Viehtränken ist für andere nur angängig, sobald ein allgemein benutzbarer Weg zum Flusse führt[2] oder soweit die Benutzung vom Flusse aus erfolgen kann. Diejenigen, deren Grundstücke nicht am Flusse liegen, müssen sonst eine Wegegerechtigkeit haben, um Wasser aus dem Flusse schöpfen oder Vieh aus ihm tränken zu können[3], sie müssen eine servitus itineris aquae oder eine Wasserleitungsservitut a capite erwerben, wenn sie Wasser aus dem öffentlichen Flufs ihren Grundstücken zuführen wollen. Eine Verpflichtung zur Einräumung von solchen Servituten hat nach römischem Recht wohl nicht schlechthin bestanden. Es ist aber nicht unwahrscheinlich, dafs bei einer Generalkonzession der Wasserleitung aus einem öffentlichen Flusse an einen Einzelnen durch die Obrigkeit die Bedingung auferlegt wurde, gegen Entgelt Wasser an alle Interessenten abzulassen.

---

[1] Wasserleitungen sind unmöglich; schon Wasserleitungen durch eine via publica sind nur sehr ausnahmsweise zulässig. Vgl. l. 18 § 1 D. de aqu. et aqu. pl. arc. 39, 3; l. 2 § 33, l. 5 D. ne quid in loco publ. 43, 8; l. 14 § 2 D. de serv. 8, 1. Vgl. übrigens l. 13 D. si serv. vind. 8, 5.

[2] Vgl. l. 3 § 1 D. de loc. et itin. publ. 43, 7.

[3] L. 3 § 3 D. de serv. pr. rust. 8, 3; l. 17 § 4 D. de aqu. et aqu. pl. arc. 39, 3.

b) Was nun den Gemeingebrauch nach seiner subjektiven Seite anlangt, so gilt nach römischem Recht der allgemeine Grundsatz, daſs die öffentlichen Flüsse nur insoweit und insofern in Benutzung genommen werden dürfen, als dadurch nicht eine zu Recht bestehende Nutzung beeinträchtigt wird. Es geht dieser Satz mit Sicherheit aus dem Umfang des Interdiktes von l. 2 pr. D. ne quid in loco publ. 43, 8 hervor, welches weiter unten eine nähere Erläuterung finden wird. Hiernach durften wohl alle diejenigen Benutzungsarten, welche keine ständige Anlage im öffentlichen Flusse oder auf seinem Ufer voraussetzen, gewöhnlich von jedermann ausgeübt werden, weil bei ihnen eine Kollision der Interessen nicht zu befürchten war[1]. Dagegen wird die Zulässigkeit solcher Benutzungsarten, welche eine Veranstaltung im Fluſs oder auf seinem Ufer bedingen, regelmäſsig Frage des einzelnen Falles gewesen sein.

Das römische Recht kennt kein allgemeines Rechtsmittel, durch welches der Gemeingebrauch an den öffentlichen Gewässern gegen Störungen oder Behinderungen geschützt wird. Nur die Freiheit einer Benutzungsart hat es durch ein besonderes privates Interdikt gesichert, nämlich die Freiheit der Schiffahrt[2]. Die Rechtswissenschaft war bestrebt, diesem Interdikt auch für andere Benutzungsarten, bei welchen nach ihrer Natur eine Interessenkollision zwischen den einzelnen Benutzenden nicht leicht entstehen kann, Geltung zu verschaffen. Labeo und Sabinus gaben ein interdictum utile dem Pächter eines lacus oder stagnum, der am Fischen gehindert wird, und Ulpian wollte dies auch gelten lassen, wenn er von einer Gemeinde gepachtet hatte[3]. Mela gewährte ein analoges Interdikt auch demjenigen, welcher Vieh an den öffentlichen Fluſs oder sein Ufer zur Tränkung herantreiben wollte, versagte dagegen den Interdiktenschutz für eine Abflachung

[1] Vgl. das oben über die Fischerei Bemerkte.

[2] L. un. D. ut in flum. publ. navig. lic. 43, 14.

[3] L. un. § 7 D. ut in flum. publ. navig. 43, 14; l. 13 § 7 D. de injur. 47, 10.

des Ufers zu Zwecken der Viehtränke[1]. Im übrigen steht demjenigen, welcher in der rechtmäfsigen Benutzung eines öffentlichen Flusses gehindert wird, die actio injuriarum zu[2]. Sie ist aber nicht wie das Interdikt unbedingt am Platze, sie setzt vielmehr voraus, dafs die Benutzung nicht blofs objektiv zulässig, sondern auch subjektiv gegenüber dem Störenden eine rechtmäfsige ist.

3. Endlich bleibt noch die Frage zu erörtern, welche rechtlichen Folgen die Schädigung eines Einzelnen durch die Veranstaltung eines Anderen in einem öffentlichen Flusse oder auf dem Ufer eines solchen hat und welche Rechtsmittel dem Geschädigten zu Gebote stehen. Als oberster Grundsatz gilt, dafs niemand zum Nachteil eines Anderen in oder mit dem öffentlichen Flusse eine Änderung vornehmen darf. Hierbei ist von vornherein zu bemerken, dafs die Rechtsmittel dieselben sind, mag nun die Schädigung durch das opus in einer Beeinträchtigung der Benutzung des Flusses liegen oder mag die Veranstaltung eine Schädigung durch den Flufs zur Folge haben.

Das römische Recht gewährt einem jeden, welcher durch eine Veranstaltung in loco publico Schaden leidet, ein prohibitorisches Interdikt, das sich, wie an anderer Stelle bereits hervorgehoben wurde, auch auf die flumina publica bezieht[3]. Das Interdikt greift aber dann nicht platz, wenn die schadenbringende Veranstaltung durch Gesetz, Senatsschlufs oder Edikt oder Dekret des Princeps gestattet war. Es zeigt insofern, wie Ulpian mit Recht bemerkt, ein doppeltes Gesicht[4]. Es will zwar grundsätzlich die Interessen der Privatpersonen an den loca publica und insbesondere den Gemeingebrauch an ihnen vor Schaden schützen. Allein durch die erwähnte Schlufsklausel wird umgekehrt dafür Sorge getragen, dafs die allgemeinen Interessen gegenüber denjenigen

---

[1] L. un. § 8 D. eod.

[2] L. 2 § 9 D. ne quid in loco publ. 43, 8; l. 13 § 7 D. l. c.

[3] L. 2 pr. ff. D. ne quid in loco publ. 43, 8.

[4] L. 2 § 2 D. eod.

einzelner Privatpersonen nicht zurückzutreten brauchen, da jede obrigkeitliche Verordnung, welche die Privatpersonen schadenbringende Neuanlage zuläfst, das Interdikt unwirksam macht. Umgekehrt aber war für die Konzessionierung von Anlagen an öffentlichen Orten der Grundsatz mafsgebend, dafs diese ohne schwerwiegende Gründe nicht erfolgen sollte, wenn mit der Anlage eine Schädigung von Privatpersonen verbunden war[1]. Die Erteilung einer Erlaubnis zur Errichtung einer Anlage, welche einen Anderen benachteiligt, war aber wahrscheinlich nur imstande, das Interdikt und die Verhinderung der Veranstaltung auszuschliefsen und die Vorteile zu entziehen oder zu schmälern, welche jemandem aus der Benutzung des locus publicus bisher zuflossen. Dagegen konnte der Geltendmachung wenigstens des positiven Schadens, welcher auf eigenem Grund und Boden jemandem durch die Veranstaltung erwächst, wohl nichts entgegenstehen.

Unter Schaden im Sinne des Interdikts ist, was von der hervorragendsten Wichtigkeit ist, auch der Vorteil jeglicher Art zu verstehen, welcher jemandem ex publico zu erwachsen pflegte. In l. 2 § 11 D. l. c. sagt Ulpian:

> Damnum autem pati videtur, qui commodum amittit, quod ex publico consequebatur, qualequale sit.

Es könnte also beispielsweise eine neue Ableitung von Wasser aus dem öffentlichen Flufs mit dem Interdikt angefochten werden, wenn sie eine andere zu Recht bestehende beeinträchtigen würde. Es könnte eine Zuleitung von Schmutzwässern in den Flufs verhindert werden, wenn sie voraussichtlich die Benutzung des Flusses zur Viehtränke unmöglich machen oder der von jemandem betriebenen Fischerei schaden würde. Es kann aber auch jedenfalls mit dem Interdikt eine Anlage bekämpft werden, welche die Überschwemmung der Grundstücke eines Anderen durch den Flufs zur Folge hätte. Das Interdikt ist nur prohibitorisch und zielt auf Unterlassung der Veranstaltung, Restitution der bereits begonnenen und Ersatz des durch sie etwa schon entstandenen Schadens ab.

---

[1] L. 2 §§ 10, 16 D. eod.; l. 17 D. de serv. pr. rust. 8, 3.

Der durch eine bevorstehende Veranstaltung in flumine publico Bedrohte kann auch Sicherheitsleistung wegen des zu befürchtenden Schadens verlangen[1]. Dann giebt er zu erkennen, dafs er gegen die Veranstaltung selbst nichts einwenden wolle, und kann das Interdikt nicht mehr bewegen, wenn er die Kaution angenommen hat. Er kann auch, falls die Voraussetzungen dafür vorliegen, demjenigen, der in einem öffentlichen Flusse oder auf dem Ufer eines solchen eine neue Anlage treffen will, opus novum nuntiieren, um von ihm Sicherheitsleistung wegen zu befürchtenden Schadens zu erlangen[2]. Auch dann legt er der Veranstaltung ein principielles Hindernis nicht in den Weg; die Anlage kann aber hier so lange gehindert werden, bis Sicherheitsleistung erfolgt ist. Eine absolute Verhinderung der Veranstaltung kann dagegen durch die operis novi nuntiatio anscheinend nicht herbeigeführt werden. Gegen eine Anlage, welche in einem öffentlichen Flusse erfolgt ist, steht demjenigen, welcher ein Interesse an ihrem Nichtstattfinden hat, auch das interdictum quod vi aut clam zu, wenn sie ihm gegenüber vi oder clam geschehen ist[3]. Die Verurteilung aus diesem Interdikt geht gegen den Unternehmer auf Restitution der bereits ausgeführten Veranstaltung und vollen Ersatz des dadurch entstandenen Schadens, gegen dritte Besitzer nur auf Gestattung der Wiederherstellung des früheren Zustandes auf eigene Kosten[4]. Auch die actio legis

---

[1] L. 7 pr. l. 15 §§ 2 ff., l. 24 pr. D. de damn. inf. 39, 2; l. 3 § 3 D. de aqu. et aqu. pl. arc. act. 39, 3; l. un. D. de ripa mun. 43, 15.

[2] L. 1 § 17 D. de op. n. n. 39, 1.

[3] Vgl. l. 20 § 5 D. quod vi aut clam 43, 24. — Wegen öffentlicher Interessen ist das Interdikt wahrscheinlich nicht begründet gewesen. Es setzt immer ein Individualinteresse voraus (vgl. l. 11 §§ 1, 2 D. eod.), welches verletzt ist. Ein Verbieten einer Handlung im Staatsinteresse läfst sich, wie eine operis novi nuntiatio, wohl denken, nicht aber ein heimliches Handeln gegenüber der Allgemeinheit.

[4] Das Interdikt ist nicht blofs innerhalb eines Jahres tauglicher Zeit, sondern länger zulässig, wenn das Werk sub aqua geschehen ist. Dabei mufs natürlich vorausgesetzt werden, dafs das opus deswegen nicht früher entdeckt werden konnte. Vgl. l. 15 § 5 D. quod vi aut clam 43, 24.

Aquiliae kann der durch eine Veranstaltung in flumine publico Geschädigte anstellen, falls die sonstigen Voraussetzungen dieser Klage vorliegen, mag die Schädigung durch den Fluſs oder in der Nutzung des Flusses geschehen [1]. Endlich kann dem durch eine Anlage in flumine publico Geschädigten möglicherweise ein Popularinterdikt thatsächlich zu statten kommen, mit welchem er freilich nur Verhinderung der schädigenden Anlage, Wiederherstellung oder Duldung der Wiederherstellung des früheren Zustandes, nicht aber Ersatz des ihm persönlich entstandenen Schadens verlangen kann.

Hervorgehoben verdient zu werden, daſs die actio aquae pluviae arcendae nicht zulässig ist, wenn jemand eine Veranstaltung in einem öffentlichen Flusse oder auf dem Ufer eines solchen getroffen hat, welche einem Anderen durch das Wasser des Flusses Schaden zu bringen geeignet ist; denn diese Klage greift nur bei opera auf eigenem Grund und Boden platz [2]. Errichtet jemand dagegen Dämme auf eigenem Gebiet längs des Flusses, um Überschwemmungen durch denselben abzuwehren, so fällt diese Handlung auch dann, wenn sie auf der anderen Seite des Flusses Schaden verursacht, in den Bereich der actio aquae pluviae arcendae [3]. Den Ersatz für diese Klage bildet bei Veranstaltungen im öffentlichen Flusse oder auf dessen Ufer das Interdikt von l. 2 pr. D. ne quid in loco publ. 43, 8, welches umgekehrt nur bei opera in flumine publico ripave ejus platzgreift. Die gewöhnlichen Rechtsmittel der operis novi nuntiatio, des interdictum quod vi aut clam und der actio legis Aquiliae müssen naturgemäſs auch dann zulässig sein, wenn eine Veranstaltung auf privatem Grund und Boden die Schädigung eines Anderen durch einen öffentlichen Fluſs zur Folge hat.

Von den Veranstaltungen von Privatpersonen, welche in einem öffentlichen Flusse oder auf dem Ufer eines solchen erfolgen, erfahren eine bevorzugte rechtliche Behandlung die

---

[1] L. un. § 5 D. de rip. mun. 43, 15; l. 2 C. de leg. Aqu. 3, 35.
[2] Vgl. l. 3 § 3, l. 18 pr. D. de aqu. et aqu. pl. arc. act. 39, 3.
[3] L. 23 § 2 D. de aqu. et aqu. pl. arc. act. 39, 3.

Vorrichtungen, welche jemand zum Zwecke des Uferschutzes vornimmt. Es stehen nämlich alle Veranstaltungen in flumine publico ripave ejus, welche das Ufer oder den umliegenden Acker zu sichern bezwecken, dann unter dem Schutze eines besonderen Interdiktes, wenn die Schiffahrt dadurch nicht beeinträchtigt und demjenigen, dem aus diesen Veranstaltungen Schaden droht, für zehn Jahre Sicherheit geleistet wird[1] [2]. Selbst die Beeinträchtigung der Schiffahrt hat in diesem Falle die Anfechtung der Veranstaltung durch die Interdikte von tit. Dig. 43, 12 dann nicht zur Folge, wenn der Unternehmer hierzu die obrigkeitliche Erlaubnis eingeholt hatte und sich innerhalb der Grenzen derselben bewegt hat[3]. Die durch den Uferschutz bewirkte Veränderung des Flufslaufes kann dagegen die Popularinterdikte von tit. Dig. 43, 13 niemals nach sich ziehen, wenn der Unternehmer den Anwohnern für etwaigen Schaden Sicherheit geleistet hat. Denn die exceptio ripae muniendae wird nur dann nicht gegeben, wenn die Anwohner durch den Uferschutz Schaden leiden[4]; diese Rücksichtnahme auf die Anwohner wird aber dann hinfällig, wenn ihnen für den Schaden Sicherheit geleistet ist. Es ergiebt sich dies auch schon aus dem Wortlaut des Interdiktes von l. un. D. de rip. mun., welches eine Veränderung des Flufslaufes nicht in Betracht zieht. Solche Veranstaltungen, welche von Staats wegen unternommen werden, können dagegen den Beschränkungen der Interdikte und ihnen selbst nicht unterliegen[5].

Dagegen mufs es jedem unter allen Umständen gestattet sein, solche bestehende Dämme und Vorrichtungen, welche

[1] Vgl. Frontinus, de controv. agr. lib. II (Lachmannsche Ausg. p. 51 v. 1, 2); Aggenus Urbicus, comment. ad Frontin. lib. I de controv. (a. a. O. p. 16 v. 27 ff.; p. 17 v. 11 ff.); Hyginus, de gener. controv. (a. a. O. p. 124 v. 5 ff., v. 16 ff.); Boethius, demonstr. art. geometr. (a. a. O. p. 399 v. 18 ff.).

[2] L. un. D. de rip. mun. 43, 15; l. 1 C. de alluv. 7, 41. Vgl. l. 7 pr. l. 15 §§ 2 ff., l. 24 pr. D. de damn. inf. 39, 2.

[3] L. 1 § 16 D. de flumin. 43, 12.

[4] L. un. § 6, 7 D. ne quid in flumin. publ. fiat quo alit. 43, 13.

[5] Vgl. l. 15 § 10, l. 24 pr. D. de damn. inf. 39, 2.

das Übertreten der Flüsse auf die benachbarten Äcker verhindern sollen, in ihrem alten Zustand zu erhalten oder, falls sie vom Fluſs zeitweise weggerissen werden, sie wieder herzustellen. Auch muſs es jedermann unbenommen sein, das Ufer selbst in Zeiten der Gefahr zu festigen, wenn hiermit nur eine Erhaltung, nicht aber eine Veränderung des Ufers verbunden ist. Will der Uferanlieger oder Eigentümer der Dämme nicht selbst im eigenen Interesse die hiernach zulässigen Maſsnahmen treffen, so muſs er dies den vom Fluſs bedrohten Interessenten wenigstens gestatten, und er kann hierzu nötigenfalls durch Klage veranlaſst werden[1]. Auch wird der Uferanlieger, welcher selbst unter solchen Umständen den Uferschutz nicht wahrnehmen will, für verpflichtet angesehen werden müssen, von einer durch den Fluſs drohenden Gefahr dem Bedrohten rechtzeitig Nachricht zu geben. Diese Grundsätze müssen bei ihrer indifferenten Natur in vollem Umfange auch bei privaten Wasserläufen Anwendung haben.

§ 6. Die Rechtsverhältnisse der privaten Wasserläufe.

In den Quellen des römischen Rechts ist über die privaten Wasserläufe nur verhältnismäſsig sehr weniges enthalten, und auch dieses wenige hat meistens die servitutenmäſsige Benutzung derselben zum Gegenstand, während der Inhalt des Privateigentums an den Wasserläufen fast unberührt bleibt. Indessen steht der auſserordentlich wichtige und wohl der wichtigste Punkt fest, daſs das Privateigentum an den Wasserläufen nicht bloſs das Recht der ausschlieſslichen Benutzung des vom Wasser bedeckten Grundes und Bodens,

---

[1] Vgl. l. 2 § 5 D. de aqu. et aqu. pl. arc. act. 39, 3. Ulpian verneint die Anwendbarkeit der actio aquae pluviae arcendae gegen denjenigen, welcher sich der Sicherung der Dämme nicht unterzieht, im Gegensatz zu den — von einander abweichenden — Ansichten des Varus und Labeo.

sondern auch des Wassers selbst umfafst. Wie bereits hervorgehoben wurde, geht dies für die fontes privati aus dem Bestehen der Wasserservituten an ihnen unzweideutig hervor. Aber auch in dem Eigentum an den flumina privata und rivi privati ist das Recht der ausschliefslichen Benutzung des Wassers begrifflich enthalten. Wenn auch bei diesen unbeständigen Wasserläufen im Gegensatz zu den segenspendenden fontes der Beherrschungswille sich gewöhnlich nicht auf Benutzung des Wassers gerichtet haben wird, so ist doch das bezeichnende Merkmal für das Eigentum nicht, dafs jemand einen Gegenstand thatsächlich nutzt, sondern dafs er das Recht hat, über den Gegenstand allein zu verfügen und einem Anderen die Verfügung darüber zu untersagen. Dieses Recht ist aber auch bei den unbeständigen torrentia und rivi von erheblicher Bedeutung. Hinsichtlich des Eigentums an den privaten Wasserläufen lassen sich, wenn man einige auf die lacus bezügliche und einige indifferente Quellenstellen heranzieht, folgende Sätze aufstellen.

Die privaten Wasserläufe geniefsen denselben rechtlichen Schutz wie alle sonstigen im Privateigentum stehenden Sachen. Es stehen dem Eigentümer alle petitorischen und possessorischen Rechtsmittel in gleicher Weise zu Gebote. Er hat vor allem das Recht darauf, dafs das Wasser in den ihm von der Natur gewiesenen Bahnen in gleicher Weise wie früher dahinfliefst, und er kann jede Störung in diesem Recht auf Grund seines Eigentums verfolgen. Er hat ferner das ausschliefsliche Recht auf die Nutzung des Wasserlaufes und ist befugt, jeden Eingriff in dieses sein Recht zu ahnden. Es darf kein Fremder den Wasserlauf mit einem Fahrzeug befahren, es müfste ihm denn eine besondere Servitut (servitus navigandi) zur Seite stehen[1]. Es ist niemand ohne Genehmigung des Eigentümers berechtigt, in dem Wasserlaufe

[1] L. 23 § 1 D. de serv. pr. rust. 8, 3, wo von der Begründung einer servitus navigandi für einen lacus privatus die Rede ist. Was für den Privatsee gilt, trifft auch für den privaten Wasserlauf zu.

zu fischen[1]. Auch die Benutzung des Wassers ist nicht blofs dann und deswegen anderen verwehrt, wenn und weil sie den Grund und Boden des Eigentümers des Wasserlaufes benutzen müfsten; sie ist auch demjenigen verboten, dessen Grundstück an den Wasserlauf heranreicht, ohne dafs dieser die gemeinschaftliche Grenze bildet, und sie ist nicht minder unzulässig, wenn ein öffentlicher Weg an dem privaten Wasserlauf entlang oder über denselben führt[2]. Jede unrechtmäfsige Benutzung des Wasserlaufes hat die actio injuriarum zur Folge; auch kann mit der actio negatoria namentlich dann geklagt werden, wenn eine Servitut von dem das Eigentum Störenden in Anspruch genommen wird. Die unberechtigte Entnahme von Wasser begründet auch die actio furti, wenn sie in der Absicht der Bereicherung geschehen ist[3]. Nach l. 2 C. de leg. Aquil. 3, 35 von Gordian ist ferner die actio legis Aquiliae am Platze, wenn Wasser zu unrecht abgeleitet wird.

Jede Handlung eines Dritten, welche darauf abzielt, einen privaten Wasserlauf dem Eigentümer abwendig zu machen, unterliegt natürlich den allgemeinen, dem Schutze des Eigentums dienenden Rechtsmitteln. Der Besitz des Wasserlaufes ist aber dem Eigentümer nicht unbedingt gewährleistet, er ist vielmehr bedroht durch das jedem Grundeigentümer als Ausflufs des Eigentums grundsätzlich zustehende Wasser-

---

[1] L. 13 § 7 D. de injur. 47, 10, wo die Fischerei im lacus privatus für unzulässig erklärt wird.

[2] L. 3 § 3 D. de serv. pr. rust. 8, 3; l. 17 § 4 D. de aqu. et aqu. pl. arc. 39, 3.

[3] l. 35 § 1 D. de furtis 47, 2. — Die Entnahme von Wasser aus einem fremden Gewässer ist keineswegs stets ein furtum oder eine injuria. Es gehört sogar im Gegenteil zu den allgemeinen Menschenpflichten, zur Befriedigung eines vorübergehenden dringenden Bedürfnisses, z. B. dem durstigen Wanderer, die Benutzung des Wassers zu gestatten, falls diese einen schätzbaren Nachteil nicht in sich schliefst. Vgl. Cicero, de offic. 1, 16; Ovid, Metamorph. 6, 352 ff. Dieser Satz äufsert seine rechtliche Wirkung dahin, dafs dem Bacheigentümer eine Klage gegen den Benutzenden versagt ist, nicht dagegen, dafs er eine injuria begeht, wenn er den Wanderer am Trinken hindert.

schürfrecht. Das Bestehen dieses Rechtes erhellt deutlich aus den Servituten, welche teils das Recht[1], auf fremdem Gebiet nach Wasser zu suchen, teils die Verpflichtung[2], auf eigenem Grund und Boden nicht nach Wasser forschen zu dürfen, zum Inhalt haben. Dieses auf dem Eigentum beruhende Wasserschürfrecht darf indessen niemals ausgeübt werden in der bloſsen Absicht, dem Nachbarn durch Entziehung des Wassers Schaden zuzufügen[3]. Auch darf das Graben nach Wasser nicht unter solchen Umständen erfolgen, daſs dabei die Ablenkung eines fremden Wasserlaufes mit Wahrscheinlichkeit zu erwarten steht. Dagegen darf jeder Grundeigentümer durch Graben auf eigenem Grund und Boden einem fremden Wasserlauf die Adern abschneiden[4]. Wird durch ein rechtmäſsiges Wasserschürfen ein Wasserlauf seinem Eigentümer abwendig gemacht oder werden seine unterirdischen Quellen abgelenkt, so steht dem Eigentümer gegen den Schürfenden eine Klage nicht zu.

Wie bei den öffentlichen Flüssen, so ist auch bei den privaten Wasserläufen jede künstliche Veranstaltung (opus manu factum) unzulässig, welche die Schädigung eines Dritten durch einen Wasserlauf zur Folge hat. Es darf also jedermann und selbst der Eigentümer Anlagen, infolge deren das Wasser des Wasserlaufes in anderer Weise flieſst, als es von Natur zu flieſsen pflegte, nur insoweit treffen, als dadurch für einen Anderen und insbesondere für fremde Grundstücke kein Schaden entsteht[5]. Die Verlegung eines privaten Wasserlaufes auf eigenem Grund und Boden und der Schutz der Ufer gegen Überschwemmung ist daher nur unter dieser Voraussetzung statthaft. Nur gegenüber einem torrens darf

---

[1] L. 10 D. de serv. pr. rust. 8, 3; l. 21 D. si serv. vind. 8, 5.

[2] L. 15 pr. D. de serv. 8, 1; l. 21 D. de aqu. et aqu. pl. arc. act. 39, 3; l. 1 § 28 D. de aqu. quot. et aest. 43, 20.

[3] L. 1 § 12 D. de aqu. et aqu. pl. arc. act. 39, 3.

[4] L. 21 D. eod.; vgl. l. 24 § 12, l. 26 D. de damn. inf. 39, 2.

[5] L. 1 § 1 D. de aqu. et aqu. pl. arc. act. 39, 3. Unter aqua pluvia ist auch das Wasser zu verstehen, quae imbre excrescit; es gehören also insbesondere die Wasserläufe dazu. Vgl. l. 1 pr. § 16 D. eod.

jeder Schutzmafsregeln treffen, selbst wenn er hierdurch einem Anderen Schaden zufügt, wenn er dabei nur die Absicht verfolgt, Schaden von sich abzuwehren [1]. Dagegen darf niemand durch eine künstliche Anlage Wasser in den Wasserlauf hineinfliefsen lassen, wenn er dadurch zum Schaden eines anderen Grundstückes nicht unbedeutend zunehmen oder reifsender werden würde. Es darf niemand den Wasserlauf so verengern, dafs er ein fremdes Grundstück überschwemmt [2]. Es ist niemand befugt, den Flufs abzulenken und sein Wasser nach einem fremden Grundstück laufen zu lassen. Andererseits darf aber auch niemand durch Stauvorrichtungen oder Schutzdämme die Aufnahme des Flusses verweigern [3].

Gegenüber derartigen einem anderen Grundstücke schadenbringenden Abänderungen des bestehenden Zustandes steht dem Bedrohten zunächst das Rechtsmittel der operis novi nuntiatio zu. Auch kann der Bedrohte cautio damni infecti verlangen. Ist die Anlage, aus welcher Schaden befürchtet wird, bereits vollendet, so greift die actio aquae pluviae arcendae platz. Diese Klage ist aber zunächst nur dann begründet, wenn der Schaden einem ländlichen Grundstücke droht. Steht die Schädigung dagegen für ein städtisches Grundstück zu erwarten, so ist nur für die negatorische actio jus illi non esse flumina immittere Raum, welche eine generellen Charakter an sich trägt und daher auch in den Fällen der actio aquae pluviae arcendae zulässig ist [4]. Ferner ist die letztere Klage nur dann am Platze, wenn die Schädigung durch die in dem privaten Wasserlauf enthaltene aqua pluvia, nicht aber, wenn sie durch die aqua viva, das aus der Erde stammende Wasser, zu befürchten ist. Endlich steht die

---

[1] L. 2 § 9 D. eod. Der Grund liegt darin, dafs der torrens sein Bett häufig zu wechseln geneigt ist. Es mufs ein jeder Grundeigentümer sich davor schützen dürfen, dafs der torrens auf seinem Gebiet den alveus nimmt. Vgl. Vergil, Eclog. 7, 51:

hic tantum Boreae curamus frigora quantum
aut numerum lupus aut torrentia flumina ripas.

[2] L. 1 § 1 D. eod.

[3] L. 1 § 13 D. eod.

[4] L. 1 § 17 D. eod. Vgl. l. 1 § 19 D. eod.

Klage nur dem Eigentümer des Grundstückes, dessen Schädigung befürchtet wird, oder dem sonstigen dinglich Berechtigten zu, wie sie sich umgekehrt nur gegen den Eigentümer oder dinglich Berechtigten richtet, auf dessen Grund und Boden die Veränderung vorgenommen wurde. Sie geht gegen den Eigentümer, falls er die Anlage selbst gemacht hat, auf Wiederherstellung des früheren Zustandes und auf Ersatz des nach der Litiskontestation entstandenen Schadens[1], wenn er sie nicht gemacht hat, nur auf Duldung der Wiederherstellung[2]. Mit dem interdictum quod vi aut clam kann dagegen der Eigentümer, der die Änderung vorgenommen hat, wegen des vorher verursachten Schadens[3] und der Thäter, welcher nicht mehr Eigentümer ist[4], sowie jeder dritte Thäter[5] auf vollen Schadenersatz und wegen der Kosten der Restitution in Anspruch genommen werden. Es ist keineswegs richtig zu behaupten, dafs das Interdikt gegenüber der actio aquae pluviae arcendae besondere Voraussetzungen habe; in den Quellen wird schlechthin auf das Interdikt verwiesen, und dieses der actio aquae pluviae arcendae ohne Unterscheidung an die Seite gestellt. In Wirklichkeit setzt auch die actio aquae pluviae arcendae voraus, dafs die Anlage vi oder clam geschehen ist. Hat derjenige, welcher Schaden aus der Anlage fürchtet, derselben nicht widersprochen, trotzdem sie vor seinen Augen vor sich ging oder er sonst Kenntnis von ihr hatte, so wird vermutet, dafs er gegen dieselbe nichts einzuwenden habe[6]. Bei seiner allgemeinen Natur mufs das Interdikt also auch dann Anwendung finden, wenn die actio aquae pluviae arcendae gegeben ist. Abgesehen von diesen Rechtsmitteln kann natürlich auch die actio legis Aquiliae begründet sein, wenn eine Anlage geschaffen wird, welche die Schädigung eines Anderen durch einen privaten Wasserlauf bewirkt.

[1] L. 6 § 6, l. 14 § 3 D. eod.
[2] L. 4 §§ 2, 3, l. 5, l. 6 § 7, l. 7 § 1, l. 11 § 2, l. 12 D. eod.
[3] L. 14 § 3 D. eod.
[4] L. 13, l. 14 pr. D. eod.
[5] L. 4 §§ 2, 3, l. 5 D. eod.
[6] L. 19 D. eod. Vgl. l. 2 § 10 D. eod.

Eine systematische Erörterung der Grundsätze, welche zur Anwendung gelangen, wenn der Eigentümer in der Nutzung des Wasserlaufes gestört oder beeinträchtigt wird, erübrigt sich, weil für diesen Fall lediglich die allgemeinen Rechtsgrundsätze über das Eigentum und die Nutzung von Privatsachen in Betracht kommen. Die für die Benutzung der privaten Wasserläufe durch Dritte und insbesondere die hinsichtlich der Wasserservituten geltenden Rechtssätze darzustellen, liegt nicht im Rahmen dieser Abhandlung. Sorgfältige Prüfung bedarf dagegen folgender Punkt, welcher eine für die Rechtsverhältnisse der privaten Wasserläufe entscheidende Grundfrage in sich schliefst.

Bei den bisherigen Ausführungen war immer nur von dem Privateigentum an den Wasserläufen schlechthin die Rede. Nun kann aber kein Zweifel darüber aufkommen, dafs die privaten Wasserläufe häufig nicht im Eigentum einer einzigen Person standen, sondern der rechtlichen Macht mehrerer Personen unterlagen. Es mufs sich nun fragen, welchen Inhalt das römische Recht diesem Eigentum mehrerer an einem privaten Wasserlaufe zuwies und in welcher Weise die Rechtsverhältnisse zwischen diesen mehreren Eigentümern gestaltet waren.

Die flumina publica tragen begrifflich den Charakter von selbständigen Sachen an sich. Der öffentliche Flufs bildet einen besonderen Bestandteil der Erdoberfläche und ist daher nicht die Grenze der beiderseitig anliegenden Grundstücke; er hat vielmehr selbst gegenüber diesen Grundstücken seine Grenzen[1]. Der private Wasserlauf kann allerdings in gleicher Weise als selbständige Sache der rechtlichen Herrschaft einer einzelnen Person unterstehen, und die Annahme, dafs dies im Bereich des römischen Rechts öfters der Wirklichkeit entsprochen hat, entbehrt nicht der Begründung[2]. Manche

---

[1] L. 4 § 10, l. 5, l. 6 D. fin. reg. 10, 1.

[2] Vgl. l. 1 C. de mancip. et colon. 11, 62, wonach der Ertrag der irriguae fontium aquae, welche auf von Kolonen bewirtschafteten

fontes waren zum Zwecke öffentlicher Wasserleitungen für sich vom Staate oder von Gemeinden in Anspruch genommen, wie bereits gelegentlich erwähnt wurde. In l. 69 D. de contr. emt. 18, 1 wird erwähnt, dafs eine gewisse Rutilia Polla den lacus Sabatenis mit einem Uferrand von zehn Fufs gekauft hatte. In l. 30 D. de serv. pr. rust. 8, 3 wird ein Rechtsfall behandelt, nach welchem der Eigentümer von zwei Grundstücken bei dem Verkauf des einen das auf diesem befindliche Gewässer sich vorbehalten hatte. In l. 4 § 1 D. comm. divid. 10, 3 wird die Frage aufgeworfen, ob ein Brunnen geeigneter Gegenstand der Teilungsklage ist, und von Mela für den Fall bejaht, wenn der von ihm eingenommene Grund und Boden gemeinsam ist. Es kann dahingestellt bleiben, ob hier an den nicht gerade naheliegenden Fall gedacht ist, dafs zwei Grundnachbarn auf der Grenze einen Brunnen angelegt und ihn dabei kommuniziert haben. In wasserarmen Ländern, in denen das Trinkwasser käuflich war, wird es gewifs Brunnen gegeben haben, welche Handelsobjekt waren und bei denen ein gemeinschaftliches Eigentum z. B. durch gemeinsamen Kauf daher leicht entstehen konnte. Jedenfalls bildet aber auch in dem ersteren Falle der Brunnen, was wohl zu beachten ist, einen selbständigen Gegenstand des Eigentums.

Indessen wird es schwerlich die Regel gewesen sein, dafs die privaten Wasserläufe als besondere Bestandteile der Erdoberfläche für sich den Gegenstand des Privateigentums bildeten. Vielmehr werden sie gewöhnlich mit dem anliegenden Grund und Boden die rechtlichen Schicksale geteilt haben. Der private Wasserlauf konnte einmal nur das Gebiet einer einzigen Person als dessen Bestandteil berühren. Die Privatgrundstücke konnten aber auch so abgegrenzt sein, dafs die Grenzen den Wasserlauf durchschnitten und er somit in seinen einzelnen Teilen im Herrschaftsbereich verschiedener

---

emphyteuticarischen Grundstücken sich befinden, insoweit den Emphyteuten zustehen soll, als sie nicht zur Bewässerung dieser Grundstücke dienen.

Personen lag. Bei dem unter den Wasserläufen bestehenden Netz mufs dies letztere häufig der Fall gewesen sein. Es konnte ferner die Eigenschaft der Wasserläufe als natürlicher Grenzen bei der Aufteilung der Ländereien in der Weise Berücksichtigung gefunden haben, dafs der private Wasserlauf die Grenze von Grundstücken bildete, welche verschiedenen Personen zugehörten. Er konnte dabei entweder in der Art die Grundstücke begrenzen, dafs er dem einen Uferanlieger allein zum Eigentum gehörte[1] oder dafs er der rechtlichen Herrschaft beider Uferanlieger unterstand. Bei der folgenden Erörterung kommen nur in Betracht die Fälle, in welchen ein Wasserlauf als Zubehör der angrenzenden Grundstücke entweder nach seinen einzelnen Teilen im Herrschaftsbereich verschiedener Personen oder im Herrschaftsbereich beider Uferanlieger liegt.

Insoweit man überhaupt ein volles Eigentum an den privaten Wasserläufen anerkennt, hat man allgemein in dem einen Falle ein Eigentum der Uferanlieger an den einzelnen Teilen, im anderen Falle ein Eigentum jedes Uferanliegers bis zur Mittellinie des Wasserlaufes angenommen. Diese völlig willkürliche Auffassung rechnet nicht mit der Thatsache, dafs sich die Rechtsverhältnisse des Grundes und Bodens und damit auch der Wasserläufe nicht nach starren Regeln zu gestalten pflegen, sondern von der Wirklichkeit in sehr mannigfacher Weise bestimmt werden. Bei dieser Anschauung ergaben sich mit Notwendigkeit erhebliche rechtliche Schwierigkeiten, die in gleicher Weise aber auch bei der Ansicht hervortreten mufsten, nach welcher das fliefsende Wasser nicht Gegenstand des Eigentums zu sein vermag. Billigte man den Uferanliegern an den einzelnen Teilen des Wasserlaufes das volle Eigentum zu, so ergab sich als rechtliche Konsequenz davon, dafs ein jeder das Wasser auf dem ihm gehörigen Gebiete sich nach freiem Belieben aneignen durfte. Mit dieser Folgerung aber hätte man sich ebensosehr

---

[1] L. 20 § 2 D. de serv. pr. rust. 8, 3. Für die lacus vgl. l. 23 § 1 D. eod.

zu den Verhältnissen und Bedürfnissen des praktischen Lebens und zu der natürlichen Rechtsanschauung wie zu der Annahme des Eigentums an jedem einzelnen Teile des Wasserlaufes in Widerspruch gesetzt. Es müfste den Eindruck eines rechtlosen Zustandes machen, wenn der Oberlieger dem Unterlieger eines Wasserlaufes, welcher sich der Nutzung desselben seit alters her erfreut, nach Willkür das Wasser abwendig machen könnte. Andererseits müfste ein Eigentum an einem Wasserlauf, welchem durch Entziehung des Wassers jederzeit sein wesentlicher Gegenstand genommen werden kann, starke Bedenken an seinem Bestehen erregen. Diese gewichtigen Bedenken führten zwingend dazu, dafs man einem jeden Oberlieger nur ein durch das Nutzungsrecht der Unterlieger beschränktes Nutzungsrecht am Wasser des privaten Wasserlaufes zuerkannte, ohne dafs man damit an dem Eigentum der Uferanlieger an den einzelnen Teilen des Wasserlaufes rütteln wollte. In gleicher Weise nahm man ein gegenseitig beschränktes Eigentumsrecht an, wenn der private Wasserlauf der Herrschaft beider Uferanlieger unterstand und damit vermeintlich einem jeden von beiden bis zur Mittellinie gehörte.

Die in diesen Fällen hervortretenden rechtlichen Schwierigkeiten haben ihre Ursache in der irrtümlichen Annahme, dafs Teile von Gewässern, sei es von Seeen oder von Flüssen, in gleicher Weise wie Teile des Grundes und Bodens, Grundstücke, Gegenstand des Eigentums sein können. Die Gewässer sind von Natur unteilbare Sachen und können daher nur als Ganze dem Eigentum unterliegen. Es ist dies in der beweglichen Natur des Wassers begründet. Eine Entnahme von Wasser aus irgend einem Teile des Sees oder Flusses bringt nicht allein eine Verminderung des Wassers in diesem bestimmten Teile mit sich, sondern trifft den ganzen See, bezw. den abwärts liegenden Teil des Flusses. Ein Eigentum an reellen Teilen von Gewässern läfst sich wohl insoweit denken, als dabei lediglich eine Benutzung des von dem reellen Flufsteil eingenommenen Raumes in Frage kommt. Dagegen kann sich der Eigentumswille auf das Wasser eines reellen Teiles eines Gewässers nicht richten, weil er hierin mit dem Eigentumswillen aller anderen Teilinhaber konkurrieren würde. Ein Eigentum an einem reellen Teile eines Gewässers, dessen Ausflufs das unbeschränkte Recht auf Benutzung des sich in ihm aufhaltenden Wassers wäre, verneint notwendig ein gleiches Eigentumsrecht an den übrigen reellen Teilen des Gewässers nach dem Satze: duorum in solidum dominium esse non potest. Eine Mehrheit von Eigentumsrechten an reellen Teilen einer Sache, von denen jedes einzelne durch die übrigen beschränkt ist, ist aber dem Geiste des römischen Rechtes fremd. Sobald der Wille mehrerer sich auf die Beherrschung eines Gewässers richtet, vermag das römische Recht nicht mehrere selbständige Eigentumsrechte an den einzelnen Teilen des Gewässers, sondern nur ein nach Quoten geteiltes Eigentum aller an dem ganzen Gewässer anzunehmen. Das Miteigentum an den Gewässern konnte sich dann naturgemäfs nicht einseitig auf das Wasser, sondern mufste sich auch auf den von ihm eingenommenen Grund und Boden erstrecken.

Es wird nicht behauptet werden können, dafs dem römischen Recht der Gedanke des Miteigentums an den Gewässern zu jeder Zeit eigen gewesen ist. Zu einer Zeit, in welcher die Gewässer in umfassender Weise, insbesondere zu Zwecken der Landwirtschaft, noch nicht benutzt wurden und demgemäfs der Beherrschungswille sich weniger intensiv auf das Wasser selbst richtete, kann dieser Gedanke dem römischen Rechte fremd gewesen sein. Jedenfalls aber mufste er zum Durchbruch gelangen, als der Wert des Wassers in höherem Mafse gewürdigt und seine Benutzung vornehmlich zu Zwecken der Bewässerung in ausgedehnter Weise geübt wurde, was zur Zeit des klassischen römischen Rechtes längst der Fall war. Mit Notwendigkeit mufste ja eine Kollision unter den Uferanliegern eines privaten Wasserlaufes eintreten, sobald einer von ihnen eine Wasserableitung in Angriff nahm. Die Kollision mufste zum wenigsten zu einer Teilung der Wasserschätze, welche ein Miteigentum an ihnen bedingte, wenn nicht sogar zu einer Genossenschaft der

Miteigentümer des Gewässers behufs gemeinschaftlicher Bewässerung führen.

Indessen ist die Annahme eines Miteigentums an privaten Gewässern nur insoweit eine zwingende, als der Beherrschungswille der einzelnen Berechtigten sich auf das Wasser und dessen Aneignung konzentriert und dadurch konkurriert oder als wenigstens das Gewässer nach seiner natürlichen Beschaffenheit eine solche Benutzung zuläfst, dafs eine Kollision der Interessen entstehen kann. Dies ist bei den beständigen privaten Gewässern, insbesondere den fontes, schlechthin der Fall, und man wird daher mit der Annahme nicht fehlgehen, dafs das römische Recht bei ihnen grundsätzlich ein Miteigentum am gesamten Gewässer annahm. Anders liegt die Sache bei den nichtbeständigen natürlichen Gewässern, zu welchen insbesondere die flumina torrentia gehörten. Nicht nur in den wasserreichen Ländern, wie es z. B. Germanien, Gallien und Italien waren [1], sondern auch in den wasserarmen Ländern können die flumina torrentia im allgemeinen nicht als ein Geschenk der Natur, sondern nur als ein unvermeidliches Übel gegolten haben. Bei einem Grundstückseigentümer, dessen Gebiet von einem torrens durchflossen wurde, wird regelmäfsig der Beherrschungswille sich nur auf den alveus, nicht aber auf das Wasser des torrens gerichtet haben; er wird gewöhnlich nicht den Wunsch gehabt haben, das Wasser des torrens für sich zu haben, sondern es möglichst bald schwinden zu sehen. Der Nutzen, den torrentes zu gewähren vermögen, kann nur ein sehr beschränkter sein. Das Auftreten der torrentes fällt in eine Zeit, in welcher das Wasser im Überflufs vorhanden ist und daher ein Bedürfnis für die Benutzung desselben nicht besteht. Als Benutzungsart für die torrentes kann wohl nur die Schiffahrt und vornehmlich die Flöfserei in Betracht kommen, worauf l. 1 §§ 4, 10 D. de flumin. 43, 12 und l. un. § 2 D. ut in flum. publ. nav. lic. 43, 14 hinzudeuten scheinen. Bei dieser Benutzung

[1] Seneca, natural. quaest. 3, 6: At contra constat, Germaniam Galliamque et proxime ab his Italiam abundare rivis et fluminibus.

liegt aber ein gemeinsames Interesse der Uferanlieger nicht vor, welches zur Annahme eines gemeinsamen Eigentums hätte führen müssen. Dem Interesse der Oberlieger, auf dem torrens im Bereich der Unterlieger zu flöfsen, entspricht ein gleiches der Unterlieger nicht. Hiernach wird man nicht annehmen können, dafs nach römischem Recht an den torrentes und sonstigen nichtbeständigen Gewässern, falls sie im Herrschaftsbereich verschiedener Personen lagen, grundsätzlich ein Miteigentum bestand, wenngleich im einzelnen Fall natürlich ein solches begründet sein konnte.

Der Gedanke des Miteigentums liegt bei den beständigen stehenden Gewässern auch der heutigen Rechtsanschauung äufserst nahe. Ein Eigentum an reellen Teilen läfst sich bei diesen Gewässern, falls sie der rechtlichen Herrschaft einer gröfseren Mehrheit von benachbarten Grundstücksbesitzern unterliegen, schon aus dem Grunde schlechterdings nicht annehmen, weil sich die Grenzen der verschiedenen Herrschaftsbereiche auch nicht einigermafsen sicher denken und feststellen lassen. Dagegen hat die Annahme eines Miteigentums aller Uferanlieger an einem Wasserlauf für die deutsche Rechtsanschauung etwas befremdendes an sich [1]. Zwar hat die allgemein vertretene Ansicht, dafs ein Wasserlauf, welcher die Grenze zwischen zwei Grundstücken bildet und der rechtlichen Herrschaft beider Uferanlieger untersteht, einem jeden von beiden bis zur Mittellinie gehöre, in der natürlichen Rechtsanschauung keinen Boden. Die Wasserläufe haben die Eigenschaft von natürlichen Grenzen an sich und es heifst nichts anderes, als den Wasserläufen diese Eigenschaft abzusprechen und an die Stelle der Flufsgrenze eine völlig unsichere und erkünstelte zu setzen, wenn man die Mittellinie des Wasserlaufes als Grenze auffafst. Wohl aber klingt der deutschen Rechtsanschauung der Satz befremdlich, dafs

---

[1] Die Möglichkeit eines Miteigentums steht aufser jedem Zweifel, wie auch der Gedanke des Miteigentums an einem Wasserlauf an sich auch der deutschen Rechtsanschauung nicht fremd ist. Man denke an den Fall, wenn ein Wasserlauf durch Erbfall oder Kauf mehrere Eigentümer erhält.

ein Grundstückseigentümer an einem entfernt gelegenen Teile eines Wasserlaufes durch Miteigentum mitberechtigt sein soll. Der Grund dafür, dafs im deutschen Recht und in der deutschen Volksanschauung die Annahme des Miteigentums an den Wasserläufen sich nicht sicher festgestellt hat, ist darin zu suchen, dafs der Wert der Wasserläufe bis zur Neuzeit in weit geringerem Mafse geschätzt wird als in der antiken Welt.

In der in Rede stehenden Frage versagen die Quellen nahezu gänzlich. Für die Ansicht, welche ein Eigentum an reellen Teilen von Gewässern grundsätzlich annimmt, ist nicht das geringste Quellenzeugnis vorhanden, während umgekehrt für die Annahme eines Miteigentums an den gesamten Gewässern sich wenigstens einiges vorbringen läfst. In l. 4 § 1 D. comm. divid. 10, 3 ist von einem Brunnen die Rede, der im Miteigentum pro indiviso stand. In l. 10 pr. D. de aqu. et aqu. pl. arc. act. 39, 3 läfst sich Ulpian folgendermafsen aus:

> Ulpianus libro LIII ad Edictum. — Si autem plures sint ejusdem loci domini, unde aqua ducitur, omnium voluntatem esse sequendam, non ambigitur; iniquum enim visum est, voluntatem unius ex modica forte portiuncula dominii praejudicium sociis facere.

Unter dem locus, unde aqua ducitur, kann nur ein caput verstanden sein, da nur aus diesen Wasserleitungsservituten begründet werden konnten. Zu den capita aber gehören von privaten Gewässern unter anderen die fontes und die lacus. Wenn Ulpian nun sagt, es bedürfe zur Bestellung der Wasserleitungsservitut der Genehmigung aller Eigentümer des locus, aus welchem sie beginnen soll, so kann damit wohl nur ein Miteigentum Mehrerer an dem Gewässer gemeint sein[1], zumal er weiterhin von einem Teilchen des Eigentums spricht. Dafs bei dem locus unde aqua ducitur nicht an ein Grundstück,

[1] Dafs die Gewässer als loca bezeichnet wurden, ergiebt z. B. l. 15 §§ 2 bis 10, l. 24 pr. D. de damn. inf. 39, 2; l. 45 pr. D. de usurp. et usucap. 41, 3.

sondern an ein Gewässer zu denken ist, bedarf nach den früheren Ausführungen über das Wesen der Wasserleitungsservitut keiner weiteren Erörterung. Nun könnte man an den Fall denken, dafs das Gewässer nur ein einziges Grundstück berührte, welches im Miteigentum mehrerer Personen stand, oder dafs der Teil des Gewässers, von welchem die Wasserleitungsservitut beginnen sollte, als Zubehör eines Grundstücks Mehreren zum Miteigentum zugehörte. Gegen die letztere Annahme spricht der Umstand, dafs durch die blofse Genehmigung eines Teileigentümers nicht blofs den Miteigentümern an dem Teile des Gewässers, sondern auch den übrigen Eigentümern des Gewässers Eintrag geschehen würde, was Ulpian merkwürdigerweise unberührt liefse. Beiden Annahmen steht entgegen, dafs das Eigentum des Gewässers mit dem des anliegenden Grundes und Bodens verquickt wird, während Ulpian nur das Eigentum an den Gewässern im Auge hat, und dafs die Erwähnung von modicae portiunculae des Eigentums an Grundstücken etwas auffälliges an sich trägt. Nimmt man dagegen ein Miteigentum an den Gewässern für sich an, so erscheint das Bestehen einer Menge und selbst von kleinen Eigentumsteilchen sehr begreiflich.

In art. 9 seiner Schrift über die Wasserleitungen der Stadt Rom erzählt Frontinus, dafs er den Bach Crabra, welcher zwar von Agrippa bei der Anlegung der Julischen Wasserleitung unbeachtet geblieben, aber später zu seinem besseren Teile in diese Wasserleitung aufgenommen worden sei, den tuskulanischen Grundbesitzern auf Anordnung des Kaisers zurückgegeben habe. Hierbei bemerkt er, dafs das Wasser dieses Wasserlaufes unter die Besitzer der an ihm liegenden Grundstücke zur abwechselnden Benutzung nach bestimmten Tagen und Mafsen geteilt war. Diese Teilung hat offenbar das Wasser in seiner Gesamtheit zum Gegenstand. Eine Teilung in die Benutzung eines Gewässers hat aber bei den Teilenden zur Voraussetzung, dafs das Nutzungsrecht ein gemeinsames ist. Ein solches gemeinsames Nutzungsrecht aber kann wohl kaum in etwas anderem als in dem gemeinsamen Eigentum an dem Wasserlauf seine Grundlage haben. Dafs es sich bei der Crabra um keinen öffentlichen Wasserlauf handelt, bei welchem die Teilung von der Obrigkeit hätte ausgehen können, ergiebt mit Sicherheit der Umstand, dafs dieser Bach in die aqua Julia nicht aufgenommen und später völlig zu Unrecht den Uferanliegern entfremdet war.

Zieht man unter Berücksichtigung dieser Quellenzeugnisse in Betracht, dafs das Eigentum an den fontes privati sich auch auf das Wasser erstreckte und dafs ein Eigentum an reellen Teilen eines Gewässers mit dem Geiste des römischen Rechtes unverträglich ist, so wird jeder Zweifel daran schwinden, dafs das römische Recht an den natürlichen Wasserläufen ein Miteigentum annahm, sobald der Wille der Berechtigten sich auf eine Beherrschung des Wassers richtete. Der Einfachheit wegen wird im folgenden nur von dem Miteigentum am fons, dem wichtigsten privaten Gewässer die Rede sein. Was über ihn gesagt wird, mufs auch für alle anderen im Miteigentum stehenden Gewässer gelten, soweit sich nicht nach ihrer natürlichen Beschaffenheit von selbst Ausnahmen ergeben.

In welcher Weise sich die Eigentumsquoten an einem gemeinschaftlichen Wasserlauf bestimmten, wenn der Wasserlauf Zubehör der angrenzenden Grundstücke war, darüber ist man bei dem Schweigen der Quellen nur auf Vermutungen angewiesen. Indessen wird sich kaum eine andere der Billigkeit entsprechende Quotenverteilung denken lassen als eine solche, welche von dem Verhältnis der Eigentumsanteile am Ufer ausgeht, wobei naturgemäfs ein Eigentum an beiderseitigen Grundstücken ein doppeltes Anrecht am Wasserlauf geben mufs. Können danach die Eigentumsquoten an einem Wasserlauf in Ermangelung eines Übereinkommens durch Abmessung bestimmt werden, so kann eine Entscheidung hierüber durch den Richter nur dann erforderlich werden, wenn die Bemessung als unrichtig angefochten wird.

Im übrigen müssen auf das Miteigentum an den Wasserläufen die allgemeinen für das Miteigentum geltenden

Grundsätze zur Anwendung kommen. Jeder Miteigentümer darf die ihm gebührende Quote frei veräufsern, sei es an einen anderen Miteigentümer, sei es an einen Fremden. Die Benutzung der Gewässer kann im Falle des Miteigentums naturgemäfs ebenso mannigfach und verschieden sein, wie beim Bestehen eines Alleineigentums. Die Miteigentümer können den Wasserlauf einmal gänzlich zu eigenen Zwecken benutzen, indem sie das Wasser des Wasserlaufes, sei es zu hauswirtschaftlichen, sei es zu landwirtschaftlichen oder industriellen Zwecken verwenden und die Fischerei am Wasserlauf zu Zwecken des eigenen Lebensunterhaltes ausüben. Sie können den Wasserlauf aber auch, sei es gänzlich oder nur teilweise oder nur nach einzelnen Richtungen hin, in der Weise zum Gegenstand ihres fructus machen, dafs sie die Fischerei verpachten oder das Wasser an Dritte unter Bestellung von Servituten gegen Entgelt ablassen. Diese mittelbare Nutzung mufs namentlich dann vorherrschend gewesen sein, wenn die Miteigentümer des Wasserlaufes an dem angrenzenden Grund und Boden keinen Anteil hatten.

Einzelne Benutzungsarten sind wahrscheinlich unter den Miteigentümern eines Wasserlaufes namentlich dann, wenn sie ihn vorwiegend selbst benutzten, regelmäfsig frei gewesen, und zwar werden dies solche Benutzungsarten gewesen sein, bei denen eine Kollision der gegenseitigen Interessen nicht eintreten konnte, wie beim Wasserschöpfen und Viehtränken oder auch beim Befahren des Wasserlaufes. Auch die Fischerei war jedenfalls der Gegenstand einer gemeinsamen Nutzniefsung nur dann, wenn sie einen wesentlichen Ertrag des Wasserlaufes bildete[1]. Im anderen Falle wird nach stillschweigender oder ausdrücklicher Vereinbarung das Fischereirecht als jedem im Bereich seines Grundstückes zustehend gegolten haben. Soweit es sich dagegen um Benutzungsarten, welche ein facere in re communi, eine künstliche Veranstaltung zur Voraussetzung haben, oder um Einräumung der Nutzung an Dritte handelt, mufste die Gemeinsamkeit des Eigentums- und

---

[1] Vgl. l. 25 pr. l. 26 D. de usuris 22, 1.

Nutzungsrechtes am Wasserlaufe hervortreten. So bedurfte die Bestellung einer Wasserservitut der Einwilligung sämtlicher Miteigentümer [1]. Gegen jedes facere in re communi seitens eines Miteigentümers hatte jeder andere ein Einspruchsrecht, welches die Ausführung der beabsichtigten Veranstaltung hinderte. Selbst wenn die Miteigentümer die Ausübung des Einspruchsrechtes unterlassen haben, obwohl sie es füglich hätten ausüben können, bleibt ihnen ihr Genosse, welcher die Veranstaltung getroffen hat, zum Ersatz des hierdurch verursachten Schadens verbunden. Nur die ausdrückliche Einwilligung aller Miteigentümer macht die Veranstaltung unanfechtbar [2].

Läfst sich über die Benutzung eines Wasserlaufes unter den Miteigentümern eine Vereinbarung nicht erzielen, so steht einem jeden die actio communi dividundo auf Auseinandersetzung offen. Der Erfolg dieser Klage kann, wie er es bei jedem ihr zu Grunde liegenden Gegenstande ist, so auch beim Wasserlauf ein sehr verschiedener sein. Haben die Miteigentümer oder einzelne von ihnen an der eigenen Benutzung des Wasserlaufes kein Interesse, so wird häufig die Klage zu einer Veräufserung des Wasserlaufes oder zu einer Adjudikation an einen Miteigentümer oder zu einer Enteignung einzelner Miteigentümer zu Gunsten der Anderen gegen Entschädigung geführt haben. War es dagegen den Interessenten um eine Verteilung der Nutzung unter sich selbst, z. B. um eine Teilung des Wassers zu Zwecken der Bewässerung, zu thun, so wird es die Aufgabe des arbiter gewesen sein, die Nutzung des Wasserlaufes in einer solchen Weise zu teilen, dafs damit den Wünschen und thatsächlichen Interessen der Beteiligten am besten Rechnung getragen wurde. Dabei mufste der arbiter natürlich, wenn er einem Miteigentümer z. B. ein seine Anteilsquote überschreitendes Nutzungsrecht am Wasser zu Zwecken der Bewässerung zuspricht, weil dieser

---

[1] Vgl. l. 10 pr. D. de aqu. et aqu. pl. arc. act. 39, 3; l. 11, l. 34 pr. D. de serv. pr. rust. 8, 3; l. 18 D. comm. praed. 8, 4.

[2] Vgl. l. 28 D. comm. divid. 10, 3.

gegenüber Anderen das Wasser dringender bedarf, die dadurch Benachteiligten durch Zuerkennung einer Entschädigung schadlos halten. Die actio communi dividundo kann, falls sie unter Miteigentümern stattfindet, nicht immer eine Auseinandersetzung in betreff des Eigentums zum Ziele gehabt haben, sie mufs sich auch auf die Auseinandersetzung der streitigen Nutzung haben richten können, weil gewichtige Interessen öfters für eine Aufrechterhaltung des Miteigentums sprechen[1]. Denn ob die Auseinandersetzung stets durch Adjudikation des Wasserlaufes an einen Miteigentümer unter Bestellung von Wasserservituten für die übrigen zu erfolgen pflegte, ist sehr zweifelhaft. Naturgemäfs findet die actio communi dividundo beim Miteigentum am Wasserlauf auch in allen Fällen Anwendung, in denen sie sonst allgemein zulässig ist, also z. B. auf Teilung des gemeinschaftlichen Gewinnes, Erstattung verursachten Schadens, Ersatz notwendiger Aufwendungen u. s. w.

Es verdient endlich noch die Frage eine kurze Erörterung, welche rechtlichen Folgen sich an die Veränderungen knüpfen, welche ein privater Wasserlauf auf natürlichem Wege erfährt. Dafs die für die öffentlichen Flüsse in dieser Beziehung geltenden Rechtssätze hier nicht in gleicher Weise zur Anwendung kommen können, bedarf keines Beweises. Auch in diesem Punkte schweigen die Quellen nahezu gänzlich. Es kommt hier offenbar nur der Fall in Betracht, dafs ein Wasserlauf zwischen Grundstücken fliefst, welche, sei es überhaupt, sei es zum Teil, nicht im Eigentum des Eigentümers des Wasserlaufes stehen. Es dürften sich für den Fall der Nachbarschaft von agri arcifinii vielleicht folgende Grundsätze aufstellen lassen. Eine Veränderung in den Eigentumsverhältnissen tritt nicht ein, wenn sich im Bereich des ursprünglichen

[1] Wenn die actio communi dividundo auch bei einem gemeinsamen usus fructus gegeben wurde und hierbei zu einer Teilung des usus fructus führte, so wird dieses Ziel auch bei einem gemeinsamen Eigentum mit der Klage verfolgt werden können. Vgl. l. 6 § 10 D. comm. div. 10, 3, ferner l. 1 § 26, l. 4 D. de aqu. quot. et aest. 43, 20.

alveus eine Insel bildet oder wenn der alveus vom Wasserlauf verlassen wird, insoweit der Grund und Boden in Betracht kommt. Hat der Wasserlauf auf fremdem Gebiet einen neuen alveus sich geschaffen, so verfällt er dem Eigentum des Eigentümers dieses Grundes und Bodens. Das einem fremden Grundstück angeschwemmte Land (alluvio) wächst diesem Grundstück zu, während umgekehrt das abgeschwemmte oder vom Wasserlauf occupierte Land in das Eigentum des Eigentümers des Wasserlaufes fällt.

Bei den fontes und wohl auch bei den rivi werden diese durch das Wasser herbeigeführten Veränderungen des Flufsbettes wegen der geringen Gröfse dieser Wasserläufe nur von untergeordneter Bedeutung gewesen sein. Für sie läfst sich in dieser Beziehung irgend ein Quellenzeugnis nicht beibringen[1]. Auf die durch das Wasser eines torrens herbeigeführten Veränderungen des Flufsbettes scheint sich dagegen das vielumstrittene fr. 38 D. de A. R. D. 41, 1 zu beziehen, welches sich von einem flumen publicum nach seinem ganzen Inhalt nicht verstehen läfst.

> Alfenus Varus libro IV Digestorum a Paulo epitomatorum. — Attius fundum habebat secundum viam publicam, ultra viam flumen erat et ager Lucii Titii; fluit flumen paulatim, primum omnium agrum, qui inter viam et flumen esset, ambedit et viam sustulit, postea rursus minutatim recessit et alluvione in antiquum locum rediit; respondit, cum flumen agrum et viam publicam sustulisset, eum agrum ejus factum esse, qui trans flumen fundum habuisset; postea cum paulatim retro rediisset, ademisse ei, cujus factus esset, et addidisse ei, cujus trans viam esset, quoniam ejus fundus proximus flumini esset; id

---

[1] Wenn Siculus Flaccus in seiner Schrift de condicionibus agrorum (Gromatici, Lachm. Ausg. p. 150 v. 24 ff.) von der alluvio und abluvio bei rivi spricht, so dürften nach dem ganzen Inhalt dieser Auslassung darunter nicht kleine beständige oder unbeständige Wasserläufe, sondern flumina publica verstanden sein. Vgl. auch das Vorhergehende p. 150 v. 7 ff.

autem, quod publicum fuisset, nemini accessisse; nec tamen impedimento viam esse ait, quominus ager, qui trans viam alluvione relictus est, Attii fieret; nam ipsa quoque via fundi esset.

An einem öffentlichen Wege liegt auf der einen Seite das Grundstück des Attius, auf der anderen Seite des Weges befinden sich die Äcker Anderer, an welche sich ein dem Lucius Titius gehöriger Flufs und an den Flufs grenzend auf der anderen Seite sein Grundstück anschliefsen. Der Flufs reifst allmählich den zwischen ihm und dem Wege befindlichen Acker und darauf den Weg selbst los, kehrt aber durch Anschwemmung nach und nach in sein ursprüngliches Bett zurück. Die occupierten Äcker werden, so entscheidet Alfenus, Eigentum des Titius, welchem das auf dem anderen Ufer liegende Grundstück und als Zubehör desselben der Flufs gehört. Mit dem allmählichen Zurückweichen des Flusses wächst dann das durch Anschwemmung wiederentstehende Land dem zunächstliegenden Grundstück, also dem des Attius an. Das durch die Occupation untergegangene Eigentum an dem zwischen dem Wege und dem Flusse liegenden Grund und Boden lebt nicht wieder auf, da das Zurückweichen (recessus) des Flusses nicht plötzlich, sondern nur allmählich erfolgt[1]. Nur der via publica ist ihr Charakter weder bei der Occupation noch beim Zurücktreten des Flusses verloren gegangen; sie ist — und dies beruht auf einem der Konsequenz nicht entsprechenden Rechtssatz — immer öffentlich geblieben. Der dazwischen liegende öffentliche Weg ist nämlich, meint Alfenus, nicht hinderlich, dafs das angeschwemmte Land dem Grundstück des Attius zuwächst, da der Weg selbst, streng genommen, dem Grundstück des Attius accrescieren müfste.

---

[1] Vgl. l. 23 D. quib. mod. ususfr. 7, 4; l. 30 § 3 D. de A. R. D. 41, 1.

§ 7. Schlufs: Blick auf das gemeine Recht.

Auf dem Gebiete des gemeinen Rechtes besteht hinsichtlich der Frage, welche Wasserläufe öffentlich sind, die gröfste Rechtsunsicherheit. Diese Rechtsunsicherheit leuchtet auf das grellste aus der Thatsache hervor, dafs in der Theorie die verschiedensten Ansichten über den Umfang des Begriffes des öffentlichen Flusses für das gemeine Recht geltend gemacht werden. Diese verschiedenen Ansichten aber sind der Ausflufs des Wahnes, dafs der öffentliche Charakter eines Wasserlaufes sich nach Merkmalen bestimme, welche das Recht schaffe und zu schaffen berufen sei, und dafs das römische Recht in Erfüllung dieser Aufgabe den Begriff des öffentlichen Flusses durch bestimmte Merkmale begrenzt habe. Indem man die Thatsache völlig verkannte, dafs sich die Öffentlichkeit der Flüsse bei den Römern in der Wirklichkeit festgestellt hat, gelangte man zu der fälschlichen Ansicht, dafs die Grundsätze, durch welche man im römischen Recht den Umfang des Begriffes flumen publicum begrenzt glaubte, auch für das gemeine Recht mafsgebend seien. So erklärten denn, indem sie das römische Recht anzuwenden und anwenden zu müssen glaubten, für das gemeine Recht die Einen alle beständigen Wasserläufe, die Anderen nur die gröfseren von ihnen, die beständigen Flüsse, für öffentlich. Andere sahen bei den von den südlichen Ländern verschiedenen klimatischen Verhältnissen Deutschlands die Vorschriften des römischen Rechts über den Umfang des Begriffes flumen publicum für unanwendbar an, indem sie die Grenzen des öffentlichen Flusses für die deutschen Verhältnisse als zuweit gezogen erachteten, und bezeichneten als das Merkmal des öffentlichen Flusses nach deutschem Recht die Schiffbarkeit und Flöfsbarkeit. Nicht wenig wurde endlich die Rechtsunsicherheit auf dem Gebiete des gemeinen Wasserrechts durch die fälschliche weitverbreitete Annahme begünstigt, dafs sich alles fliefsende Wasser dem Eigentum entziehe und dem Gemeingebrauch freigegeben sei.

Da die Scheidung der Wasserläufe in öffentliche und nichtöffentliche, wie sie im Bereiche des römischen Rechts besteht, keine Schöpfung dieses Rechts, sondern aus der natürlichen Entwickelung der Dinge hervorgegangen ist, welche das Recht nur anerkannt hat, so kann von einer Anwendung von römischem Recht für das Gebiet des gemeinen Rechts, sofern es sich um die Feststellung handelt, welche Wasserläufe nach gemeinem Recht öffentlich sind, überhaupt von vornherein nicht die Rede sein. Selbst wenn aber auch das römische Recht thatsächlich den Begriff des öffentlichen Flusses nach festen Merkmalen begrenzt hätte — was nicht der Fall ist —, so würden diese Sätze doch nur dann als recipiert gelten können, sofern sie nicht eine Umwälzung der in Deutschland bislang bestehenden thatsächlichen Verhältnisse mit sich bringen. Sobald die Aufnahme von Grundsätzen des römischen Rechts einen Umsturz in der bestehenden Güterverteilung zur Folge hätte, kann eine Anwendung dieses Rechtes nicht stattfinden. Es ist also bei der Frage nach dem rechtlichen Charakter der Wasserläufe für das gemeine Recht nur darauf zu sehen, in welcher Weise sich die rechtlichen Schicksale der Wasserläufe in Deutschland festgestellt haben.

Die Behauptung, dafs nach deutschem Recht nur die schiffbaren und flöfsbaren Wasserläufe als öffentlich gelten, ist nicht zutreffend. Allerdings liegt dieser Auffassung insofern ein richtiger Gedanke zu Grunde, als die Allgemeinheit in Deutschland bis auf den heutigen Tag ein erheblich geringeres Interesse an den rechtlichen Schicksalen der Wasserläufe hat, als dies in der antiken Welt der Fall war. Die Blüte der alten Bodenkultur beruhte vornehmlich auf der sorgfältigen und weisen Benutzung der befruchtenden Kraft der aus der Erde stammenden Gewässer. Die einzelnen perennierenden Gewässer wurden als wertvolle Güter betrachtet, deren Rechtsverhältnisse eine sorgsame Regelung erforderten und erfuhren. Die Thatsache, dafs schon Gewässer von geringer Gröfse eine umfassende, ausgedehnte Bewässerung gestatten, forderte zumal in wasserarmen Ländern zu einer weitgehenden Veröffentlichung der einzelnen Gewässer heraus. Ganz anders war dies in Deutschland. Eine Benutzung der Wasserläufe zu Zwecken der Bodenkultur war und ist so gut wie gar nicht üblich, und damit war in Deutschland bei zahlreichen Wasserläufen, welche bei den Römern wegen des gemeinen Nutzens, den sie zu gewähren vermögen, als öffentlich gegolten hätten, ein Interesse an ihrer Veröffentlichung nicht vorhanden. Allein die Behauptung, dafs nach deutschem Recht nur die schiffbaren und die flöfsbaren Flüsse öffentlich waren, findet im übrigen in nichts ihre Stütze. Ein Rechtssatz, welcher dies in verbindlicher Form ausgesprochen hätte, ist nicht vorhanden, was gegenwärtig aufser Anfechtung stehen dürfte. Eine allgemeine Rechtsüberzeugung, welche sich nach diesem Grundsatze hin äufserte, bestand und besteht ebensowenig. Es geht dies ja mit unumstöfslicher Sicherheit daraus hervor, dafs über den Umfang des Begriffes des öffentlichen Flusses nach gemeinem Recht völlig abweichende Anschauungen, die auf dem römischen Recht fufsten, mit Erfolg sich geltend machen konnten.

Die Rechtsunsicherheit, welche auf dem Gebiete des gemeinen Rechts in Ansehung des rechtlichen Charakters der Wasserläufe besteht, ist durch den Streit der Theorie in ihrem Fortbestehen begünstigt worden; sie kann aber nicht durch ihn hervorgerufen worden sein. Hätten auf dem Gebiete des Wasserrechts zur Zeit der Rezeption in Deutschland völlig geordnete und gesicherte Rechtszustände bestanden, so hätte die Theorie den Versuch überhaupt nicht machen können, den Begriff des öffentlichen Flusses ihrerseits durch Merkmale festzulegen. Nur auf einem Felde, dessen Rechtsverhältnisse nur verschwommen und unsicher vorgezeichnet waren, konnte der Streit der Theorie in dem gedachten Umfange sich entspinnen. Der Grund für die Rechtsunsicherheit auf dem Gebiet des gemeinen Wasserrechts dürfte darin zu suchen sein, dafs die Benutzung der Wasserläufe längst nicht so intensiv in Deutschland war wie unter der Herrschaft des römischen Rechtes und dafs demzufolge auch nur ein geringes

Interesse an der sicheren Feststellung des rechtlichen Charakters der einzelnen Wasserläufe bestand. Nur aus diesem mangelnden Verständnis für die wirtschaftliche Bedeutung der Gewässer, welches noch bis in die Neuzeit besteht, dürfte sich die auffällige Erscheinung erklären lassen, dafs die Rechtsverhältnisse der Gewässer in Deutschland allgemein in hohem Grade unsicher sind.

Für das Gebiet des gemeinen Rechts läfst sich die Frage, welche Wasserläufe öffentlich sind, vom Standpunkt der Theorie aus ebensowenig beantworten, wie dies für das römische Recht der Fall ist. Auch in Deutschland hat sich die Öffentlichkeit der Wasserläufe in der Wirklichkeit festgestellt und auch hier nur für Wasserläufe von bedeutenderem Umfang, welche nach ihren natürlichen Eigenschaften der Benutzung der Allgemeinheit zu dienen vermögen. Die Öffentlichkeit der einzelnen Flüsse thut sich regelmäfsig darin kund, dafs sie in der thatsächlichen einwandfreien aus eigenem Recht geübten Benutzung der Allgemeinheit stehen. Sie kann aber auch in einer ausdrücklichen Willenskundgebung der Allgemeinheit oder in der von altersher bestehenden communis opinio ihre Grundlage haben, ohne dafs thatsächlich ein usus publicus an dem Wasserlauf besteht. Läfst sich im Streitfalle der rechtliche Charakter eines Wasserlaufes nicht ermitteln, so wird der Wasserlauf auf seine natürlichen Eigenschaften hin mit solchen, welche unbestritten öffentlich sind, zu vergleichen, und je nach dem Ergebnis dieses Vergleichs sein rechtlicher Charakter zu bestimmen sein. Bleiben auch hiernach noch Zweifel übrig, so wird die Entscheidung zu Gunsten des Privateigentums fallen müssen, da es an einem allgemeinen intensiven Interesse an der Veröffentlichung von Wasserläufen gegenwärtig noch fehlt[1]. Die von Ulpian angegebenen Merkmale, nach denen im Zweifelsfall der

[1] Eine Frage der Rechtspolitik ist es, ob, inwieweit und unter welchen Voraussetzungen vom objektiven Recht eine Veröffentlichung von bisher privaten Gewässern zuzulassen ist oder private Gewässer dem Gemeingebrauch zu erschliefsen sind.

rechtliche Charakter der Wasserläufe zu bestimmen ist, können für das Gebiet des gemeinen Rechts nicht Anwendung finden. Der Kreis der öffentlichen Flüsse war unter der Herrschaft des römischen Rechts ein viel weiterer, als er auf dem Gebiete des gemeinen Rechts ist. Der Unterschied zwischen öffentlichen und privaten Wasserläufen deckte sich dort im wesentlichen, die Beständigkeit der Wasserläufe vorausgesetzt, mit dem sprachlichen Unterschiede von Flufs und Bach, was für das gemeine Recht keineswegs zutrifft, da hier auch zahlreiche Flüsse nicht öffentlich sein dürften.

Es bleibt noch die Frage zu erörtern, ob und inwieweit die Vorschriften des römischen Wasserrechts für das gemeine Recht anwendbar sind. Aus der Thatsache, dafs unter der Herrschaft des römischen Rechts der Kreis der öffentlichen Flüsse thatsächlich einen gröfseren Umfang hatte, kann zunächst ein Bedenken darüber nicht entnommen werden, ob die Grundsätze des römischen Rechts über die öffentlichen Flüsse nur auf die im Gebiete des gemeinen Rechts öffentlichen Wasserläufe oder auch auf einen Teil der privaten anzuwenden sind. Das römische Recht hat die besonderen Grundsätze für die öffentlichen Flüsse nicht wegen besonderer natürlicher Eigenschaften derselben, sondern wegen des an ihnen begründeten Gemeingebrauchs geschaffen, welcher eine besondere rechtliche Regelung erforderlich machte. Es kann also keinem Zweifel unterliegen, dafs nur für die öffentlichen Wasserläufe auf dem Gebiete des gemeinen Rechts die Vorschriften des römischen Rechts über die flumina publica in Frage kommen können.

Wie die Ausführungen dieser Abhandlung darthun dürften, gehört es zu den Hauptgrundzügen, welche das römische Wasserrecht beherrschen, dafs dem Rechtszustande, wie er sich in der Wirklichkeit an den einzelnen Wasserläufen festgestellt hat, in weitgehendem Umfange Rechnung getragen wird. Die offensichtliche Tendenz des römischen Wasserrechts geht dahin, grundsätzlich die an einem Wasserlauf thatsächlich bestehende Nutzung, welche der rechtlichen Grundlage teilhaftig ist, nicht blofs gegen willkürliche Schädigungen, sondern auch gegen solche Schädigungen zu schützen, welche ihr durch neu ausgeübte Nutzungen, namentlich durch opera nova, sei es auf Grund des Gemeingebrauchs, sei es auf Grund des Eigentums am Wasserlauf entstehen. Sind aber die unter aufserordentlich entwickelten Verhältnissen entstandenen Normen des römischen Wasserrechts bei ihrer feinen Durchbildung so geartet, dafs sie den jeweilig bestehenden Verhältnissen gerecht zu werden vermögen, so wird man nicht Bedenken tragen dürfen, ihre volle gemeinrechtliche Gültigkeit zu behaupten. Mögen auch auf dem Gebiete des gemeinen Rechts Sondernutzungen und Sonderrechte an den einzelnen Wasserläufen in üppiger Weise aufgewuchert sein, so ist doch das römische Wasserrecht dazu angethan, diesen Verhältnissen in einer der heutigen Rechtsanschauung entsprechenden Weise zu genügen.

Einer näheren Besprechung bedarf an dieser Stelle nur noch ein Punkt, über welchen die Ansichten gleichfalls sehr auseinandergehen, nämlich die Frage, ob und inwieweit die auf die öffentlichen Flüsse bezüglichen popularen Rechtsmittel des römischen Rechts für das gemeine Recht noch anwendbar sind. In Betracht kommen dabei die Popularinterdikte von tit. Dig. 43, 12 und 13 und die populare operis novi nuntiatio. In der neueren Zeit hat die Ansicht zahlreiche Anhänger und in der Rechtsprechung Anerkennung gefunden, welche die popularen Rechtsmittel des römischen Rechts insoweit als gültig anerkennt, als mit denselben private Vermögensinteressen verfolgt werden sollen. Es dürfte feststehen, dafs es sich dabei nicht um eine Anwendung der römischrechtlichen Popularklagen, sondern um eine Neuanwendung derselben handeln würde. Denn die Popularklagen sind nicht zur Verwirklichung von Privatinteressen, sondern von Interessen der Allgemeinheit bestimmt. Für eine Neuanwendung der popularen Rechtsmittel in dem gedachten Sinne liegt aber für das gemeine Recht nicht die geringste Veranlassung vor, weil die Interessen der Einzelnen an den öffentlichen Flüssen durch private Rechtsmittel in ausreichender Weise gewahrt sind.

Mufs sonach diese Neuanwendung der auf die Flüsse bezüglichen popularen Rechtsmittel als unangemessen und überflüssig bezeichnet werden, so fragt es sich, inwieweit diese Rechtsmittel in ihrem römisch-rechtlichen Umfange noch gültig sind. Hierbei ist zu unterscheiden zwischen ihrem materiellen und zwischen ihrem formellen Inhalt. Die populare operis novi nuntiatio enträt eines besonderen materiellen Inhalts, da sie eine Zuwiderhandlung gegen die auf die öffentlichen Flüsse bezüglichen leges, senatusconsulta oder edicta principum zur Voraussetzung hat. Was die Popularinterdikte von tit. Dig. 43, 12 und 13 anlangt, so ist ihr materieller Inhalt für das gemeine Recht als in vollem Umfange gültig anzusehen, natürlich sofern sich nicht andere Rechtssätze gebildet haben. Durch den Inhalt der Popularinterdikte werden dem Thun des Einzelnen an den öffentlichen Flüssen gegenüber den Interessen der Allgemeinheit Grenzen gezogen; es werden im allgemeinen Interesse ohne Rücksicht auf ein widerstreitendes eines Einzelnen alle Mafsnahmen für unzulässig erklärt, welche die Schiffahrt oder den Lauf des öffentlichen Flusses beeinträchtigen. Wollte man die Popularinterdikte nach dieser Richtung für unanwendbar erklären, so würde man damit eine empfindliche Lücke im gemeinen Wasserrecht schaffen, ohne einen Ersatz an der Hand zu haben. Es würden dann entweder die Mafsnahmen des Einzelnen an öffentlichen Flüssen nur wegen Beeinträchtigung wohlbegründeter Rechte anderer Personen beanstandet werden können, oder aber sie würden der willkürlichen Anfechtung der Allgemeinheit und der zu ihrer Vertretung berufenen Organe unterliegen.

Hinsichtlich des formellen Inhalts der popularen Rechtsmittel dürfte für das gemeine Recht feststehen, dafs die Wahrnehmung der Interessen der Allgemeinheit nicht mehr wie im römischen Recht dem einzelnen Bürger grundsätzlich obliegt. Es sind vielmehr hierzu die Organe der Staatsverwaltung gemäfs der Verfassung der einzelnen Staaten berufen. Nach der Staatsverfassung der einzelnen Länder des gemeinen Rechts und nach den in ihnen für die Verwaltung mafsgebenden Hauptgrundsätzen bemifst es sich auch, ob die berufenen Organe der Staatsverwaltung die Interessen der Allgemeinheit lediglich auf dem Rechtswege oder ob sie dieselben — was wohl überall der Fall ist — auf dem Verwaltungswege durch Verfügung wahrzunehmen haben. Nun bedürfen aber folgende zwei Punkte der Beachtung. Es ist einmal zu berücksichtigen, dafs durch den Inhalt der Popularinterdikte und der auf die Flüsse bezüglichen leges senatusconsulta und edicta principum die Interessen der Allgemeinheit gegenüber den Rechten des Einzelnen ihre objektiv-rechtliche Abgrenzung finden. Es ist ferner wohl zu beachten, dafs die Organe der Staatsverwaltung bei Gewässern, welche dem Gemeingebrauch freigegeben sind, nicht Interessen des Staats, sondern vermögensrechtliche Interessen der Staatsangehörigen zu schützen berufen sind, dafs sie in dieser Hinsicht als Vertreter aller Staatsangehörigen erscheinen. Falls nun nicht partikularrechtlich anderweitige Grundsätze bestehen, so ergiebt sich hieraus einmal, dafs dem Einzelnen gegen eine Verfügung des Staatsorgans, durch welche die Interessen der Allgemeinheit an einem öffentlichen Flufs wahrgenommen werden, der Rechtsweg nicht verschlossen sein kann. Denn die Staatsbehörde ist als Vertreterin der Allgemeinheit gegenüber dem Einzelnen Partei. Die rechtliche Zulässigkeit oder Unzulässigkeit des Thuns des Einzelnen kann daher nicht durch sie, sondern nur im Rechtswege festgestellt werden. Andererseits kann es im Verhältnis zur Allgemeinheit nicht dem subjektiven Ermessen der Staatsbehörde anheimgegeben sein, ausschliefslich darüber zu befinden, ob das Thun des Einzelnen die Interessen der Allgemeinheit in einer nach dem objektiven Recht unstatthaften Weise verletzt, und der Schutz der allgemeinen Interessen in ihr der Anfechtung entzogenes Gutdünken gestellt sein. Denn der Beruf oder die Befugnis der Staatsorgane, die Interessen der Allgemeinheit wahrzunehmen, beruht nicht auf einem Dienstverhältnis zum Staat, sondern gewissermafsen auf einem Auftragsverhältnis zur Allgemeinheit, zur Gesamtheit der Staatsangehörigen. Der Staatsbehörde ist damit nicht das Recht gegeben, mit Ausschlufs jedes Anderen über die allgemeinen Interessen zu wachen, sie ist vielmehr nur besonders zum Schutz dieser Interessen bestellt. Allgemeine Interessen wahrzunehmen, ist jeder Staatsbürger nicht blofs berechtigt, sondern sogar verpflichtet. Hält ein Staatsbürger die Vorschriften des materiellen Rechts, welche sich auf den Schutz der öffentlichen Flüsse beziehen, für verletzt, so mufs ihm daher das Recht zustehen, wenigstens subsidiär, wenn das berufene Staatsorgan es ablehnt einzugreifen, im Rechtswege die vermeintlich verletzten Interessen der Allgemeinheit zu wahren.

Anhang.

Die Wasserläufe in der lateinischen und griechischen Sprache.

Bei der umstürzlerischen Natur der Behauptung, dafs fons in der Rechtssprache den beständigen kleinen natürlichen Wasserlauf, den Bach, bezeichnete, ist eine Erörterung der Frage unabweislich, welcher Sinn diesem Worte im sonstigen Sprachgebrauch beikam. Es ist offenbar nicht wahrscheinlich, dafs die Rechtssprache einem Worte willkürlich eine Bedeutung untergelegt haben sollte, welche ihm sonst grundsätzlich nicht eigen war, und es liegt daher nahe zu vermuten, dafs fons überhaupt den Bach bezeichnete oder wenigstens bezeichnen konnte. Beruhte aber auch die Bedeutung von Bach auf einer Erfindung der Rechtssprache, so sollte man doch meinen, dafs diese Neuanwendung des Wortes die Rückwirkung auf den sonstigen Sprachgebrauch nicht hätte verfehlen können. Würde eine Prüfung der lateinischen Litteratur zu dem negativen Ergebnis führen, dafs fons den Bach nicht bedeutet, so würde man hierin nicht mit Unrecht einen schwerwiegenden Gegengrund gegen die Richtigkeit der für die Rechtssprache vertretenen Ansicht erblicken. Da man den Worten *πηγή* und *κρήνη* ebenfalls allgemein die Bedeutung von Quelle beilegt und diese Worte mit fons synonym sind, wie aus der gleichmäfsigen Anwendung für bestimmte konkrete Gewässer mit Sicherheit erhellt, so wird sich die folgende Erörterung auch auf Prüfung der Bedeutung dieser Worte zu richten haben. Die Durchforschung dieser Frage, welche nicht blofs für die juristische, sondern auch für die geographische, Sprach- und Altertumswissenschaft von erheblichem Interesse ist, kann naturgemäfs bei dem Gegenstande dieser Abhandlung keine umfassende sein. Sie wird sich nur soweit erstrecken, als die Erweisung der für das Wort fons behaupteten Bedeutung dies erfordert.

In seinem Buch de verborum significatione erklärt Festus das Wort rivus folgendermafsen:

> rivus vulgo appellatur tenuis aquae fluor non specu incilive factus, verum naturali suo impetu; sed ii rivi dicuntur, qui manu facti sunt, sive super terram fossa sive super specu, cujus vocabuli origo ex Graeco (ῥεῖν) pendet.

Nach Festus bezeichnet also rivus in der Vulgärsprache den kleinen natürlichen, in seiner ursprünglichen Bedeutung dagegen den kleinen durch Menschenwerk geschaffenen Wasserlauf. Die soeben wiedergegebene Stelle steht allerdings in ihrem Wortlaut insofern nicht ganz fest, als nach einer anderen Lesart zwischen den Worten sed und rivi dicuntur ein et sich eingeschoben findet und damit beide Bedeutungen von rivus nebeneinander gestellt werden. Indessen widerspricht der Gleichstellung der beiden Bedeutungen das Wort vulgo so offenbar, dafs damit die Lesart in sich selbst zusammenfällt. Vor allem aber findet die erstere Lesart in den Thatsachen selbst die beste Bestätigung.

Dafs rivus der technische und allgemein übliche Ausdruck für den kleinen künstlichen Wasserlauf war, ist nach den Zeugnissen der Litteratur über jeden Zweifel erhaben. In den Rechtsquellen wird rivus, wie in dieser Abhandlung erwähnt wurde, zur speciellen Bezeichnung des kleinen der Wasserleitung dienenden Kanals verwendet; auch in der sonstigen Litteratur kommt rivus vielfach in dieser Bedeutung vor[1]. Andererseits aber lassen sich auch mehrfach Stellen nachweisen, in denen rivus zur Bezeichnung des kleinen natürlichen Wasserlaufes angewendet wird[2]. Indessen besteht in dieser letzteren Hinsicht eine äufserst befremdliche Thatsache. Gerade in denjenigen Schriften, in denen man das Wort am häufigsten zu finden erwarten mufs, nämlich in den Schriften geographischen und naturwissenschaftlichen Inhalts, trifft man rivus in der Bedeutung von Bach so gut wie gar nicht an. Im achten Buche der Architektur des Vitruvius, welches nur das Wasser zum Gegenstande hat und in welchem zahlreiche konkrete Gewässer erwähnt werden, wird rivus im Sinne von Bach nur ein einziges Mal gebraucht[3]. Ein gleiches negatives Ergebnis zeitigt eine Durchforschung der naturalis historia des Plinius; auch hier vermifst man in den Teilen, welche der Geographie gewidmet sind oder aus anderen Gründen von Gewässern handeln, den rivus gänzlich, während alle anderen natürlichen Gewässer häufig erwähnt werden[4]. Auch in dem geographischen Abrifs des Pomponius Mela de situ orbis kommt das Wort rivus nur an zwei Stellen vor, und nur in der einen[5] von ihnen dürfte es die Bedeutung von Bach haben, wärend es in der anderen[6] nur einen kleinen Wasserlauf bezeichnen soll. Ebensowenig ist in dem späten Werke Polyhistor des Solinus von rivus im Sinne von Bach die Rede. Eine Ausnahme machen die naturales quaestiones des Seneca, in welchen das

---

[1] Vgl. z. B. Frontinus, de aquaeduct. an zahlreichen Stellen; Vitruvius, de architectura 8, 6, 1 ff.; Ovid, Amor. 2, 16, 9. 35; Rem. Am. v. 177. 194. 445; Horaz, Carm. 1, 7, 14; 2, 3, 11 f.; Epist. 1, 10, 21 f.; Vergil, Ecl. 3, 111; 5, 47; Georg., 1, 269; Lucrez, de rer. nat. 2, 29 ff. 5, 1372. 1392 ff.

[2] Vgl. z. B. Seneca, natur. quaest. 3, 4. 6. 9. 12. 13. 15. 28. Vitruvius, de architect. 8, 3, 16; Ovid, Metam. 2, 456; 5, 435; 8, 334; 11, 602; Amor. 3, 6, 91; ex Ponto 2, 5, 19; Caesar, de bell. Gall. 5, 49; de bell. civ. 3, 37. 49. 88.

[3] Vitruvius, de architect. 8, 3, 16.

[4] Plinius, natur. hist. lib. II, 103 ff., lib. III bis VI, lib. XXXI.

[5] Pomp. Mela, 1, 13.

[6] Pomp. Mela, 3, 8.

Wort an einigen Stellen zur Bezeichnung kleiner natürlicher Wasserläufe im allgemeinen, nicht aber auf bestimmte Gewässer angewendet wird.

Für diese höchst auffällige Thatsache giebt die Definition des Wortes rivus durch Festus die Erklärung von selbst an die Hand. Festus sagt ja ausdrücklich, dafs rivus nur in der Vulgärsprache zur Bezeichnung des kleinen natürlichen Wasserlaufes verwendet werde. Es ist daher ganz natürlich, dafs sich in der Schriftsprache rivus im Sinne von Bach nur selten findet und dafs dieser Ausdruck in der Sprache der Wissenschaft und daher in den genannten Werken zur Bezeichnung des Baches sorgfältig und grundsätzlich vermieden wird. Damit steht man aber vor einem neuen Rätsel. Die vulgäre Anwendung des Wortes rivus im Sinne von Bach zeigt deutlich, dafs der Volksanschauung die Unterscheidung zwischen grofsen und kleinen natürlichen Wasserläufen nicht fremd war. Allein sollte in der That erst der Anblick des kleinen künstlichen Wasserlaufes und der Vergleich mit ihm dazu geführt haben, dafs man den kleinen natürlichen Wasserlauf von dem grofsen unterschied? Sollte diese unwahrscheinliche mittelbare Erkenntnis dieses Unterschiedes zu dem Ergebnis geführt haben, dafs nur die Vulgärsprache durch ein entlehntes Wort den Unterschied anerkannte, während er in der Verkehrssprache der Gebildeten und in der Schriftsprache verpönt blieb? Ist die Unterscheidung zwischen Flüssen und Bächen durch die natürliche Anschauung keineswegs so zwingend gegeben, dafs sie ein ursprüngliches Gut auch der lateinischen Sprache gewesen sein mufs? Sollte die lateinische Sprache zur Bezeichnung des grofsen Flusses wie des kleinsten Baches das Wort flumen verwandt haben? Alle diese Fragen scheinen ohne jegliches Bedenken verneint werden zu müssen. Nach dem gegenwärtigen Stande der Sprachwissenschaft aber müfsten sie wunderbarerweise bejaht werden, da nur dem Worte rivus die Bedeutung von Bach beigelegt wird. In der Thatsache, dafs die lateinische Sprache einen allgemeingültigen Ausdruck für den kleinen natürlichen Wasserlauf nicht kennt, würde sich eine erstaunliche

Wortarmut dieser Sprache kundgeben, die um so auffälliger wäre, als die Wasserläufe und die Gewässer überhaupt in der antiken Welt bei der hohen Wertschätzung, welche sie erfuhren, einer eindringenden Intuition unterlagen.

In schroffem Gegensatze dazu, dafs die rivi in den oben gedachten Werken so gut wie unerwähnt bleiben, steht die Thatsache, dafs die fontes in ihnen in geradezu hervorragender Weise berücksichtigt werden. Es wird der fontes sei es zur allgemeinen Bezeichnung des Gewässers, sei es zu derjenigen einzelner konkreter Gewässer so häufig gedacht, dafs selbst die flumina öfters ihnen gegenüber in den Hintergrund treten. Hierzu kommt, dafs die fontes keineswegs blofs als Bestandteile von flumina erscheinen, dafs sie vielmehr vielfach den flumina als gleichwertige Gewässer an die Seite gestellt werden [1]. Auch diese Thatsachen müssen auf jeden Unbefangenen äufserst befremdlich wirken, wenn fons, wie allgemein angenommen wird, die Bedeutung von „Quelle" hat. Man mufs sich staunend fragen, welche Umstände wohl den Alten die Quellen gerade als so bedeutsam erscheinen liefsen, dafs ihnen die sorgsamste Beachtung geschenkt wurde, zumal wenn man bedenkt, dafs sie es nicht für notwendig fanden, unter den weitaus wichtigeren Wasserläufen den Unterschied von Flufs und Bach zu machen. Auch mufs es auffallen, wenn die Quellen mit den Wasserläufen, den flumina so zusammengestellt werden, dafs die Quellen als selbständige Gewässer erscheinen, da die Quelle regelmäfsig den Anfang eines Wasserlaufes bezeichnet.

Zu einem gleichen Ergebnis führt eine Prüfung der griechischen Sprache. Hier verweist das Lexikon, wenn man den Ausdruck für „Bach" sucht, auf das Wort *ῥεῖθρον*. Allein in der Wirklichkeit bezeichnet *ῥεῖθρον* nur das fliefsende

---

[1] Vgl. z. B. Vitruv., de architect. 8, 2, 2. 8; 3, 2. 7. 8. 11. 14; Seneca, natur. quaest. 3, 4. 9. 11. 13. 16. 19; 6, 7; Plinius, nat. hist. 2, 103; 31, 5. 7. 9. 10; Solinus, Polyhistor 21, 1; 23, 17; Ovid, Metamorph. 1, 38 ff.; 2, 235 ff. 405 ff.; 7, 567 ff.; 15, 270 ff. 308 ff.; Lucr., de rer. nat. 1, 230 f.; 4, 1024 f.; 5, 261 ff. 945 ff.

Gewässer schlechthin; dagegen hat es keineswegs die eigentümliche Bedeutung von Bach. In den beiden Werken, in welchen diese Bedeutung von *ῥεῖθρον* unzweifelhaft sich kundgeben müfste, in der Geographie des Strabo und in der Beschreibung Griechenlands des Pausanias lassen sich irgendwelche Stellen nicht finden, welche diese Bedeutung zu erhärten geeignet wären. Damit stünde man auch hinsichtlich der griechischen Sprache vor der wunderbaren Thatsache, dafs sie die Wasserläufe nach ihrer Gröfse nicht unterscheidet und zur Bezeichnung eines jeden Wasserlaufes, des kleinsten wie des gröfsten, nur einen Ausdruck (*ποταμός*) anwendet. Die Wortarmut der griechischen Sprache wäre gegenüber der lateinischen noch erheblicher, da die erstere unter den Wasserläufen nur den *ποταμός* (*ἀένναος*) vom *χειμάῤῥους* scheidet, während die letztere abgesehen von der gleichbedeutenden Teilung der flumina in perennia und torrentia noch zur Bezeichnung des Stroms das Wort amnis kennt und wenigstens in der Vulgärsprache rivus zur Bezeichnung des Baches verwendet. Auch hier besteht völlig analog die auffällige Thatsache, dafs bei Strabo und besonders bei Pausanias der *πηγαί* und *κρῆναι*, in welchen man bisher allgemein Quellen gesehen hat, an unzähligen Stellen gedacht wird.

Alle diese bei dem gegenwärtigen Stande der Wissenschaft hervortretenden Mifslichkeiten werden behoben, wenn die Behauptung richtig ist, dafs fons, sowie *πηγή* und *κρήνη* wenn auch nicht ausschliefslich so doch vornehmlich den kleinen natürlichen Wasserlauf, den Bach bedeuten. Es würde damit die auffallend häufige Erwähnung dieser Gewässer ihre Erklärung finden, es wäre damit auch die den fontes, *πηγαί* und *κρῆναι* neben den grofsen Wasserläufen (Flüssen), den flumina und *ποταμοί*, zugewiesene selbständige Stellung in klares Licht gestellt. Es wird sich nunmehr darum handeln, diese für die fontes, *πηγαί* und *κρῆναι* angenommene Bedeutung aus der Litteratur zu erweisen.

1. Mehrfach wird erwähnt, dafs der Flufs (flumen, *ποταμός*) Hypanis durch einen in ihn fliefsenden fons (fonticulus,

πηγή, κρήνη) den süfsen Geschmack des Wassers, welcher ihm bis dahin eigen war, verliert und einen bitteren Geschmack annimmt[1].

Vitruvius, de architectura 8, 3, 11:

item sunt ex amaro suco terrae fontes exeuntes vehementer amari, ut in Ponto et flumen Hypanis. is a capite profluit circiter milia XL sapore dulcissimo. deinde cum pervenit ad locum, qui est ab ostio ad milia CLX, admiscetur ei fonticulus oppido quam parvulus. is cum in eum influit, tunc tantam magnitudinem fluminis facit amaram, ideo quod per id genus terrae et venas, unde sandaracam fodiunt, ea aqua manando perficitur amara.

Pomponius Mela, de situ orbis 2, 1:

Callipidas Hypanis includit. Ex grandi paludi oritur, quam Matrem ejus accolae appellant: et diu qualis natus est defluit. Tandem non longe a mari ex parvo fonte, cui Exampeo cognomen est, adeo amaras aquas accipit, ut ipse quoque jam sui dissimilis et non dulcis hinc defluat.

Solinus, Polyhistor 14, 1:

Hypanis oritur inter Anchetas Scythicorum amnium princeps, purus et haustu saluberrimus, usque dum Callipidum terminis inferatur, ubi fons Exampaeus infamis est amara scaturrigine: qui Exampaeus liquido admixtus fluori amnem vitio suo vertit, adeo ut dissimilis sibi in maria condatur.

Pausanias, περιήγησις 4, 35, 12:

τὸν δὲ Ἡρόδοτον οἶδα εἰπόντα ὡς ἐς τὸν ποταμὸν τὸν Ὕπανιν ἐκδίδωσιν ὕδατος πικροῦ πηγή.

Bei einer unbefangenen Betrachtung wird man darüber nicht zweifelhaft sein können, dafs unter dem fons, der πηγή, welche das Wasser des Hypanis bitter macht, ein kleiner

[1] Vgl. Ovid, Metamorph. 15, 285 f.

Wasserlauf zu verstehen ist. Hierauf dürfte namentlich die Darstellung des Vitruvius und des Pausanias hinweisen; die Ausdrücke influere und *ἐκδιδόναι* setzen notwendig einen Wasserlauf voraus. Indessen könnte man vielleicht, um die allgemein angenommene Bedeutung von fons zu retten, für die Stellen die an sich unwahrscheinliche Erklärung geben, dafs es sich um eine kleine Quelle handele, welche aus dem Uferrand des Hypanis hervorbreche und sofort in den Flufs hinunterstürze. Allein diese Erklärung wird an der genauen Schilderung des Herodot selbst zunichte[1].

ἐκ ταύτης ὦν ἀνατέλλων ὁ Ὕπανις ποταμὸς ῥέει ἐπὶ μὲν πέντε ἡμερέων πλόον βραχὺς καὶ γλυκὺς ἔτι, ἀπὸ δὲ τούτου πρὸς θαλάσσης τεσσέρων ἡμερέων πλόον πικρὸς αἰνῶς. ἐκδιδοῖ γὰρ ἐς αὐτὸν κρήνη πικρή, οὕτω δή τι ἐοῦσα πικρή, ἣ μεγάθεϊ σμικρὴ ἐοῦσα κιρνᾷ τὸν Ὕπανιν ἐόντα ποταμὸν ἐν ὀλίγοισι μέγαν. ἔστι δὲ ἡ κρήνη αὕτη ἐν οὔροισι χώρης τῆς τε ἀροτήρων Σκυθέων καὶ Ἀλαζώνων. οὔνομα δὲ τῇ κρήνῃ καὶ ὅθεν ῥέει τῷ χώρῳ Σκυθιστὶ μὲν Ἐξαμπαῖος, κατὰ δὲ τὴν Ἑλλήνων γλῶσσαν Ἱραὶ ὁδοί.

Die in den Hypanis fliefsende *κρήνη* befindet sich also in den Bergen des Landes der ackerbauenden Scythen und Alazonen; die *κρήνη* und die Gegend, aus welcher sie fliefst, heifst auf scythisch Exampaios, auf griechisch „Heilige Wege“. Hiernach steht fest, dafs *κρήνη* nicht eine Quelle, sondern einen kleinen Wasserlauf bezeichnet, und die gleiche Bedeutung mufs man dann dem fons, fonticulus und der *πηγή* der oben gedachten Stellen unterlegen.

2. Bleibt man bei dieser Gelegenheit bei Herodot stehen, so ergiebt sich auch aus weiteren Äufserungen dieses Schriftstellers, dessen Genauigkeit und Sorgfalt in der Darstellung allgemein anerkannt ist, dafs *κρήνη* den kleinen Wasserlauf bezeichnet.

4, 50: *ἐς γὰρ δὴ τοῦτον (τὸν Νεῖλον) οὔτε ποταμὸς οὔτε κρήνη οὐδεμία ἐσδιδοῦσα ἐς πλῆθός οἱ συμβάλλεται.*

---

[1] Herodot, *ἱστορίαι* 4, 52.

Wenn hier Herodot vom Nil im Gegensatz zum Ister sagt, dafs sich in ihn weder ein ποταμός noch ein κρήνη ergiefse, so wird man unter Berücksichtigung der vorhergedachten Stelle über die Bedeutung von κρήνη nicht zweifelhaft sein können.

3. Sehr bemerkenswert sind ferner die von Herodot berichteten Vorgänge vor der Schlacht von Plataeae[1]. Die vereinigten Griechen beschlossen, so erzählt Herodot, ihre Stellung bei Erythrae aufzugeben und in die Gegend von Plataeae zu rücken, weil diese Gegend ihnen viel günstiger erschien und namentlich den Vorzug besserer Wasserverhältnisse hatte, und zwar beabsichtigten sie, an der in der Gegend von Plataeae befindlichen κρήνη Γαργαφίη[2] Stellung zu nehmen und dort das Lager aufzuschlagen. Diesen Plan führten sie auch aus; die Lacedämonier besetzten die Gegend an der genannten κρήνη, während die übrigen Hellenen zwar auch in der Nähe dieser κρήνη, aber näher am Feinde nicht weit vom ποταμὸς Ἀσωπός lagerten. Indessen entnahm das ganze Heer das Trinkwasser aus der κρήνη, weil der Zugang zum Asopus durch die persischen Reiter und Bogenschützen bedroht war. Die Griechen wurden aber bald gezwungen, diese Stellung zu verlassen und sich näher nach Plataeae nach der sogenannten νῆσος, einer zwischen den Quellbächen des Flusses Oeroe liegenden Gegend zurückzuziehen, weil die persische Reiterei die κρήνη Gargaphia verschüttet und verdorben hatte.

Diese Darstellung des Herodot grenzt geradezu ans Wunderbare, wenn die κρήνη Gargaphia eine Quelle war. Zunächst ist es rätselhaft, wie die Griechen im Besitz einer Quelle günstigere Wasserverhältnisse erblicken konnten, zumal es in der Nähe von Plataeae an Wasserläufen nicht gebrach, deren Wasser sich zum Trinken eignete. Wie konnte fernerhin das ganze Heer der Griechen, das Herodot selbst

---

[1] Herodot, 9, 25. 49. 51. 52.

[2] Pausanias, περιήγησις 9, 4, 3; Plinius, natur. hist. 4, 7: fons Gargaphia.

auf über 100000 Mann beziffert[1], das zum Lebensunterhalt erforderliche Wasser aus der einzigen Quelle entnehmen? Da eine Quelle zu gleicher Zeit immer nur für wenige einen Zugang bietet, so mufs die Befriedigung des Bedürfnisses eines so starken Heeres aus der einzigen Quelle selbst bei ununterbrochener Wasserentnahme geradezu als unmöglich bezeichnet werden. Noch wunderbarer aber ist es, wie die persische Reiterei die Quelle zu Grunde richten konnte, wenn die Lacedämonier, der Kern des griechischen Heeres, an ihr lagerten. Dann hätte es doch zu einem ernsten Kampfe kommen müssen, oder die Lacedämonier müfsten sich einer geradezu frevelhaften Sorglosigkeit und Nachlässigkeit schuldig gemacht haben, wovon Herodot nicht das geringste erwähnt. Ist es hiernach sicher, dafs die *κρήνη* Gargaphia keine Quelle sein kann, so wird die ganze Sachlage klar, wenn man unter *κρήνη* einen Bach versteht. Ein Bach dürfte selbst für ein so grofses Heer wie das griechische das erforderliche Trinkwasser darbieten; ein Bach gestattet auch eine bequeme und leichte Wasserversorgung, da er einer grofsen Mehrheit von Personen zu gleicher Zeit zugänglich ist. Die Vernichtung des Baches durch die persische Reiterei wird durch die naheliegende Annahme verständlich, dafs er im Kithärongebirge seine Quellen hatte. Die Quelle war von den Griechen nicht besetzt, die persische Reiterei umschwärmte sie auch im Rücken, nahm sie doch bei Dryoskephalae einen für das griechische Heer bestimmten Lebensmitteltransport weg[2]; es war den Persern daher auch möglich, den Griechen den Wasserlauf abzuschneiden, aus dem sie ihr Trinkwasser entnahmen.

4. In seiner Naturgeschichte läfst sich Plinius folgendermafsen aus:

> 2, 103: in Tenedo insula fons semper a tertia noctis hora in sextam ab aestivo solstitio exundat, et in Delo insula Inopus fons eodem quo Nilus modo ac pariter cum eo decrescit augeturve.

---

[1] Herodot, 9, 30.

[2] Herodot, 9, 39.

Kann man schon bei dem exundare des fons auf Tenedos an eine Quelle kaum denken, so erscheint dies für das decrescere und augeri des fons Inopus als ausgeschlossen. Da Plinius sagt, daſs der Inopus in derselben Weise und zu derselben Zeit wie der Nil abnehme und wachse, so kann man unter dem fons wohl nur einen Wasserlauf verstehen. In der That war der Inopus keine Quelle, sondern ein Wasserlauf von mäſsiger Gröſse, wie Strabo in seiner Geographie (10, 485) ausdrücklich erklärt:

ποταμὸς δὲ διαρρεῖ τὴν νῆσον Ἰνωπὸς οὐ μέγας.

5. Es liegt auf der Hand, daſs bei manchen Wasserläufen nicht immer Übereinstimmung darüber geherrscht haben wird, ob sie nach ihrer Gröſse die Bezeichnung flumen, ποταμός oder fons, πηγή, κρήνη verdienen. Dies läſst sich auch für andere Wasserläufe nachweisen. So bezeichnet Pausanias[1] die Amymone in Argolis als ποταμός, während Strabo ihr nur die Bedeutung eines Baches (κρήνη) zuerkennt[2]. Plinius nennt sie einen fons[3], in den Fabeln des Hyginus tritt sie unter verschiedenen Bezeichnungen auf, was sehr bemerkenswert ist. Es heiſst hier einmal[4]:

> id in quo loco factum est Neptunius dicitur fuscina percussisse terram et inde aquam profluxisse, qui Lernaeus fons dictus est et Amymonium flumen.

ferner:

> pro quo beneficium (Neptunius) ei tribuit jussitque ejus fuscinam de petra educere. quae cum eduxisset, tres silani sunt secuti. qui ex Amymones nomine Amymonius fons appellatus est. hic autem fons Lernaeus est postea appellatus.

Es werden also zur Bezeichnung desselben Gewässers gleichmäſsig verwendet flumen Amymonium, fons Amymonius und

---

[1] 2, 37, 1. Bald nachher (2, 37, 4) spricht Pausanias von der πηγὴ τῆς Ἀμυμώνης, d. h. dem Quellbach des Amymoneflusses.

[2] Strabo, 8, 371.

[3] Plinius, nat. hist. 4, 5.

[4] Hyginus, fabulae 169.

fons Lernaeus. Ganz ähnlich nennt Pausanias die Dirce in Böotien einen ποταμός[1], während Strabo[2] sie als κρήνη und Plinius[3] und Hyginus[4] als fons bezeichnen. So spricht Plutarch[5] von einer κρήνη Ἑρκύνη in Böotien, Pausanias[6] dagegen von einem ποταμός gleichen Namens. Ja bei Plutarch[7] findet sich sogar die hochinteressante Bemerkung, dafs der ποταμὸς Μαρσύας früher πηγὴ Μίδα genannt worden sei. Dafs man eine Quelle zu anderer Zeit einmal einen Flufs nennt, klingt geradezu widersinnig. Dagegen ist es begreiflich, dafs der Marsyasflufs einmal Midasbach geheifsen hat.

6. Die Thatsache, dafs manche Wasserläufe unter der Erde verschwinden, um erst in gröfserer Entfernung wieder aufzutauchen, ist von den Alten wohl beachtet worden und findet sich häufig erwähnt. Die Erkenntnis des unterirdischen Fortfliefsens einzelner Wasserläufe führte aber dazu, dafs man vielfach einen Zusammenhang zwischen Wasserläufen annahm, der nach den natürlichen Verhältnissen nicht bestehen konnte, und dafs in dieser Hinsicht auf alter Überlieferung fufsende Sagen entstanden. So hat die oben erwähnte, von Plinius angegebene Ähnlichkeit des Inopus mit dem Nil jedenfalls dazu geführt, dafs man beide miteinander in Verbindung brachte, was Pausanias berichtet[8]. Diese Verhältnisse interessieren hier nur insoweit, als dabei fontes (πηγαί, κρῆναι) in Betracht kommen. Bei Plinius heifst es:

2, 103: Quidam vero odio maris ipsa subeunt vada sicut Arethusa fons Syracusanus, in quo redduntur jacta in Alpheum, qui per Olympiam fluens Peloponnesiaco litori infunditur. Subeunt terras rursusque redduntur

---

[1] Pausanias, 9, 25, 3.
[2] Strabo, 8, 388. 9, 408.
[3] Plinius, nat. hist. 4, 7.
[4] Hyginus, fabulae 7.
[5] Plutarch, Ethica: ἐρωτικαὶ διηγήσεις 1.
[6] Pausanias, 9, 39, 3.
[7] Plutarch, περὶ ποταμῶν 10, 1.
[8] Pausanias, 2, 5, 3.

Lycus in Asia, Erasinus in Argolica, Tigris in Mesopotamia, et quae in Aesculapi fonte Athenis mersa sunt, in Phalerico redduntur. Et in Atinate campo fluvius mersus post XX milia passuum exit et in Aquilejensi Timavus.

Unter dem bekannten fons Arethusa könnte hier wohl die Arethusaquelle gemeint sein, da auch in einer Quelle sehr wohl das in den Alpheus Geworfene zum Vorschein kommen kann. Dagegen kann in einer Quelle schlechterdings nichts unter der Erdoberfläche verschwinden, weil der Quelle begrifflich das Heraustreten an die Erdoberfläche eigen ist. Nur das in einen Wasserlauf Geworfene kann mit diesem unter die Erde untertauchen. Überall spricht Plinius von verschwindenden Flüssen, dem Alpheus, dem Lycus, Erasinus, Tigris, dem fluvius der Atinatischen Feldflur und dem Timavus. Wenn er daher sagt, dafs das in den fons des Äskulap bei Athen Geworfene in dem fons von Phaleron wieder auftauche, so kann auch der fons des Äskulap nur einen Wasserlauf bedeuten, was dann natürlich auch für den fons Phalericus und den fons Arethusa wird angenommen werden müssen.

7. Ein gleiches lehrt folgende Mitteilung des Pausanias[1]:

3, 21, 2: *θέας δὲ ἄξια αὐτόθι ἰδὼν Ἀσκληπιοῦ τε οἶδα ἱερὸν καὶ τὴν πηγὴν Πελλανίδα. ἐς ταύτην λέγουσιν ὑδρευομένην ἐκπεσεῖν παρθένον, ἀφανισθείσης δὲ τὸ κάλυμμα ἀναφανῆναι τὸ ἐπὶ τῆς κεφαλῆς ἐν ἑτέρᾳ πηγῇ Λαγκείᾳ.*

Eine Jungfrau soll beim Wasserholen in die *πηγή* Pellanis gestürzt und der Schleier der Verschwundenen in der *πηγή* Lankeia wieder zum Vorschein gekommen sein. Auch hier kann man aus den gleichen Gründen bei der *πηγή* Pellanis nur an einen Wasserlauf denken. Dasselbe mufs gelten, wenn Pausanias erzählt[2], dafs das von den Bewohnern von Lilaea in die *πηγή* des *ποταμὸς Κηφισός* Geworfene angeblich in

[1] Vgl. Pausanias, 5, 7, 5: *πηγή* auf Mycale.

[2] Pausanias, 10, 8, 9.

der πηγὴ *Κασταλία* wieder auftauche. Die πηγή des Kephissos kann nur sein Quellbach sein, und auch unter der πηγή Castalia wird man sich dann einen kleinen Wasserlauf vorstellen müssen.

8. Dafs fons einen Wasserlauf bezeichnete oder wenigstens bezeichnen konnte, geht ferner mit grofser Klarheit aus folgenden Äufserungen des Pomponius Mela hervor:

> de situ orbis 3, 9: Tunc rursus Aethiopes nec tam dites, quam quos diximus, nec ita corporibus similes, sed minores incultique sunt et nomine *Ἑσπερίων*. In horum finibus fons est, quem Nili esse aliqua credibile est. Nuchul ab incolis dicitur: et videri potest non alio nomine appellari, sed a barbaro ore corruptus. Alit papyrum et minora quidem, ejusdem tamen generis animalia. Aliis amnibus in Oceanum vergentibus solus in mediam regionem et ad orientem abit: et quonam exeat, incertum est. Inde colligitur, Nilum hoc fonte conceptum actumque aliquamdiu per invia et ideo ignotum iterum se, ubi ad Eoa possit, ostendere: ceterum spatio quo absconditur, effici ut hic alio cedere ille aliunde videatur exsurgere.

Der fons Nuchul im Lande der Äthiopen wird also deswegen für den fons des Nil gehalten, weil er wie der Nil Papyrus hervorbringt und ähnliche wenn auch kleinere Tiere, also jedenfalls z. B. Krokodile, Nilpferde, enthält wie dieser und weil er im Gegensatz zu anderen Flüssen ins Binnenland fliefst. Es liegt auf der Hand, dafs der Nuchul keine Quelle, sondern ein gröfserer Wasserlauf ist, der nur wegen seiner im Verhältnis zum Nil geringen Gröfse fons genannt wird, für sich allein aber als flumen bezeichnet werden würde.

> Pomponius Mela, 3, 5: Jaxartes et Oxos per deserta Scythiae ex Sugdianorum regionibus in Scythicum exeunt, ille suo fonte grandis, hic incursu aliorum grandior . . . .

Der Jaxartes ist also vermöge seines eigenen fons ein starker Flufs, der Oxus ist bedeutender infolge des Einfliefsens noch anderer fontes. Die in den Oxus fliefsenden fontes sind offenbar Nebenflüsse; der Jaxartes wird aus seinem eigenen Quellbach heraus ein bedeutender Strom.

9. Sehr bemerkenswert sind ferner folgende Äufserungen des Strabo und Pausanias, welche denjenigen des Mela über den fons Nuchul gleichen.

Strabo, 15, 696: *Ἀλέξανδρον δ'ἐν μὲν τῷ Ὑδάσπῃ κροκοδείλους ἰδόντα, ἐν δὲ τῷ Ἀκεσίνῃ κυάμους Αἰγυπτίους, εὑρηκέναι δόξαι τὰς τοῦ Νείλου πηγάς, καὶ παρασκευάζεσθαι στόλον εἰς τὸν Αἴγυπτον ὡς τῷ ποταμῷ τούτῳ μέχρι ἐκεῖσε πλευσόμενον .....*

Alexander soll also geglaubt haben, als er im Hydaspes Krokodile und im Acesines die Lotosfrucht sah, dafs er die *πηγαί* des Nil gefunden habe. Auch hier kann *πηγή* offenbar nicht die Quelle, sondern nur den Quellflufs bedeuten.

Pausanias, 1, 33, 5: *οὕτως Αἰθίοπες ποταμῷ γε οὐδενὶ προσοικοῦσιν Ὠκεανῷ· τὸ δὲ ὕδωρ τὸ ἐκ τοῦ Ἄτλαντος θολερόν τέ ἐστι καὶ πρὸς τῇ πηγῇ κροκόδειλοι διπήχεων ἦσαν οὐκ ἐλάσσους, προσιόντων δὲ τῶν ἀνθρώπων κατεδύοντο ἐς τὴν πηγήν. παρίστατο δὲ οὐκ ὀλίγοις τὸ ὕδωρ τοῦτο ἀναφαινόμενον αὖθις ἐκ τῆς ψάμμου ποιεῖν τὸν Νεῖλον Αἰγυπτίοις.*

Pausanias berichtet also von einer im Atlasgebirge befindlichen *πηγή*, an welcher mehr als zwei Ellen lange Krokodile lebten, die bei der Annäherung von Menschen in die *πηγή* untertauchten. Die Erzählung, dafs Krokodile an einer Quelle sich befinden und noch dazu in die Quelle springen, klänge geradezu unverständlich. Die *πηγή* ist ein vom Atlas kommender Wasserlauf, der später im Wüstensand verschwindet, und den man für den Quellflufs des Nil hielt.

10. So wenig man sich Krokodile in Quellen vorstellen kann, ebensowenig kann man sich Fische in solchen denken. Ein Vorkommen von Fischen in fontes wird aber häufig erwähnt. So nennt Cicero[1] den fons Arethusa bei Syracus plenissimus piscium und ein gleiches versichert auch Silius Italicus[2] von ihm. Auch Plinius[3] berichtet mehrfach von

---

[1] Cicero, oratio in Verrem 4, 118.

[2] Silius Italicus, Punica 14, 53.

[3] Plinius, nat. hist. 2, 103 (231). 32, 2.

Fischen und Aalen in fontes, und Pausanias[1] erzählt von einer dem Hermes heiligen fischhaltigen πηγή bei Pharae in Achaja, aus welcher keine Fische gefangen werden durften, weil sie als dem Gott geweiht galten. Auch hier kann nach der Natur der Sache mit dem fons und der πηγή eine Quelle nicht gemeint sein.

11. Sehr häufig ist in der Litteratur von dem fons, der πηγή, gewöhnlich aber von den fontes, πηγαί von flumina, ποταμοί die Rede. In dieser Beziehung haben die Worte fons und πηγή häufig die Bedeutung von Quellbach oder Quellflufs. Wenn davon gesprochen wird, dafs ein Flufs aus mehreren fontes entsteht, so liegt es offenbar erheblich näher, an Wasserläufe zu denken, durch deren Vereinigung der Flufs entsteht. Bereits aus einigen der angeführten Stellen geht diese Bedeutung von fons und πηγή hervor; es lassen sich aber auch zahlreiche andere Belagstellen hierfür beibringen. Wenn Plinius[2] sagt, dafs die Völkerschaft der Lepontier an dem fons Rhodani wohne, so kann damit nicht die Gegend an der Quelle der Rhone gemeint sein, weil diese schwerlich jemals bewohnbar gewesen sein wird, sondern nur der Quellflufs der Rhone. Ein gleiches wird man gelten lassen, wenn er als Wohnsitz der Völkerschaften der Imityer und Apartaeer den fons Imityis bezeichnet[3], oder wenn Strabo[4] ein Geschlecht von mifsgestalteten Wundermenschen an den πηγαί des Ganges wohnen läfst. Eine deutliche Sprache führen weiterhin auch folgende Äufserungen von Strabo:

12, 577: ὑπέρκειται δὲ καὶ λίμνη φύουσα κάλαμον τὸν εἰς τὰς γλώττας τῶν αὐλῶν ἐπιτήδειον, ἐξ ἧς ἀπολείβεσθαί φασι τὰς πηγὰς ἀμφοτέρας τήν τε τοῦ Μαρσύου καὶ τὴν τοῦ Μαιάνδρου.

Unter den beiden πηγαί des Marsyas und Mäander, welche

---

[1] Pausanias, 8, 16, 1.
[2] Plinius, nat. hist. 3, 20.
[3] Plinius, nat. hist. 6, 7.
[4] Strabo, 15, 711.

aus dem See abfliefsen sollen, hat man sich schwerlich unterirdische Quellen vorzustellen. An ein unterirdisches Abfliefsen und späteres Hervorbrechen von *πηγαί* läfst sich bei dem Ausdruck *ἀπολείβεσθαι ἐκ λίμνης* wohl nicht denken. Es werden die beiden Quellbäche des Marsyas und Mäander gemeint sein, welche aus dem See abfliefsen.

13, 602: *ἔστι γὰρ λόφος τις τῆς Ἴδης Κότυλος· ὑπέρκειται δ'οὗτος ἑκατόν που καὶ εἴκοσι σταδίοις Σκήψεως, ἐξ οὗ ὅ τε Σκάμανδρος ῥεῖ καὶ ὁ Γράνικος καὶ Αἴσηπος, οἱ μὲν πρὸς ἄρκτον καὶ τὴν Προποντίδα ἐκ πλειόνων πηγῶν συλλειβόμενοι, ὁ δὲ Σκάμανδρος ἐπὶ δύσιν ἐκ μιᾶς πηγῆς.*

Nach dieser von Strabo wiedergegebenen Schilderung des Skepsiers Demetrius strömen vom Berge Cotylus der Granicus und Äsepus, aus mehreren *πηγαί* zusammenfliefsend, nach Norden, der Scamander aus einer *πηγή* nach Westen. Bei einem Zusammenfliefsen aus mehreren *πηγαί* dürfte man an Quellen nicht gut denken können.

13, 616: *ῥεῖ δ'ἐκ τοῦ Τήμνου ποταμὸς Μύσιος ἐμβάλλων εἰς τὸν Κάϊκον ὑπὸ ταῖς πηγαῖς αὐτοῦ* ......

Der Flufs Mysius fliefst also in den Caicus unterhalb dessen *πηγαί*. Quellen lassen sich unter den *πηγαί* hier nicht verstehen, weil dann der Mysius nicht in den Caicus, sondern nur in einen Quellbach desselben münden könnte. Strabo will offenbar sagen, dafs der Mysius in den Caicus kurz unterhalb der Vereinigung von dessen Quellbächen einfliefse.

12. Auch folgende Stellen machen bei vorurteilsfreier Betrachtung weit eher den Eindruck, dafs fons einen Wasserlauf, als dafs er eine Quelle, d. h. ein aus der Erde heraustretendes Gewässer während des Heraustretens, bedeutet.

Vitruvius, de architectura 8, 3, 2:

sunt etiam odore et sapore non bono frigidi fontes, qui ab inferioribus locis penitus orti per loca ardentia transeunt et ab eo per longum spatium terrae percurrentes refrigerati perveniunt supra terram sapore odore coloreque corrupto, uti in Tiburtina via flumen Albula et in Ardeatino fontes frigidi eodem odore, qui sulphurati dicuntur, et reliquis locis similibus.

Vitruvius, 8, 3, 8:

alii autem per pingues terrae venas profluentes uncti oleo fontes erumpunt, uti Solis, quod oppidum est Ciliciae, flumen nomine Liparis, in quo natantes aut lavantes ab ipsa aqua unguuntur.

Seneca, natur. quaest. 3, 16:

Sed quare quidam fontes senis horis pleni senisque sicci sunt? Supervacuum est, nominare singula flumina, quae certis mensibus magna, certis angusta sunt, et occasionem singulis quaerere, cum possim eandem causam omnibus reddere.

Die Beziehung der fontes zu den flumina ist in allen diesen Stellen eine so nahe, dafs beide offen als Arten einer und derselben Gattung erscheinen. Die fontes stellen sich wie die flumina als Wasserläufe dar, und zwar bezeichnet fons hier den beständigen Wasserlauf schlechthin.

13. Plinius, nat. hist. 2, 103 (231):

In Carrinensi Hispaniae agro duo fontes juxta fluunt, alter omnia respuens alter absorbens.

Von den beiden neben einander fliefsenden fontes soll also der eine alles, was in ihn hineingeworfen wird, wieder von sich geben, der andere in sich verschwinden lassen. An Quellen läfst sich dabei schlechterdings nicht denken.

14. Auf ähnliches bezieht sich auch folgende Darstellung von Seneca in den naturales quaestiones (3, 26):

quidam fontes certo tempore purgamenta ejectant, ut Arethusa in Sicilia, quinta quaque aestate per Olympiam. Inde opinio est, Alpheon ex Achaja eo usque penetrare et agere sub mare cursum nec ante quam in Syracusano littore emergere. Ideoque iis diebus, quibus Olympia sunt, victimarum stercus secundo traditum flumini illic redundare . . . . . . Est in Chersoneso Rhodiorum fons, qui post magnum intervallum temporis foeda quaedam turbidus ex intimo fundat, donec liberatus eliquatusque est. Hoc quibusdam locis fontes faciunt, ut non tantum lutum sed folia testasque et, quicquid putre jacuit, expellant.

Der Umstand, dafs in jedem fünften Sommer zur Zeit der olympischen Spiele von dem fons Arethusa Unrat ausgeworfen wurde, von dem man sich nicht erklären konnte, wie er in den fons hineingekommen war, führte zu dem Glauben, dafs der fons die Fortsetzung des durch Olympia fliefsenden Alpheios sei. Man hielt den Unrat für den Mist der zu Olympia geschlachteten Opfertiere. Hier könnte man also, da ja der Unrat aus dem Alpheios stammen soll, bei dem fons Arethusa an eine Quelle denken. Anders ist dies bei den folgenden fontes, von denen Seneca einen unterirdischen Zusammenhang mit anderen Gewässern nicht erwähnt. Wenn er von dem fons auf dem Chersones erzählt, dafs er in stürmischer Weise schlechte Stoffe aus seinem Innern herauswerfe, bis er geläutert und geklärt sei, und von anderen fontes, dafs sie nicht blofs Erdstoffe, sondern Muscheln, Blätter und faulige Stoffe auswerfen, so kann man bei diesen fontes an Quellen sicher nicht denken. Es wäre ja unerklärlich, wie diese Dinge in den fons hineingekommen sind. Die Sachlage wird sofort verständlich, wenn man unter fontes Wasserläufe versteht[1].

15. Solinus, Polyhistor 5, 20:

In Halesina regione fons alias quietus et tranquillus cum siletur, si insonent tibiae exultabundus ad cantus elevatur et quasi miretur vocis dulcedinem ultra margines intumescit.

Priscianus, periegesis v. 499:

Hic et Halesinus fons est, mitissimus undis,
tibia quem extollit. Cantu saltare putatur
musicus et ripis laetans excurrere plenis.

Auf der Feldflur von Halesa in Sicilien befand sich also ein fons, welcher gewöhnlich einen ruhigen Charakter an sich trug, bei Flötenspiel aber ausgelassen vor Freude sich zu erheben

[1] Bald darauf spricht Seneca von dem Auswurf des Meeres.

und zu steigen pflegte. Um eine Quelle kann es sich dabei nicht handeln, dagegen trifft die Schilderung auf einen Wasserlauf zu.

16. Vitruvius, de architectura 8, 3, 8:

> item Carthagini fons, in quo natat insuper oleum odore uti scobis citreae, quo oleo etiam pecora solent ungui.

Bei Karthago befindet sich ein fons, auf dessen Oberfläche Öl vom Geruch geriebener Citronenschale schwimmt. Dies pafst auf eine Quelle schlechterdings nicht; nach dem gegenwärtigen Stande der Wissenschaft mag man hier wohl an eine Art Wasserbecken denken, das mit einer Quelle jedenfalls nichts zu thun hat.

17. Plinius, nat. hist. 31, 9:

> at in Lusis Arcadiae quodam fonte mures terrestres vivere et conversari.

Auch hier ist es selbstverständlich ausgeschlossen, dafs fons eine Quelle ist, in der die Landmäuse leben. Wollte man auch hier zu dem Auskunftsmittel des durch eine Quelle gebildeten Wasserbeckens greifen, so bleibt es doch unaufgeklärt, warum die alten Schriftsteller vorzugsweise gerade Quellen Eigenschaften zuschreiben, welche den ganzen Wasserläufen ebenso gut eigen sein können. Warum sollten sich die Landmäuse gerade in der Quelle eines Wasserlaufes finden?

18. Strabo, 5, 239. 240:

> *τὰς μὲν οὖν πηγὰς ὁρᾶν ἐστιν, ἐξ ὧν ἡ λίμνη πληροῦται· τούτων δ'ἐστὶν ἡ Ἠγερία καλουμένη, δαίμονός τινος ἐπώνυμος· αἱ δ'ἀπορρύσεις ἐνταῦθα μὲν ἄδηλοί εἰσιν, ἔξω δὲ δείκνυνται πόρρω πρὸς τὴν ἐπιφάνειαν ἀνέχουσαι.*

Es sind also die *πηγαί* zu sehen, aus welchen der See bei Aricia im Albanergebirge sich füllt; zu diesen *πηγαί* gehört die Egeria. Dagegen sind die Abflüsse des Seees am See selbst unsichtbar; sie treten erst entfernt von ihm an die Erdoberfläche. Der Gegensatz der *ἀπορρύσεις* nimmt jeden Zweifel, dafs die *πηγαί* keine Quellen, sondern die Zuflüsse des Seees sind. Seinen Abfluſs nimmt der See nicht durch einen aus ihm tretenden Wasserlauf, sondern unterirdisch.

19. Strabo, 9, 411:

Πίνδαρος δὲ καὶ Κηφισσίδα καλεῖ ταύτην (lacus Copais)· *παρατίθησι γοῦν τὴν Τιλφῶσσαν κρήνην ὑπὸ τῷ Τιλφωσσίῳ ὄρει ῥέουσαν πλησίον Ἁλιάρτου καὶ Ἀλαλκομενῶν, ἐφ' ᾗ τὸ Τειρεσίου μνῆμα.*

Die *κρήνη* Tilphossa soll also nahe bei Haliartus und Alalcomenae flieſsen. Da beide Städte keineswegs nahe aneinander lagen, so kann die *κρήνη* unmöglich eine Quelle, sondern nur einen Wasserlauf bezeichnen.

20. Pausanias, 6, 22, 7:

ἀπέχει δὲ ὡς πεντήκοντα Ὀλυμπίας σταδίους κώμη τε Ἠλείων Ἡράκλεια καὶ πρὸς αὐτῇ Κύθηρος ποταμός· πηγὴ δὲ ἐκδιδοῦσα ἐς τὸν ποταμὸν καὶ νυμφῶν ἐστιν ἱερὸν ἐπὶ τῇ πηγῇ. ὀνόματα δὲ ἰδίᾳ μὲν ἑκάστῃ τῶν νυμφῶν Καλλιφάεια καὶ Συνάλλαξις καὶ Πηγαία τε καὶ Ἴασις, ἐν κοινῷ δέ σφισιν ἐπίκλησις Ἰωνίδες. λουομένοις δὲ ἐν τῇ πηγῇ καμάτων τέ ἐστι καὶ ἀλγημάτων παντοίων ἰάματα.

In den *ποταμὸς Κύθηρος* ergieſst sich also eine *πηγή*, an welcher sich ein Tempel der Nymphen befindet; das Baden in der *πηγή* bringt Heilung von allerlei Übeln und Schmerzen. Es handelt sich hier unzweifelhaft um einen Wasserlauf, der in den Fluſs mündet. Alle angegebenen auf die *πηγή* bezüglichen Thatsachen lassen sich mit einer Quelle nicht vereinigen.

21. Die in der alten Litteratur und namentlich bei Dichtern sich häufig findenden Erzählungen vom Baden in fontes, *πηγαί* oder *κρῆναι* lassen sich wie in dem eben erwähnten Falle auf Quellen nicht beziehen, weil eine Quelle nach der Natur der Sache ein Baden nicht gestattet. In allen diesen Fällen sieht man sich daher veranlaſst, eine Art Weiher oder ein ähnliches von einer Quelle gebildetes Gewässer anzunehmen, wobei man sich unbedingt wundern muſs, warum es nicht vielmehr Teich genannt wird. So erwähnt z. B. Pausanias eine *πηγή* Kanathos bei Nauplia, in welcher

nach der Sage Hera alljährlich durch Baden ihre Jungfrauschaft wiedergewonnen haben soll, und eine πηγή in Böotien, in der Aktäon die Artemis, während sie dort badete, gesehen haben soll[1].

22. Pausanias, 8, 38, 3:

καὶ ἀπὸ μὲν τῆς Θεισόας πόλις ᾤκεῖτο ἐν τῇ Παρρασίᾳ (τὰ δὲ ἐπ' ἐμοῦ μοίρας τῆς Μεγαλοπολίτιδός ἐστιν ἡ Θεισόα κώμη), τῆς Νέδας δὲ ὁ ποταμὸς τὸ ὄνομα ἔσχηκε, τῆς δὲ Ἁγνοῦς ἡ ἐν τῷ ὄρει τῷ Λυκαίῳ πηγὴ ἣ κατὰ τὰ αὐτὰ ποταμῷ τῷ Ἴστρῳ πέφυκεν ἴσον παρέχεσθαι τὸ ὕδωρ ἐν χειμῶνι ὁμοίως καὶ ἐν ὥρᾳ θέρους.

Die πηγή Hagno soll also dem Ister gleichen, weil sie wie dieser im Sommer und Winter gleichmäfsig Wasser führt. Dieser Vergleich weist bei der πηγή nicht auf eine Quelle, sondern auf einen Wasserlauf hin.

23. Pausanias, 7, 21, 5:

Καλλιρόη τε ὡς Κόρεσον τεθνεῶτα εἶδεν, μετέπεσε τῇ παιδὶ ἡ γνώμη, καὶ . . . . . ἀπέσφαξέν τε αὑτὴν ἐς τὴν πηγήν . . . . .

Es kann dahingestellt bleiben, ob dies heifsen soll, Callirrhoe habe sich aus Liebe zu Koresos getötet, so dafs sie in die πηγή stürzte oder indem sie sich in die πηγή stürzte. In beiden Fällen erscheint es unmöglich, an eine Quelle zu denken.

24. Pausanias, 9, 29, 5:

Ἐν Ἑλικῶνι δὲ πρὸς τὸ ἄλσος ἰόντι τῶν Μουσῶν ἐν ἀριστερᾷ μὲν ἡ Ἀγανίππη πηγή (θυγατέρα δὲ εἶναι τὴν Ἀγανίππην τοῦ Τερμησοῦ λέγουσι· ῥεῖ δὲ καὶ οὗτος ὁ Τερμησὸς περὶ τὸν Ἑλικῶνα).

Unter dem Termesus wird man sich wohl einen ποταμός vorstellen müssen, weil die Aganippe nach der Sage als Tochter des Termesus galt, und Termesus dann füglich nicht eine (weibliche) πηγή, sondern nur ein (männlicher) ποταμός sein konnte. Dann aber würden die Worte ῥεῖ δὲ καὶ οὗτος

---

[1] Pausanias, 2, 38, 2; 9, 2, 3.

schliefsen lassen, dafs auch die Aganippe ein vom Helikon fliefsender Wasserlauf war.

25. Pausanias, 4, 31, 6:

Μεσσηνίοις δὲ ἐν τῇ ἀγορᾷ Διός ἐστιν ἄγαλμα σωτῆρος καὶ Ἀρσινόη κρήνη· τὸ μὲν δὴ ὄνομα ἀπὸ τῆς Λευκίππου θυγατρὸς εἴληφεν, ὑπορρεῖ δὲ ἐς αὐτὴν ὕδωρ ἐκ πηγῆς καλουμένης Κλεψύδρας.

4, 33, 1: *ἐς δὲ τὴν κορυφὴν ἐρχομένῳ τῆς Ἰθώμης, οὗ δὴ Μεσσηνίοις ἐστὶν ἀκρόπολις, πηγὴ Κλεψύδρα γίνεται.*

Es läfst sich nicht leugnen, dafs die *πηγή* Clepsydra, aus welcher die Wasserleitung Arsinoe ihr Wasser empfängt, eine Quelle bedeuten könnte, so dafs die Leitung aus der auf dem Berge Ithome befindlichen Quelle begann. Klingt es aber bei vorurteilsloser Betrachtung der Schilderung von Pausanias nicht wahrscheinlicher, dafs die *πηγή* Clepsydra ein vom Berge Ithome herabkommender Bach war, aus dem an irgend einer Stelle Wasser abgeleitet wurde?

26. Frontinus, de aquaeduct. art. 4:

Ab urbe condita per annos CCCCXLI contenti fuerunt Romani usu aquarum, quas aut ex Tiberi aut ex puteis aut ex fontibus hauriebant. Fontium memoria cum sanctitate adhuc exstat et colitur: salubritatem enim aegris corporibus afferre creduntur, sicut Camoenarum et Apollinis et Juturnae.

Nach Frontinus begnügten sich also die Römer 441 Jahre lang von Gründung der Stadt an mit der Benutzung des Wassers, welches sie aus dem Tiber, aus Brunnen oder aus fontes schöpften. Als fontes erwähnt er den der Camönen, den des Apollo und den der Juturna. Nun hat es aber im Weichbilde der Stadt Rom jedenfalls auch kleine Wasserläufe gegeben, welche in den Tiber mündeten; so flofs z. B. an der Porta Capena ein aus dem Thal der Egeria kommender Wasserlauf vorüber in den Tiberflufs. Waren nun die fontes Quellen, so ist es offenbar auffällig, warum Frontinus nicht erwähnt, dafs die Römer auch das Wasser jener kleinen Wasserläufe benutzten. Sollte das Wasser derselben nicht verwendbar gewesen sein, während sogar das Wasser des Tiber benutzt wurde? Oder sollten nicht vielmehr die fontes jene kleinen Wasserläufe bezeichnen? War etwa der an der porta Capena vorbeifliefsende Bach der fons der Camönen?

27. Cicero, topica 8:

> partium distributio est saepe infinitior tanquam rivorum a fonte deductio.

Eine grofse Anzahl von Wasserleitungskanälen aus einer Quelle kann man sich schlechterdings nicht vorstellen.

28. In den Zeichnungen zu den Schriften der Gromatici findet sich der fons mehrfach als kleiner Wasserlauf abgebildet. Die Abbildung des fons hat das nämliche Aussehen wie die des flumen (fluvius); das flumen erscheint nur erheblich gröfser als der fons, was gerade damit übereinstimmt, dafs der fons nur den kleinen natürlichen Wasserlauf bedeutet. In dem auf die Abbildungen bezüglichen Text wird zwar nicht von fontes, sondern immer nur von aqua viva gesprochen. Die kleinen natürlichen Wasserläufe, welche in der Erde selbst ihre beständigen Adern haben, sind aber von den Gewässern die hervorragendste Art der aqua viva. Man wird auch nicht einwenden dürfen, dafs in den Zeichnungen das Wort fons die Quelle des abgebildeten kleinen Wasserlaufes bezeichnen soll. Es dürfte sich ein triftiger Grund nicht finden lassen, warum gerade die Quelle des Wasserlaufes gekennzeichnet werden sollte. Es liefse sich ferner nicht erklären, warum dann nicht auch die Quelle des flumen in derselben Weise kenntlich gemacht ist, und warum ein ganzer Wasserlauf abgebildet wird, wenn es sich lediglich um Vorführung einer Quelle handelt[1].

Die angeführten Stellen dürften in ausreichendem Mafse darthun, dafs die Worte fons, *πηγή* und *κρήνη* zur Bezeichnung des kleinen natürlichen Wasserlaufes verwendet wurden. Diese Bedeutung war aber keineswegs die ausschliefsliche der Worte. Vielmehr steht ebenso fest, dafs fons, *πηγή* und *κρήνη* auch die in der Erde verborgenenen Wasseradern und

[1] Zeichnungen zu den Schriften der Gromatici veteres (Lachmannsche Ausgabe) Fig. 254 bis 269. Fig. 345.

Gewässer, die Quellen in diesem Sinne, bezeichneten, denen die oberirdischen Gewässer ihr Dasein zu verdanken haben[1]. Es geht dies für den fons besonders klar aus folgenden Aufserungen von Vitruvius (de architectura) hervor:

8, 1, 1: ea autem erit facilior, si erunt fontes aperti et fluentes. sin autem non profluent, quaerenda sub terra sunt capita et colligenda.

8, 4, 1: Expertiones autem et probationes eorum (fontium) sic erunt providendae. si erunt profluentes et aperti, antequam duci incipiantur, aspiciantur animoque advertantur, qua membratura sint, qui circa eos fontes habitant homines, et si erunt corporibus valentibus, coloribus nitidis, crucibus non vitiosis, non lippis oculis, erunt probatissimi. item si fons novus fossus fuerit et in vas Corinthium sive alterius generis quod erit ex aere bono ea aqua sparsa maculam non fecerit, optima est . . . . . .

Vitruvius unterscheidet hiernach von Natur an die Erdoberfläche tretende fontes (fontes aperti et profluentes, Bäche) und solche fontes, welche im Innern der Erde verborgen sind (fontes non aperti, unterirdische Quellen). Er erörtert des näheren, in welcher Weise diese letzteren fontes zu finden und ans Tageslicht zu fördern sind. Die Erschliefsung (aperire) dieser fontes kann einmal in der Weise geschehen, dafs ihnen ein Ausflufs aus der Erde geschaffen wird (profluentes) oder dafs durch Bohrung von Brunnen (putei) ihre Benutzung ermöglicht wird (non profluentes)[2]. Die von Natur aus der Erde hervorfliefsenden fontes können entweder stehende Gewässer (lacus) oder fliefsende Gewässer bilden. Wenn nun fons das im Innern der Erde befindliche Gewässer bezeichnete, so mufs es sich fragen, warum dieses Wort von den aus der Erde stammenden Gewässern nur auf die kleinen

[1] Vgl. Pausanias, 10, 36, 10: *ἐν φρέατι ὕδατος πηγή*; Strabo, 8, 379: *τὴν Πειρήνην κρήνην, ἔκρυσιν μὲν οὐκ ἔχουσαν μεστὴν δ'ἀεὶ διαυγοῦς καὶ ποτίμου ὕδατος*; Strabo, 5, 240; Aristoteles, *περὶ φυτῶν* 2, 2; *περὶ κόσμου* 4.

[2] Vitruvius, de architectura 8, 6, 12.

Wasserläufe angewendet worden ist. Die Antwort auf diese Frage liegt sehr nahe. Bei den stehenden Gewässern, den lacus, tritt nach ihrer natürlichen Beschaffenheit ihr Zusammenhang mit unterirdischen Gewässern nicht offen vor das Auge; der Anschauung unterliegt weit eher die Form des Gewässers als eines mit Wasser gefüllten Beckens, einer Vertiefung. Diese Betrachtung der Form des Gewässers hat zu dem Namen lacus geführt, ähnlich wie die Bezeichnung des Brunnens mit puteus sich von dem bei ihm erfolgenden Menschenwerk des Grabens, Bohrens herleitet. Bei den grofsen Wasserläufen, die regelmäfsig aus einer Mehrheit von kleinen Wasserläufen entstehen, liegt der Gedanke an die Entstehung aus diesen erheblich näher als der Gedanke an die Herkunft aus unterirdischen Gewässern, während bei kleineren Wasserläufen der Zusammenhang und die Einheit des oberirdischen Wasserlaufes mit dem unterirdischen Gewässer, aus welchem er stammt, mehr unmittelbar vor die Anschauung tritt.

Weiterhin hat aber sowohl in der lateinischen Sprache wie in der griechischen nicht blofs der Gesichtspunkt der verschiedenen Gröfse, sondern auch der Gesichtspunkt der verschiedenen Herkunft der Wasserläufe zu besonderen Bezeichnungen Anlafs gegeben. Es wird nämlich bei den Gewässern sorgfältig zwischen solchen, welche aus Quellwasser (aqua viva oder fontana), und solchen, welche aus Regenwasser (aqua pluvia oder coelestis) entstanden sind, unterschieden. Für die lateinische Sprache dürfte sich danach die Bedeutung der zur Bezeichnung von Wasserläufen verwendeten Worte in folgender Weise feststellen lassen. Das Wort amnis ist in seiner eigentlichen Bedeutung nur auf ein grofses flumen anwendbar, welches der aqua viva sein Bestehen zu verdanken hat; indessen wird es auch, insbesondere in der Sprache der Dichter, von kleineren flumina, häufig zur besonderen Hervorhebung der Gröfse eines Wasserlaufes und ohne Rücksicht auf die Entstehung aus aqua viva gebraucht. Flumen (fluvius) hat gegenüber amnis eine erheblich weitere Bedeutung, indem es den gröfseren Wasserlauf schlechthin gegenüber dem kleineren bezeichnet und daher den amnis in sich begreift. Im eigentlichen Sinne bedeutet aber flumen nur den beständigen (perenne), aus aqua viva stammenden grofsen Wasserlauf, nicht dagegen den grofsen durch aqua pluvia entstandenen, welcher torrens genannt wird. Festus[1] sagt ausdrücklich, dafs der torrens nur nach der consuetudo volgi als flumen bezeichnet werde. Auch Seneca läfst dies durchblicken, indem er in den naturales quaestiones sagt:

> 3, 11: Non enim esse pluvialem hanc aquam, quae vastissima flumina a fonte statim magnis apta navigiis defert, ex hoc intellegas licet, quod per hiemem aestatemque par est a capite dejectus. Pluvia potest facere torrentem: non potest autem aequali inter ripas suas tenore labentem. Aquam non faciunt imbres sed excitant.
>
> 12: Flumen nempe facit copia cursusque aquae perennis.

Nach Seneca vermag also das Regenwasser nur einen torrens zu erzeugen, welcher nur von kurzem Bestande ist, nicht aber einen gleichmäfsig in seinem Bett dahinfliefsenden Flufs. Das flumen charakterisiere sich als ein grofser (copia) beständiger Wasserlauf[2]. Die Ähnlichkeit zwischen dem

---

[1] Festus, de verb. signif. v. torrens.

[2] Dafs flumen und torrens nur grofse Wasserläufe bezeichnen, ergiebt zunächst das Wort copia; dieses wäre mindestens überflüssig, wenn flumen den Wasserlauf schlechthin bedeutete. Es geht dies ferner aus den Worten: pluvia potest facere torrentem hervor. Wäre torrens schlechthin ein unbeständiger Wasserlauf, so könnte Seneca nur sagen: pluvia facit torrentem. So will er ausdrücken, dafs das Regenwasser wohl einen grofsen Wasserlauf, aber nur eine vergänglichen hervorbringen kann. Auch stimmen die Worte: non autem aequali inter ripas suas labentem schlecht auf einen kleinen Wasserlauf. — Dafs flumen nur den grofsen Wasserlauf bezeichnet, ergiebt sich ferner aus der oben citierten Stelle von Ovid, Rem. Am. v. 97, da wohl der Fall, dafs grofse Wasserläufe, keineswegs aber der Fall, dafs Wasserläufe aus einer starken Quelle entstehen, zu den Seltenheiten gehört.

flumen und dem torrens besteht also in der gleichen Gröfse, der Unterschied darin, dafs der torrens durch aqua pluvia gebildet und unbeständig, das flumen aus aqua viva herrührt und beständig ist. In treffender Weise wird dies von Ovid in den Remedia Amoris ausgedrückt (v. 651):

flumine perpetuo torrens solet acrior ire;
sed tamen haec brevis est, illa perennis aqua.

Ein flumen erlangt seine Gröfse gewöhnlich nicht kraft seiner Quelle oder seines Quellbaches, sondern regelmäfsig durch die Vereinigung einer grofsen Mehrheit von Gewässern.

Ovid, remed. am. v. 97:

flumina pauca vides de magnis fontibus orta:
plurima collectis multiplicantur aquis.

Der eigentliche Ausdruck für den kleinen natürlichen, durch aqua viva gebildeten Wasserlauf ist fons. Aus den fontes und der Vereinigung von solchen entstehen die flumina im engeren Sinne. Der torrens entsteht nicht aus fontes, sondern nur aus aqua pluvia, während das flumen diesen Charakter behält, wenn es durch Regenwasser sich mehrt. In hohem Grade belehrend ist in dieser Beziehung eine Schilderung des torrens, welche Ovid in den Amores giebt: 3, 6, 85 ff.:

dum loquor, increscis latis spatiosior undis,
nec capit admissas alveus altus aquas:
quid mecum, furiose, tibi? Quid mutua differs
gaudia? Quid coeptum, rustice, rumpis iter?
Quid, si legitimum flueres, si nobile flumen,
si tibi per terras maxima fama foret?
Nomen habes nullum, rivis collecte caducis,
nec tibi sunt fontes nec tibi certa domus;
fontis habes instar pluviamque nivesque solutas,
quas tibi divitias pigra ministrat hiemps;
aut lutulentus agis brumali tempore cursus,
aut premis arentem pulverulentus humum:

quis te tum potuit sitiens haurire viator?
Quis dixit grata voce ‚perennis eas?‘
damnosus pecori curris, damnosior agris;
forsitan haec alios, me mea damna movent.
Huic ego vae! demens narrabam fluminum amores!
Jactasse indigne nomina tanta pudet;
nescio quem hunc spectans Acheloon et Inachon amnem,
et potui nomen, Nile, referre tuum!
At tibi pro merito, opto, non candide torrens,
sint rapidi soles siccaque semper hiemps.

Während also das flumen (nobile, legitimum) aus fontes entsteht, d. h. aus beständigen unter der Erdoberfläche befindlichen Gewässern, sammelt sich der torrens aus vergänglichen rivi, d. h. aus kleinen Wasserläufen, welche sich auf der Erdoberfläche durch das Zusammenfliefsen des Regen- und Schneewassers bilden. Der torrens hat als Abbild eines fons zum Entstehungselement nur Regen und geschmolzenen Schnee. Das Verhältnis des rivus zum torrens ist ein gleiches wie das des fons zum flumen. Das Wort rivus wird hier zur Bezeichnung von kleinen unbeständigen Wasserläufen verwendet, aus welchen der grofse unbeständige Wasserlauf, der torrens, sich bildet, während die flumina und fontes die beständigen grofsen und kleinen Wasserläufe bezeichnen.

Nach der Definition des Festus hat rivus die eigentliche Bedeutung des kleinen künstlichen Wasserlaufes, bei dem der Ursprung und das Ziel des Wassers belanglos ist. Wegen dieser weitgehenden indifferenten Bedeutung wird das Wort rivus, wenn es auf den kleinen natürlichen Wasserlauf übertragen wird, sowohl auf den aus aqua viva bestehenden Bach wie auf den durch aqua pluvia gebildeten kleinen natürlichen Wasserlauf angewendet. Aus demselben Grunde wird das Wort aber auch zur Bezeichnung eines kleinen Wasserlaufes ohne Hinblick auf seine Entstehung und sogar zur Bezeichnung eines kleinen Rinnsals ohne Rücksicht auf seinen Inhalt gebraucht. Dafs rivus gleich fons den aus aqua viva stammenden Bach bezeichnen kann, wurde bereits angeführt.

Von rivi pluvialis aquae spricht z. B. Ovid in den Metamorphosen (8, 334 f.) von einem rivus lacrimarum daselbst (9, 656); Vergil spricht in der Aeneis (5, 200), von sudor fluit rivis, an anderer Stelle (8, 445) von fluit aes rivis aurique metallum, ferner (11, 668) von sanguinis ille vomens rivos, in den Georgica (1, 132) von rivis currentia vina, ferner (2, 165) von argenti rivos, Lucretius Carus (de rerum natura 5, 1256) von einem argenti rivus et auri. Pomponius Mela (de situ orbis 3, 8) sagt vom Euphrat, dafs er in seinem unteren Teile nur noch ein tenuis rivus sei. Während hiernach rivus eine aufserordentlich umfassende Bedeutung hat, ist die Bedeutung des Wortes fons anscheinend auf den aus aqua viva stammenden Bach beschränkt geblieben. Es läfst sich keine Stelle finden, in welcher fons zur Bezeichnung eines anderen Rinnsals verwendet würde.

Hochinteressant ist es, nachzuforschen, welche Bilder der tropischen Anwendung des Wortes fons zu Grunde liegen. Dem Kenner des römischen Rechts bietet sich hierbei ein Spiegelbild der vornehmlichsten Benutzungsarten eines fons, und zwar derjenigen Benutzungsarten, welche den Gegenstand von Servituten bilden konnten. Auch diese bildliche Anwendung des Wortes fons enthält einen gewichtigen Beweis dafür, dafs das Wort nicht die Quelle in dem Sinne von Wasser, welches aus der Erde hervortritt, bezeichnen kann. Es liegt nämlich den Bildern, zu welchen fons gebraucht wird, keineswegs die einer Quelle in diesem Sinne specifisch anhaftende Eigenschaft des Heraustretens an die Erdoberfläche zu Grunde, so dafs mit der Anwendung jedes anderen Wortes das Bild zusammenbrechen würde. Vielmehr wird fons in den Bildern zur Bezeichnung eines beständigen Gewässers angewendet. Wenn nun den lateinischen Schriftstellern die Nutzung von beständigen Gewässern als willkommener Stoff zur bildlichen Wiedergabe von Gedanken erschien, so müfste es in höchstem Grade auffallen, wenn sie diesen Bildern gerade Beziehung auf eine Quelle gegeben hätten, die nicht einmal ein Gewässer schlechthin, sondern nur während eines Augenblicks verdeutlicht. Namentlich den

Wasserläufen gegenüber treten die Quellen doch derartig in den Hintergrund, dafs es im höchsten Grade befremden müfste, wenn die Bilder nicht auf die Flüsse oder Bäche bezogen würden. Auch dieses Mifsliche findet in der Bedeutung von fons als Bach und unterirdische Quelle seine Aufklärung.

Die Hauptfundgrube für den tropischen Sprachgebrauch des Wortes fons sind die Schriften des Cicero. Zunächst bilden die Wasserableitungen aus dem fons nach den verschiedensten Gesichtspunkten den Gegenstand für die bildliche Anwendung. Von Leitungen aus fontes ist schlechthin in folgenden Stellen die Rede:

de officiis 3, 96: Sed quoniam a quattuor fontibus honestatis primo libro officia duximus, in eisdem versemur.

Tusculan. disput. 4, 34: pleraeque enim quaestiones, quae ad vitam moresque pertinent, a virtutis fonte ducuntur . . . . . .

Häufig gehen die Vergleiche von dem Zweck und Erfolg der Wasserleitungen aus dem Bach, der Bewässerung, aus:

de natur. deor. 1, 120: mihi quidem etiam Democritus, vir magnus in primis, cujus fontibus Epicurus hortulos suos irrigavit . . . . . .

Ovid, Amor. 3, 9, 25:

adice Maeoniden, a quo ceu fonte perenni
vatum Pieriis ora rigantur aquis.

Lucretius nennt die Sonne einen die Welt bewässernden fons:

de rerum natura 5, 281 (vgl. 5, 590 ff.):

largus item liquidi fons luminis, aetherius sol,
irrigat adsidue caelum candore recenti.

Horaz hat das Bild der Wasserleitung aus dem Bach (fons) an folgender Stelle:

Carm. 3, 6, 19:

hoc fonte derivata clades
in patriam populumque fluxit.

Auf die Gewährung oder Nichtgewährung von Wasserleitungsservituten aus fontes dürfte folgende Stelle abzielen:

pro Murena 9[1]: noli tam esse injustus, ut, cum tui fontes vel inimicis tuis pateant, nostros etiam amicis putes clausos esse oportere.

Die Einrichtung einer Leitung aus fontes durch Anlegung von Kanälen wird Cicero im Auge haben, wenn er sagt:

Tuscul. disput. 1, 6: multo studiosius philosophiae fontis aperiemus, e quibus etiam illa manabant.

Wegen des Wortes manabant kann man die Stelle nur von oberirdisch fliefsenden fontes verstehen[2].

In folgender Äufserung von Cicero wird man dagegen bei den Worten fontem invenire, aperire vielleicht an die Erschliefsung von unterirdischen fontes durch Bohrungen (quaerere) denken müssen:

de fin. bon. et mal. 5, 17[3]: totius enim quaestionis ejus, quae habetur de finibus bonorum et malorum, cum quaeritur in his, quid sit extremum, quid ultimum, fons reperiendus est, in quo sint prima invitamenta naturae; quo invento omnis ab eo quasi capite de summo bono et malo disputatio ducitur.

Hier spricht also Cicero davon, dafs nach einem fons geforscht wird und nach dessen Auffindung aus ihm eine Ableitung stattfindet. Wenn er den fons ein caput nennt, so zielt dies darauf, dafs nur a capite, d. h. an einem Gewässer, wo das Wasser beständig zur Entstehung kommt, eine Leitungsservitut begründet werden konnte.

Die rivi als künstliche Wasserläufe, welche kein eigenes Wasser führen, werden den Bächen, den fontes (capita), welche beständig Wasser enthalten, und aus denen die rivi abgeleitet sind, an folgenden Stellen besonders scharf gegenübergestellt:

pro Caelio 19[4]: si mihi ad haec acute arguteque

---

[1] Vgl. Vergil, Ecl. 3, 111:
claudite jam rivos, pueri, sat prata biberunt.

[2] Vgl. Cicero, de legibus 1, 16. 20.

[3] Vgl. Cicero, orat. Philipp. 14, 15.

[4] Vgl. Cicero, de orat. 3, 69: Vergleich der Philosophen und

respoderit, tum quaeram denique, ex quo iste fonte senator emanet. nam si ipse orietur et nascetur ex sese, fortasse, ut soleo, commovebor; sin autem est rivolus arcessitus et ductus ab ipso capite accusationis vestrae, laetabor . . . . . .

de oratore 2, 117: quod etiamsi ad instituendos adulescentulos magis aptum est, ut, simulac posita causa sit, habeant quo se referant, unde statim expedita possint argumenta depromere, tamen et tardi ingenii est rivulos consectari, fontis rerum non videre, et jam aetatis est ususque nostri a capite quod velimus arcessere et unde omnia manent videre.

Wenn Cicero (de oratore 3, 23) sagt:

rivis est diducta oratio, non fontibus,

so dürfte er hiermit wohl den beständigen dem unbeständigen kleinen natürlichen Wasserlauf entgegenstellen wollen ähnlich wie bei der Äufserung (de re publica 2, 34):

influxit non tennis quidam e Graecia rivulus in hanc urbem, sed abundantissimus amnis illarum disciplinarum et artium,

in der er den Gegensatz zwischen einem winzigen unbeständigen Wasserlauf und dem mächtigen beständigen Strom kennzeichnen will[1].

Der aus dem Recht der Wasserservituten entnommene Ausdruck fons et caput, mit welchem ein beständiges Gewässer gekennzeichnet werden soll, wird von Cicero häufig gebraucht. So spricht er z. B. (de oratore 1, 195) von legum fontes et capita und (Tuscul. disput. 4, 83) von einem fons miseriarum et caput. Der Ausdruck wird ferner auf Sokrates in folgender Stelle angewendet, welche überdies deswegen beachtenswert ist, weil möglicherweise in ihr das Bild von dem appulsus pecoris an einem Bach ausgeht:

de orat. 1, 42: urgerent praeterea philosophorum greges jam ab illo fonte et capite Socrate, nihil te de

Redner mit den flumina des Apennin, die teils ins Jonische, teils ins Tuskische Meer fliefsen.

[1] Vgl. Ovid, ex Ponto 2, 5, 22: e rivo flumina magna facis.

bonis rebus in vita, nihil de malis, nihil de animi permotionibus, nihil de hominum moribus, nihil de ratione vitae didicisse, nihil omnino quaesisse, nihil scire convincerent.

Cicero meint vielleicht, die Herden der Philosophen, die aus dem Bache Sokrates getrunken hätten, würden auf dem Rückwege vom Bache voll von Sokratischem Geiste den Crassus bedrängen.

In zahlreichen Stellen beruht die bildliche Anwendung des Wortes fons auf dem Wasserschöpfen, dem haurire, aus dem Bache.

de orat. 1, 12: quia ceterarum artium studia fere reconditis atque abditis fontibus hauriuntur, dicendi autem omnis ratio in medio posita communi quodam in usu atque in hominum more et sermone versatur . . . . .

Bei dem communis usus hat Cicero jedenfalls die flumina publica, die grofsen beständigen Wasserläufe, im Auge, die im Gegensatz zu den Bächen, den fontes, im Gemeingebrauch standen.

de orat. 1, 203: equidem vobis, quoniam ita voluistis, fontis, unde hauriatis, atque itinera ipsa ita putavi esse demonstranda, non ut ipse dux essem, quod et infinitum est et non necessarium, sed ut commonstrarem tantum viam et, ut fieri solet, digitum ad fontis intenderem.

Die Stelle weist auf das bei der Bestellung einer servitus aquaehaustus an einem Bach stattfindende Verfahren hin. Grenzte das Grundstück des Erwerbers der Servitut nicht an den Bach, so mufste ihm naturgemäfs nicht blofs das Recht, aus dem Bach zu schöpfen (haustus), sondern auch ein Weg zum Bach (iter) gewährt werden.

de orat. 2, 45: ex eis enim fontibus, unde omnia ornamenta dicendi sumuntur, licebit etiam laudationem ornare . . . . . .

de orat. 3, 123: sed cum fontis viderimus, quos nisi qui celeriter cognovit, nunquam cognoscet omnino, tum, quotienscumque opus erit, ex eis tantum, quantum res petet, hauriemus.

pro Archia 13: illa quidem certe, quae summa sunt, ex quo fonte hauriam sentio.

de offic. 1, 6: sed, ut solemus, e fontibus eorum (Stoicorum) judicio arbitrioque nostro, quantum quoque modo videbitur, hauriemus.

de offic. 2, 52: largitioque, quae fit ex re familiari, fontem ipsum benignitatis exhaurit.

de fin. bon. et mal. 1, 71: si omnia hausta e fonte naturae ......

Academ. 1, 8: ut ea e fontibus potius hauriant quam rivulos consectentur.

Tuscul. disput. 3, 31: nos, e quorum fontibus id haustum est ......

Horat., Sat. 1, 1, 55:

magno de flumine malim
quam ex hoc fonticulo tantundem sumere.

In zahlreichen Stellen, in welchen das Wort fons im tropischen Sinne gebraucht wird, ist das der Anwendung zu Grunde liegende Bild nicht erkennbar. Nach dem in den angegebenen Stellen sich kundgebenden weitreichenden Sprachgebrauch wird man aber nicht Bedenken tragen dürfen anzunehmen, daſs auch jene indifferente tropische Anwendung des Wortes fons auf den gleichen oder ähnlichen Anschauungen beruht, daſs die Bilder namentlich häufig von dem Schöpfen oder Leiten aus dem Bach ausgehen. Es soll dahingestellt bleiben, ob sich aus der klassischen lateinischen Litteratur ein tropischer Gebrauch von fons nachweisen läſst, welcher den fons als unterirdische beständige Quelle in dem Sinne von Ursprung eines Baches oder Flusses dem Bilde zu Grunde legt. Gegen die Möglichkeit eines solchen Bildes läſst sich selbstverständlich nichts einwenden; eine andere Frage ist es aber, ob es der antiken Anschauung nahe lag und eigen war[1].

---

[1] Vgl. Cicero, pro Caelio 6.

Macrobius (comm. in somn. Scip. 2, 16, 22 ff.) nimmt ein derartiges Bild bei folgender Äufserung des Cicero an:

de republ. 6, 27; Tuscul. disput. 1, 53:

quod semper movetur, aeternum est; quod autem motum affert alicui quodque ipsum movetur aliunde, quando finem habet motus, vivendi finem habeat necesse est. Solum igitur quod se ipsum movet, quia nunquam deseritur a se, nunquam ne moveri quidem desinit; quin etiam ceteris quae moventur hic fons, hoc principium est movendi.

Allerdings läfst sich die unterirdische Quelle als perpetuum mobile auffassen, dem die Flüsse ihr Dasein zu verdanken haben; mit dem Versiegen seiner Quelle verschwindet der Flufs selbst notwendig. Allein zwingend ist jene Annahme des Macrobius keineswegs. Nicht blofs der unterirdische fons, sondern auch der auf der Erdoberfläche fliefsende Bach (fons) ist perennis, beständig und aus sich selbst geschaffen, ohne Abkunft von einem anderen Gewässer. Ihm gegenüber erscheinen die Leitungskanäle, die zwar ebenfalls Wasser führen, aber nur dem fons die Entstehung und das Bestehen zu verdanken haben, als vergänglich. Bedenkt man, dafs die Flüsse und Seeen mit ihren unterirdischen Quellen ein einheitliches Ganzes bilden und gleichfalls als perennia gelten, so dürfte die Annahme nicht zu weichen brauchen, dafs die Urheberschaft des beständigen und sich selbst bewegenden Baches gegenüber den Leitungskanälen der bildlichen Anwendung bei Cicero zu Grunde liegt[1]. Immerhin aber ergiebt sich jedenfalls für die Zeit des Macrobius, dafs fons damals zur Bezeichnung des von ihm bei Cicero angenommenen Bildes diente.

---

[1] Nach römischer Anschauung müfste man sonach nicht von Quellen, sondern von Bächen des Rechts sprechen. Es steht aber fest dafs zur bildlichen Bezeichnung des Ursprunges die deutsche Sprache nicht das Wort Bach, sondern das Wort Quelle verwendet, und zwar regelmäfsig im Hinblick darauf, dafs die Quelle den Ursprung eines Wasserlaufes bezeichnet. Die von der Benutzung des Wassers ausgehenden Bilder der lateinischen Sprache sind der deutschen Sprache für kein Gewässer sonderlich eigen.

Im Vorhergehenden ist dargethan worden, dafs fons insofern die Quelle bezeichnete, als damit die unterirdischen Wasseradern gemeint sind, denen die meisten die Erdoberfläche bedeckenden Gewässer ihr Dasein zu verdanken haben. Indessen wird fons namentlich im Pluralis auch zur allgemeinen Bezeichnung des Ursprunges, des Anfanges, der Quelle (in diesem Sinne) eines Flusses verwendet. Diese Bedeutung ist aber dem Worte nicht eigentümlich, sie hat sich vielmehr deshalb auf dasselbe übertragen, weil der Quellbach oder die Quellbäche eines Flusses naturgemäfs seinen Anfang kennzeichnen. Wenn man sagt, ein Flufs habe seine Quellbäche in einem bestimmten Gebirge, so legt man damit den Ort im allgemeinen fest, wo der Flufs seine Anfänge nimmt; man verdeutlicht dagegen damit weder den speciellen Ort, wo das Wasser aus der Erde tritt, noch das Wasser selbst während des Heraustretens. Überhaupt mufs es sehr bezweifelt werden, dafs fons die Quelle in den beiden letztgenannten Bedeutungen als Quellort und hervorquellendes Wasser bezeichnete. Der unterirdische fons bildet mit dem oberirdischen Wasserlauf, welcher aus ihm entsteht, ein einheitliches Ganzes; jeder Teil dieses Gewässers und daher auch das Wasser während seines Heraustretens aus der Erde ist fons. Allein bei seiner umfassenden Bedeutung als unterirdisches Gewässer und oberirdischer Wasserlauf kann schwerlich durch das blofse Wort fons gerade die Stelle, wo ein Wasserlauf aus der Erde tritt, oder das heraustretende Wasser selbst gekennzeichnet werden. Zur Verdeutlichung gerade dieser Stelle eines Wasserlaufes mufs, so will es scheinen, wie zu derjenigen der Mündung, sei es mit oder ohne Anwendung des Wortes fons eine nähere Bezeichnung gewählt werden, wie z. B. ubi primum fons emergit, aqua profluit ex terra oder ähnliche[1]. Auch kann die Quelle in dem in Rede stehenden Sinn mit den Worten os[2] und caput ge-

[1] Vgl. l. 1 § 7 D. de aqu. quot. 43, 20; Ovid, Metamorph. 11, 140.

[2] Vgl. z. B. Ovid, Metamorph. 1, 281; Vergil, Aeneis 1, 245; 3, 696.

kennzeichnet werden; freilich kann caput an vielen Stellen auch die unterirdische Quelle bedeuten [1].

Was die griechische Sprache anlangt, so steht nach den vorhergehenden Ausführungen fest, dafs πηγή und κρήνη gleich fons sowohl den oberirdischen kleinen Wasserlauf als auch das unterirdische Gewässer bezeichnet, aus welchem ein solcher herrührt [2]. Auch wird in gleicher Weise für beide Wörter nicht behauptet werden können, dafs sie den Ort, wo das Wasser an die Erdoberfläche tritt, sowie dieses Wasser während des Heraustretens bedeuteten. Die πηγή wird ferner zur Bezeichnung des Quellbachs eines Flusses verwendet, während der κρήνη diese Bedeutung grundsätzlich nicht innezuwohnen scheint. Im übrigen mufs der Unterschied zwischen beiden Worten bis auf folgendes dahingestellt bleiben. Es macht den Eindrnck, als ob in der älteren griechischen Sprache das Wort κρήνη zur Bezeichnung des kleinen natürlichen Wasserlaufes mehr bevorzugt worden wäre wie πηγή [3], während in der späteren Sprache das Gegenteil vorzuwalten scheint. Das Wort κρήνη diente ferner zu jeder Zeit zur Bezeichnung der Wasserleitung; der πηγή kommt dagegen diese Bedeutung niemals zu.

Bereits bei Homer ist von künstlichen κρῆναι die Rede [4].

[1] Vgl. z. B. Hirtius, de bell. Gall. 8, 41; Vitruv., de architect. 8, 2, 6. 7. 8; 8, 3, 11; Seneca, natur. quaest. 3, 11; 4, 1; epist. 4, 12, 3; Pomponius Mela, de situ orb. 2, 4; Solinus, Polyhistor 37, 5; Ovid, Metamorph. 2, 255; 15, 277; Vergil, Aeneis 12, 816; Georg., 4, 368. Vgl. auch Horaz, carm. 4, 14, 45.

[2] Vgl. Strabo, 3, 172. 173 über die κρῆναι in Gadira. Die Worte ὧν δὴ τὰ στόματα πηγὰς καὶ κρήνας καλοῦμεν sind verschiedendeutig, weil στόμα in übertragenem Sinne steht. Es ist aber wohl zu berücksichtigen, dafs die στόματα bekanntlich die Mündungsarme eines Flusses, also Wasserläufe, bezeichnen, und man wird daher dem Worte in der Anwendung von Strabo diese Bedeutung mindestens unterlegen dürfen.

[3] Dies ist z. B. bei Homer der Fall. κρήνη: Od. 5, 70 ff.; 6, 292; 9, 140 ff.; 10, 107 ff. 348 ff.; 13, 407 ff.; 15, 440 ff.; 20, 153 bis 162; Ilias, 2, 734; 9, 13 ff.; 21, 193 ff. 257 ff. πηγή: Od. 6, 123 ff.; Ilias, 20, 8 ff.; 21, 311 ff.; 22, 145 ff.

[4] Auch die künstliche Bewässerung des Grundes und Bodens war

So werden zwei κρῆναι beim Hause des Alkinoos erwähnt, von denen die eine zum Hause führte, um Trinkwasser zu gewähren, während die andere durch den Garten flofs, um offenbar den Zwecken der Bewässerung zu dienen[1]. Auch wird eine κρήνη auf Ithaca genannt, die Ithacos, Neritos und Polyctor geschaffen haben sollen[2]. Thucydides erzählt, dafs die κρήνη Καλλιρρόη bei Athen, deren πηγαί früher sichtbar waren, von den Tyrannen in eine κρήνη ἐννεάκρουνος umgewandelt und hiernach benannt worden sei[3]. Auch bei Strabo findet sich κρήνη in der Bedeutung von Wasserleitung, wenn auch weit häufiger in der von „Bach". So berichtet Strabo von einem Erdbeben, infolge dessen die πηγαί der κρήνη Arethusa bei Chalcis auf Euboea versiegt wären[4]. Namentlich aber wird κρήνη zur Bezeichnung der Wasserleitung von Pausanias an zahlreichen Stellen gebraucht, während er den Wasserlauf, welcher die κρήνη mit Wasser versieht, stets πηγή nennt. Als κρῆναι, bei denen es sich sicher um künstliche abgeleitete Gewässer handelt, werden von Pausanias unter anderem erwähnt die Enneacrunos in Athen, die Wasserleitung des Theagenes in Megara, zahlreiche künstliche κρῆναι in Korinth, unter anderen die Wasserleitung des Hadrian aus dem Bache Stymphelos und eine κρήνη aus der πηγή Pirene, die κρήνη Perseia in den Trümmern von Mycenä, die Wasserleitung des Antoninus in Epidaurus, zwei Wasserleitungen in Methana, die κρήνη Arsinoe aus der πηγή Clepsydra bei Messene, eine Wasserleitung bei Pellana u. s. w.[5] Von der Stadt Panopeum in Phocis sagt Pausanias, dafs sie den Namen einer πόλις nicht verdiene, weil sie kein Rathaus, kein Gymnasium, kein Theater, keine Agora und auch kein

---

zur Zeit der Abfassung der Homerischen Gedichte allgemein üblich. Vgl. Hom. Il. 21, 257 ff. 21, 346 ff.

[1] Hom., Od. 7, 129 ff.

[2] Hom., Od. 17, 204 ff.

[3] Thucydides, συγγραφή 2, 15, 5.

[4] Strabo, 1, 58. Vgl. 9, 397.

[5] Pausanias, 1, 14, 1; 1, 40, 1; 2, 2, 8; 2, 3, 2; 2, 3, 5; 2, 16, 6; 2, 27, 5. 7; 2, 35, 3; 4, 31, 6; 7, 27, 4.

ὕδωρ κατερχόμενον ἐς κρήνην habe [1]. Geht hieraus unzweideutig hervor, daſs die Wasserleitungen zur Beschaffung von Trinkwasser zur Zeit des Pausanias keine Besonderheit, sondern allgemein verbreitet und sogar ein Erfordernis einer städtischen Ansiedelung waren, so ist die Annahme nicht von der Hand zu weisen, daſs auch an solchen Stellen bei Pausanias, welche einen indifferenten Charakter an sich tragen, κρήνη nicht einen natürlichen Wasserlauf, sondern eine Wasserleitung bezeichne. Dieser Gedanke liegt um so näher, als Pausanias an mehreren Stellen der κρήνη, dem künstlichen Gewässer, die πηγή, den natürlichen Wasserlauf, gegenüberstellt. Dies ist offensichtlich der Fall in den oben erwähnten Stellen, welche von der κρήνη aus der πηγή Pirene, der κρήνη aus der πηγή Clepsydra und der κρήνη bei Methana handeln. Wenn Pausanias ferner in Athen die κρήνη Enneacrunos erwähnt und dabei sagt, dies sei die einzige πηγή neben vielen φρέατα in der Stadt, so wird man κρήνη mit πηγή nicht als gleichbedeutend auffassen dürfen, weil es in Athen gewiſs noch viele κρῆναι gab, deren Wasser von Gewässern auſserhalb der Stadt hineingeleitet wurde [2]; vielmehr wird man unter πηγή den Quellbach oder die unterirdische Quelle verstehen müssen, aus welcher die κρήνη gespeist wurde [3]. Auch macht die Erwähnung der κρήνη Piera neben der πηγή Piera nicht den Eindruck, als ob Pausanias damit ein gleiches Gewässer bezeichnen wollte, und dasselbe wird man bei einigen anderen Stellen anzunehmen geneigt sein [4]. Andererseits steht aber auch fest, daſs Pausanias das Wort κρήνη auch zur Bezeichnung eines natürlichen Wasserlaufes verwandte [5].

Bei den angegebenen Bedeutungen von πηγή haben Äuſserungen von folgender Art, welche sich bei Pausanias finden, etwas Befremdliches an sich:

---

[1] Pausanias, 10, 4, 1.

[2] Vgl. Vitruvius, de architect. 8, 3, 6.

[3] Pausanias, 1, 14, 1.

[4] Pausanias, 5, 6, 18; 9, 10, 5; 9, 18, 5; dagegen wird die Cassotis anscheinend unterschiedslos πηγή und κρήνη genannt; 10, 24, 7.

[5] Pausanias, 2, 31, 9; 8, 16, 1; 9, 4, 3; 9, 31, 3.

3, 26, 1: *ῥεῖ δὲ καὶ ὕδωρ ἐκ πηγῆς ἱερᾶς πιεῖν μὲν ἡδύ, Σελήνης δὲ ἐπίκλησιν.*

4, 33, 4: *ὕδωρ δὲ ἄνεισιν ἐκ πηγῆς παρ' αὐτὸ τὸ ἄγαλμα.*

7, 27, 9: *ἔστι δὲ καὶ ἄλσος ἐν τῷ Μουσαίῳ, δένδρα ὁμοίως τὰ πάντα, καὶ ὕδωρ ἄφθονον ἄνεισιν ἐκ πηγῶν.*

8, 13, 6: *κατὰ μέσην δέ που μάλιστα τὴν φάραγγα ὕδωρ ἄνεισιν ἐκ πηγῆς, καὶ ἐπὶ τῷ πέρατι τῆς φάραγγος Καρυαὶ χωρίον.*

9, 34, 4: *καὶ πηγαὶ (τὴν μὲν Λιβηθριάδα ὀνομάζουσιν, ἡ δὲ ἑτέρα Πέτρα) γυναικὸς μαστοῖς εἰσιν εἰκασμέναι, καὶ ὅμοιον γάλακτι ὕδωρ ἀπ' αὐτῶν ἄνεισιν.*

In allen diesen Stellen kann bei den Worten *ὕδωρ ἄνεισιν* (*ῥεῖ*) *ἐκ πηγῆς* unter der *πηγή* eine Quelle in dem Sinn von aus der Erde tretendem Wasser nicht gemeint sein, weil gerade eine solche Quelle ans Tageslicht tritt und das Wasser aus ihr daher nicht noch herauszutreten vermag. Hält man daran fest, dafs mit den Worten *ὕδωρ ἄνεισιν ἐκ πηγῆς* die Quelle, der Ursprung eines natürlichen Wasserlaufes bezeichnet werden soll, so läfst sich die Ausdrucksweise nur in annehmbarer Weise erklären, wenn man unter *πηγή* die unterirdische Wasserquelle versteht. In der That ergiebt sich namentlich aus folgender Bemerkung von Pausanias, der sich ähnliche anfügen lassen, dafs die Worte die unterirdische Quelle eines Wasserlaufes mitunter kennzeichnen[1].

10, 32, 7: *ὅ τε ὄροφος ἐς αὔταρκες ἀπὸ τοῦ ἐδάφους ἀνέστηκε καὶ ὕδωρ τὸ μὲν ἀνερχόμενον ἐκ πηγῶν, πλέον δὲ ἔτι ἀπὸ τοῦ ὀρόφου στάζει . . . . .*

Indessen ist es auch nicht ausgeschlossen, dafs Pausanias mit den in Rede stehenden Worten an einzelnen Stellen eine aus einem Bach kommende, an irgend einem Orte sich zeigende Wasserleitung bezeichnen will. Es sprechen hierfür folgende Äufserungen von ihm. Von einer städtischen Wasserleitung gebraucht er, wie schon erwähnt, die Worte: *ὕδωρ κατερχό-*

[1] Vgl. 2, 7, 4; 8, 20, 1; 8, 42, 12; 9, 24, 4; 10, 33, 5.

μενον ἐς κρήνην[1]. Von der bereits genannten Wasserleitung Arsinoe sagt er[2]:

> *ὑπορρεῖ δὲ ἐς αὐτὴν ὕδωρ ἐκ πηγῆς καλουμένης Κλεψύδρας.*

Würde er dieses Verhältnis nicht von der *κρήνη*, sondern von der *πηγή* aus betrachten, so würde er unzweifelhaft das Wort *κάτεισιν* gebrauchen.

> 4, 34, 4: *καὶ Πλατανιστῶνος δὲ ἡ πηγὴ στάδια μὲν εἴκοσίν ἐστιν ἀπωτέρω τῆς ὁδοῦ· ῥεῖ δὲ ἐκ πλατάνου τὸ ὕδωρ πλατείας καὶ τὰ ἐντὸς κοίλης· κατὰ σπήλαιον μάλιστά που μικρὸν τὸ εὖρός ἐστι τοῦ δένδρου καὶ τὸ ὕδωρ αὐτόθεν ἐς Κορώνην τὸ πότιμον κάτεισι.*

Nach der ganzen Sprachweise wird man nicht darüber im Zweifel sein, dafs nicht die *πηγή* nach Corone hinunterflofs, sondern dafs das Trinkwasser in einer Leitung nach Corone geführt wurde.

> 8, 6, 4: *ὑπερβαλόντων δὲ τὴν Κλίμακα χωρίον ἐστὶν ὀνομαζόμενον Μελαγγεῖα, καὶ τὸ ὕδωρ αὐτόθεν τὸ πότιμον Μαντινεῦσι κάτεισιν ἐς τὴν πόλιν.*

Auch hier ist nicht daran zu zweifeln, dafs eine Leitung den Bewohnern von Mantinea das Trinkwasser zuführte. Mufs man hiernach für feststehend ansehen, dafs die Worte *ὕδωρ κάτεισιν ἐκ πηγῆς* die Wasserleitung bezeichnen konnten, so könnte man doch versucht sein, bei den Worten *ὕδωρ ἄνεισιν ἐκ πηγῆς* ein gleiches wegen des Wortes *ἄνεισιν* zu verneinen. Nun kann man aber zunächst bei den letztgedachten Worten an eine unterirdische Wasserleitung denken, welche an irgend einer Stelle in einer Art Brunnen das Wasser herausfliefsen läfst, und zugleich annehmen, dafs durch die Worte *ἐκ πηγῆς* die Herkunft des Wassers und die Leitung bezeichnet werden soll. Vor allem aber erscheint der Ausdruck *ἄνεισιν* bei Wasserleitungen aus folgendem Grunde wohl angebracht. Selbstverständlich kann Wasser aus einem Bach in einer Leitung immer nur hinabfliefsen (*κατέρχεσθαι*). Nun kann

[1] 10, 4, 1.
[2] 4, 31, 6.

aber offenbar das Wasser eines tief im Thal fliefsenden Baches einer am Abhang eines Berges hoch über dem Bach befindlichen menschlichen Niederlassung dadurch zugeführt werden, dafs bachaufwärts eine Leitung in den Bach gelegt und der Leitung ein geringeres Gefälle gegeben wird wie es der Bach hat. Im Hinblick auf den bedeutend tiefer fliefsenden Bach erscheint es nicht unangemessen, von der aus ihm stammenden Wasserleitung zu sagen, das Wasser fliefse aus dem Bache herauf. Jedenfalls kann man in einem solchen Falle nicht gut sagen, dafs das Wasser aus dem Bache herabfliefse. In der That dürfte folgende Stelle aus Pausanias mit dem Gebrauch des Wortes *ἀνέρχεσθαι* eine Wasserleitung bezeichnen.

4, 35, 10: *ὕδωρ δὲ ἀπὸ πηγῶν ἀνερχόμενον μέλαν ἰδὼν οἶδα ἐν Ἀστύροις· τὰ δὲ Ἄστυρα ἀπαντικρὺ Λέσβου λουτρά ἐστι θερμὰ ἐν τῷ Ἀταρνεῖ καλουμένῳ. τὸ δὲ χωρίον ἐστὶν ὁ Ἀταρνεὺς ὁ Χίων μισθός* . . . . . .

Man wird hieraus wohl herauslesen müssen, dafs Pausanias das aus den *πηγαί* herrührende Wasser in den Thermen selbst, wahrscheinlich beim Baden, gesehen hat. Hätte er die *πηγαί* selbst gesehen, so wäre die Ausdrucksweise nicht recht zu begreifen.

Ein Gegenstück zu der eben berührten Sprachweise bilden folgende Äufserungen des Pausanias, welche sich auf die Gegend von Megalopolis beziehen:

8, 30, 7: *μετεκομίσθη δὲ ἀπὸ λόφου τοῦ Σκολείτα· καὶ ὁ λόφος οὗτος τοῦ τείχους ἐστὶν ἐντός, ἀπὸ δὲ αὐτοῦ κάτεισιν ὕδωρ ἐς τὸν Ἑλισσόντα ἐκ πηγῆς.*

8, 31, 9: *ὑπὸ τούτῳ τῷ λόφῳ Βάθυλλος καλουμένη πηγὴ συντελεῖ καὶ αὕτη τῷ ποταμῷ Ἑλισσόντι ἐς μέγεθος.*

8, 32, 5: *τούτου δέ ἐστι πηγὴ τοῦ ἱεροῦ πλησίον καὶ ἀπ' αὐτῆς ὁ Ἑλισσὼν τὸ ὕδωρ δέχεται κατερχόμενον.*

Wenn *πηγή* den kleinen natürlichen Wasserlauf bezeichnet, so ist es offenbar auffällig, warum Pausanias nicht bestimmt sagt, dafs die *πηγαί* in den Helisson fliefsen. Diese Ausdrucksweise erklärt sich daraus, dafs Pausanias nach den Eindrücken auf seiner Wanderung durch Griechenland die Verhältnisse des

Landes schildert. Da die Bäche fast durchgehend zu Ableitungen benutzt wurden, so war es für Pausanias, wenn er auf einen Bach traf, keineswegs sicher, dafs dessen Wasser wirklich in den gröfseren Wasserlauf gelangte, welchem es zustrebte und in den es nach natürlichen Verhältnissen gelangen würde. Aus den beiden erstgenannten Stellen wird man unter Berücksichtigung dessen herauslesen müssen, dafs das Wasser der Bäche nicht unverkürzt in den Helisson flofs; denn in der ersten Stelle sagt Pausanias nur, dafs Wasser von dem Hügel aus einem Bache in den Helisson fliefse, in der zweiten bemerkt er vorsichtig, dafs der Bathyllosbach zur Gröfse des Helisson beitrage. Nur von der dritten *πηγή* sagt er deutlich, dafs der Helisson von dem Bache das herabrinnende Wasser empfange.

Zum Schlufs bedarf noch folgendes der Hervorhebung. In der grofsen Mehrheit der Stellen der lateinischen Litteratur, in denen fons vorkommt, läfst sich nach dem Zusammenhange eine bestimmte Bedeutung des Wortes nicht unanfechtbar feststellen. Sind nun einmal im allgemeinen für fons die beiden Bedeutungen von Bach oder unterirdischer Quelle erwiesen, so wäre es offenbar verfehlt, wenn man in an sich indifferenten Stellen eine dieser Bedeutungen dem Worte lediglich deswegen nicht unterlegen wollte, weil sie mit zwingender Notwendigkeit sich nicht ergeben. Es hiefse die Beweislast verkehren, wollte man sich, auf dem Altüberlieferten fufsend, damit begnügen, ohne sachliche Gründe in allen indifferenten Stellen für fons die Bedeutung von aus der Erde quellendem Wasser in Anspruch zu nehmen. Es mufs vielmehr Sache derjenigen sein, welche diese verschwommene Bedeutung von fons nicht über Bord werfen wollen, vorerst ihre Existenz aus einer gröfseren Mehrheit von Stellen in einwandfreier Weise darzuthun[1] [2].

---

[1] Es seien einige Stellen aus bekannteren Schriftstellern angeführt:

Caesar, de bell. Gall. 8, 41. 43 (Belagerung von Uxellodunum); de bello civ. 2, 24; 3, 49.

Livius, ab urb. cond. 1, 21, 3; 25, 30, 6. 7; 38, 13.

Sallust, de bell. Jugurth. 55, 8; 89, 6; 92, 7.

Tacitus, Annal. 4, 49; 11, 13; 14, 22; 15, 3; Germ. 16.

Horatius, carm. 1, 26, 6 ff.; 2, 19, 10. 11; 3, 4, 25; 3, 6, 19. 20; 3, 13 (fons Bandusiae); 4, 14, 45 ff.; epod. 2, 27; sat. 1, 1, 55 ff.; 2, 6, 1 ff.; epist. 16, 12 ff.

Vergil, Ecl. 1, 39. 52; 2, 59; 3, 97; 5, 40; 6, 43; 7, 45; 9, 20; 10, 42; Georg., 2, 175. 200. 243; 3, 131. 427. 499. 529; 4, 18. 32. 376; Aeneis, 1, 244; 2, 686; 4, 512; 7, 84. 150. 242. 489. 517; 8, 75; 12, 816.

Ovid, Fast. 1, 511; 2, 166. 264; 3, 300. 303; 4, 469. 759; 5, 7. 210; Amor., 2, 1, 26; 3, 1, 5; 3, 6, 92; 3, 9, 25; Heroides, 5, 30; 14, 97; 15, 158; 20, 177; Ars amat., 3, 689; medic. fac. fem. 40; remed. amor., 97; ex Ponto, 3, 1, 17; 3, 5, 18; 4, 2, 18; 4, 2, 47; 4, 5, 43; Trist., 3, 14, 34; 4, 8, 26; 5, 1, 37; Metamorph., 1, 38; 2, 218. 238. 273. 281. 406. 464; 3, 27. 161. 177. 407. 414. 427. 545; 4, 90. 98. 287. 310. 385. 388; 5, 256. 263. 312. 425. 447. 573. 575; 7, 200. 533. 568; 8, 165; 9, 664; 10, 122; 11, 140; 12, 413; 14, 786. 788. 791. 793. 798; 15, 270. 280. 322. 550. 713.

[2] Zu vergleichen sind namentlich aber die zahlreichen Belagstellen für fons in den angeführten Schriften des Plinius, Vitruvius und Seneca. Wenn fons in einigen dieser Stellen nachgewiesenermafsen den Bach bedeutet, so kann man schlechterdings — bei einer unbefangenen Prüfung — nicht umhin, diese Bedeutung dem Worte auch in vielen anderen Stellen beizulegen.

Pierer'sche Hofbuchdruckerei Stephan Geibel & Co. in Altenburg.

FSC
www.fsc.org
MIX
Papier | Fördert
gute Waldnutzung
FSC® C083411

Kolibri 360 GmbH
Ferdinand-Jühlke-Straße 7
99095 Erfurt, Deutschland
produktsicherheit@kolibri360.de

Druck:
CPI Druckdienstleistungen GmbH
im Auftrag der
Kolibri 360 GmbH
Ferdinand-Jühlke-Str. 7
99095 Erfurt